U0632720

舰船热物理技术及应用

杨 立 寇 蔚 杜永成 范春利 编著

国防工业出版社
·北京·

内 容 简 介

本书在介绍热辐射的基本知识和导热数值计算的基础上，重点论述了舰艇及其尾流的温度场和红外特征、舰艇温度场控制与红外隐身技术、红外辐射测温及其在舰艇机电设备故障监测诊断上的应用和定向能武器的传热问题。全书共9章，包括热辐射基本理论、有限体积法、舰艇温度场与红外特征分析、舰艇红外隐身技术、舰艇尾流温度场与红外成像特征、潜艇水下排气控制与红外隐身、机电设备温度场与红外监测诊断以及定向能武器及其传热问题。

本书可作为能源、动力、光学、机械、船舶和交通运输等专业的高年级本科生和研究生的教材或参考书，也可供相关科技人员参考。

图书在版编目(CIP)数据

舰船热物理技术及应用/杨立等编著．—北京：国防
工业出版社，2017.11
ISBN 978-7-118-11426-3

Ⅰ．①舰…　Ⅱ．①杨…　Ⅲ．①军用船—工程热物理学
Ⅳ．①U674.7

中国版本图书馆 CIP 数据核字（2017）第 225820 号

※

国防工业出版社出版发行
（北京市海淀区紫竹院南路 23 号　邮政编码 100048）
国防工业出版社印刷厂印刷
新华书店经售
*
开本 710×1000　1/16　印张 19　字数 332 千字
2017 年 11 月第 1 版第 1 次印刷　印数 1—1500 册　定价 58.00 元

（本书如有印装错误，我社负责调换）

国防书店：(010)88540777　　发行邮购：(010)88540776
发行传真：(010)88540755　　发行业务：(010)88540717

前　　言

随着舰船技术的迅速发展和舰艇装备的日益复杂,舰船热物理问题就显得格外突出,研究舰船及其机电设备的热特征和控制技术对保证舰船的隐蔽性、安全性都具有重要的意义。目前,以红外热像仪为主要探测手段的舰艇及其尾流的红外辐射特征与隐身技术、机电设备状态红外监测、故障红外诊断技术受到人们的极大关注,许多相关技术已在舰艇及其装备上得到应用。作者在红外辐射测温、舰艇红外特征与隐身和机电设备状态红外监测与故障诊断等专题方面的研究得到了有关部门的大力资助。与此同时,已有大量的相关研究成果发表,散见于各种学术期刊、会议文集与书籍中,本书归纳整理了这些研究结果。

全书共分9章:第1章绪论;第2章介绍了热辐射的基本知识、基本定律;第3章介绍了导热计算的有限体积方法,着重介绍了一维稳态导热和一维瞬态导热的计算;第4章介绍了舰艇温度场及其红外辐射特征,着重介绍了目标动态温度场的建模计算方法,研究了舰艇红外特征;第5章介绍了舰艇红外隐身的发展现状和舰艇红外隐身的控制技术,着重介绍了舰艇红外隐身的评估方法、排气红外抑制器、液膜降温技术、水雾红外隐身技术等;第6章介绍了舰艇尾流温度场及其成因,分析了尾流红外辐射的主要特征和热尾流测量与实验方法;第7章介绍了潜艇红外隐身的发展现状和排气温度控制技术;第8章介绍了舰艇机电设备的红外监测与故障诊断技术,着重介绍了接线端子、电缆和接触器等设备故障的红外监测诊断方法;第9章介绍了定向能武器及其传热问题,主要介绍了激光武器、粒子束武器、高能微波武器、太阳能武器、声能武器和主动拒止系统中的热物理问题。

本书第1章、第6章和第7章由杨立撰写;第2章由杨立、杜永成撰写;第4章、第8章由寇蔚编写;第3章、第5章由杜永成撰写;第9章由范春利编写;全书最后由杨立统稿和修改。本书在编写过程中得到海军工程大学动力工程及工程热物理专业研究生袁江涛、张士成、陈翾、彭友顺、王小川等的支持和帮助,在此表示衷心的感谢。

本书可作为能源、动力、光学、机械、船舶和交通运输等专业的高年级本科生与研究生的教材及参考书,也可供相关科技人员参考。限于编著者水平有限,且本书的许多内容都是新的研究结果,书中难免有错误和不当之处,恳请读者提出宝贵的批评意见和建议。

编著者
2016 年 9 月

目　　录

第1章 绪 论

1.1 热物理及其在海军装备中的应用

热物理是研究物质的热现象,即研究热的运动变化规律及其与物质性质之间关系的学科。简单来说,凡是与温度有关的现象都属于它的研究范畴。舰船热物理是研究舰船在航行中由于热能的产生、传递和转换引起的舰船及其设备的热效应及其温度变化规律,以及与其他物理现象并存和交织在一起的,如热辐射、热应力、热电、光热、光声等变化规律。热力学第二定律指出,热总是自发、不可逆地从高温处传向低温处,即有温差存在就有热量的传递。由于温差广泛存在于自然界和日常生活中,因此热量传递是一种普遍的自然现象。

在海军舰船及其装备中存在大量热物理问题,如舰船壳体表面温度变化、烟囱排气等引起的舰艇红外辐射变化,设备运行时由于能量的耗散引起的设备温度变化与设备故障之间的关系,舰船航行时引起的尾流温度场的变化,定向能武器中的热物理问题等。

掌握舰船热物理的基本原理和分析方法,必将为舰船红外特征、红外隐身、设备红外监测诊断、舰船热管理和定向能武器的高效使用等领域的深入研究打下坚实的基础。

1.2 热物理发展简史

热现象是人类最早广泛接触到的自然现象之一,人类的生产实践和探索未知事物的欲望是科学技术发展的动力。对热的本质的探索可一直追溯到古代,如公元前 8 世纪我国商周时期的"五行"说和公元前 6 世纪西方古希腊时期的"本源"说、近代的热质说与热动说等。但是直到 18 世纪初,在欧洲,由于煤矿开采、航海、纺织等产业部门的发展,产生了对热机的巨大需求,才促使热学的发展得到积极的推动。1763 年至 1784 年,英国人瓦特(James Watt,1736—1819)对当时用来带动煤矿水泵的原始蒸汽机作了重大改进,且研制成功了应用高于大气压的蒸汽和配有独立凝汽器的单缸蒸汽机。蒸汽机的发展与应用,刺激、推动了热学方面的理论研究,促成了热力学的建立与发展。1800 年,英国天文学家赫谢耳(Sir William

Herschel)在寻找新的光学介质时意外发现了红外线。到 1830 年,经大批研究人员的反复实验证明,在红光外侧,确实存在一种人眼看不见的"热线",并存在一个热效应最大的波段,法国物理学家白克兰把这种辐射称为"红外辐射"。19 世纪初,兰贝特(J. H. Lambert)、毕渥(J. B. Biot)和傅里叶(J. B. J. Fourier)等从固体的一维导热实验探索热量的传递规律。1822 年,傅里叶正确概括了导热实验结果,提出了傅里叶导热定律,奠定了导热理论的基础。1842 年,迈耶(Julius Robert Mayer, 1814—1878)提出了能量守恒原理,认为热是能量的一种形式,可以与机械能相互转换。1850 年,焦耳(Janes Prescotl Joule,1818—1889)在他关于热功当量实验的总结论文中,以各种精确的实验结果使能量守恒与转换定律,即热力学第一定律得到了充分的证实。能量守恒与转换定律是 19 世纪物理学的最重要发现。傅里叶从他建立的导热定律和能量守恒定律推出的导热微分方程是导热问题正确的数学描述,成为求解导热温度场的出发点。1851 年,汤姆逊把能量这一概念引入热力学。1850 年至 1851 年,克劳修斯(Rudolf Clausius,1822—1888)和汤姆逊(Willian Thomson,即开尔文 Lord Kelvin,1824—1907)先后独立地从热量传递和热转变成功的角度提出了热力学第二定律,指明了热过程的方向性。

热辐射的研究开始于人们对黑体辐射的实验测量。1860 年,基尔霍夫首先提出了黑体的概念,所谓黑体,简单来讲,就是在任何情况下对一切波长的入射辐射都全部吸收的物体,即黑体的吸收率等于 1。1889 年,卢默(O. Lummer)等人测得了黑体辐射的光谱能量分布实验数据。1879 年,斯忒藩(J. Stefan)根据前人的实验结果提出了黑体辐射力正比于它的热力学温度的四次方规律,1884 年,玻耳兹曼(L. Boltzmann)对斯忒藩定律作了严格的论证,并指出这一定律仅适用于黑体。后来,人们将该定律称为斯忒藩-玻耳兹曼定律。1893 年,德国物理学家韦尔海姆·维恩(W. Wien)确定了黑体光谱辐射出射度极大值相对应的波长与其热力学温度成反比,该关系式称为维恩位移定律。1900 年,德国科学家普朗克(M. Planck)根据量子理论提出了黑体辐射光谱能量分布公式,称为普朗克公式。普朗克定律正确揭示了黑体辐射能量光谱分布的规律,奠定了热辐射理论的基础。

1.3 舰船热物理应用的主要内容及研究方法

热物理学的研究范围很广,从最尖端的基础研究、最重要的应用研究到人们的日常生活几乎都有热物理问题。本书重点介绍热物理学的一些基本理论及其在海军装备中的若干重要应用,主要内容包括红外辐射的基本理论、热传导的数值计算方法、舰船温度场建模方法与红外特征分析、舰船红外抑制与隐身的原理与方法、舰艇尾流温度场特征与控制技术、设备温度场红外辐射测量与设备故障诊断、定向能武器中的热物理问题研究等。

热传递的研究方法既可用理论分析,也可用实验研究,两者是相辅相成的。理论的基础是实践,并不断在实践中发展。所以,科学技术的进步和生产实践经验对于加强理论分析,进而更好地解决生产中有关热传递的问题,具有十分重要的意义。

在热物理的研究中,也需引入一些对现象进行科学简化的假设。这些假设一般分为两类。一类属于普遍性的假设,例如,在本书所讨论的范围内均假设所研究的物体为连续体,即物体内各点的温度等参数为时间和空间坐标的连续函数。若不考虑物质的微观结构,只要所研究的物体的尺寸与分子间相互作用的有效距离相比足够大,这一假设总是成立的。又如,假定所研究的物体是各向同性的,也即在同样的温度、压力下,物体内各点的物性与方向无关。另一类假设是针对某一类特定问题引入的,例如,反映物体导热能力的导热系数总是随温度而变的,但为了简化计算而不致出现明显的误差,而取为定值或适当的平均值。为了能在实际计算中作出恰当的简化和假设,必须对各种物理现象作详细的观察和分析,这就要求我们具有丰富的理论知识和实践经验。在处理工程热物理问题时,还必须熟悉和掌握传热机理,有关定律、测试技术和分析计算方法等。

通过本课程的学习,应使学生获得比较宽广和坚实的热量传递规律的基础知识,具备分析工程热物理问题的基本能力,掌握计算工程热物理问题的基本方法,并具有相应的计算能力及一定的实验技能,这就是学习本课程的目的和要求。

学好舰船热物理理论首先要掌握学科的主要线索——研究热传递的规律、方法及其测试技术。其次是在深刻理解基本概念的基础上运用抽象简化的方法抽出各种具体问题的本质,应用热物理的基本定理和基本方法进行分析研究。再以是必须重视实际问题的分析和计算、实验研究方法等环节,通过对实际问题的分析和计算等环节训练可以培养抽象、分析问题的能力,加深对基本概念的理解。最后是随着近代计算机技术的发展,计算机越来越多地介入热物理学的研究中,成为一种强有力的分析和计算工具,掌握现代数值计算方法对解决实际问题有重要的促进作用。

参 考 文 献

[1] 胡汉平,程文龙. 热物理学概论[M]. 合肥:中国科学技术大学出版社,2006.
[2] 克利克苏诺夫. 红外技术原理手册[M]. 北京:国防工业出版社,1986.
[3] 杨世铭,陶文铨. 传热学[M]. 北京:高等教育出版社,2006.

第2章 热辐射基本理论

2.1 概　　述

　　由于热的原因,物质的分子和原子等微观粒子受激发将连续不断地发射电磁辐射,这种辐射的本质就是热辐射,其大小主要由这个物体的温度和材料本身的性质决定。特别是,热辐射的强度及光谱成分取决于辐射物体的温度,也就是说,温度对热辐射现象起着决定性的作用。具有一定温度的任何物体都会向周围空间辐射电磁波,虽然辐射的形式各种各样(γ射线、X射线、紫外线、可见光、红外线、无线电波),但它们都由带电粒子的能态变化而产生,传播过程都遵守麦克斯韦波动方程,以光速传播,并遵守光线传播的所有规律,如反射、折射和衍射定律,其强度与距离的平方成反比,它们的区别在于波长和发射源不同,都称为电磁辐射。所以热辐射在宏观上是连续的电磁波传递能量的过程,而在微观上则是不连续的光子传递能量的过程。物体间热量的相互辐射和相互吸收称为辐射换热。辐射换热不需要物体互相接触,也不需要介质,且在真空中传递最有效,如太阳辐射。换热过程伴随能量形式的转换,其中,物体向外辐射时,其内能转换为辐射能;物体吸收辐射能时,其吸收的辐射能转换为内能。

　　物体辐射投射到某介质表面上时,一部分将被介质吸收,一部分被表面反射,如果介质是部分透明的,还有一部分将从介质中透射过去。我们将被介质吸收、被表面反射和从介质中透射过去的辐射能量与投射能量的比值称为吸收率α、反射率ρ和透射率τ。

　　通常把电磁辐射按波长或频率的不同划分为许多波段,总称为电磁波谱,如图2-1所示。辐射的电磁波波长理论上从0到无穷大,红外辐射位于电磁波谱中可见光和微波之间,波长范围为$0.76\sim1000\mu m$。工程上把$0.1\sim100\mu m$波段的辐射称为热射线,其中大部分位于红外区($0.76\sim20\mu m$),可见光所占份额不大。

　　通常把红外波段分为四部分:近红外($0.76\sim3\mu m$)、中红外($3\sim6\mu m$)、远红外($6\sim15\mu m$)和极远红外($15\sim1000\mu m$)。红外波段的前三部分各包含一个大气窗口,分别为$2\sim2.5\mu m$、$3\sim5\mu m$、$8\sim12\mu m$,在大气窗口内,大气对红外线的吸收较少,因此大多数红外系统都选用这些波段[1]。

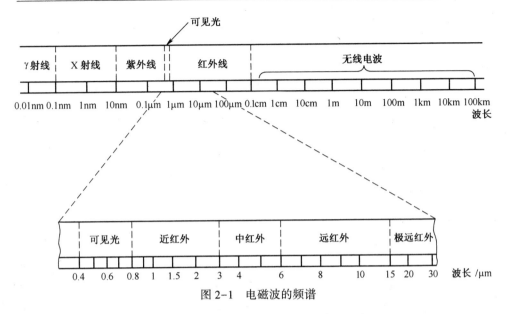

图 2-1　电磁波的频谱

2.2　辐射学的一些基本概念

本节着重介绍辐射学的一些基本概念[1,2]，这些概念将在以后的章节中见到。

1. 立体角

在三维空间中通常用微元立体角来表示某一方向的空间所占的大小，定义为

$$d\Omega = \frac{dA_e}{r^2} \tag{2-1}$$

式中：dA_e 为球面上的微元面积；r 为球的半径。立体角的单位为球面度，用 sr 表示。半球面对球心所张的立体角为 2π（sr）。

对于图 2-2，由几何关系有

$$d\Omega = \frac{dA}{r^2} = \frac{rd\theta r\sin\theta d\varphi}{r^2} = \sin\theta d\theta d\varphi \tag{2-2}$$

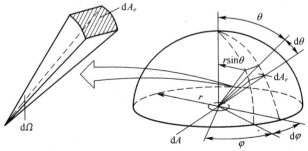

图 2-2　微元立体角与半球空间几何参数的关系

5

2. 辐射功率

辐射功率是单位时间内发射(传输或接收)的辐射能,用 P 表示,单位为 W。

3. 辐射强度

辐射强度是描述点辐射源特性的辐射量。辐射源在某一方向的辐射强度是指辐射源在包含该方向的单位立体角内所发出的辐射功率,用 I 表示,单位为 W/sr,即

$$I = \lim_{\Delta\Omega \to 0}\left(\frac{\Delta P}{\Delta\Omega}\right) = \frac{\partial P}{\partial\Omega} \qquad (2-3)$$

辐射强度描述了点辐射源所发射的辐射功率在空间不同方向的分布特性。

4. 辐射出射度

辐射出射度简称辐出度,是描述扩展源辐射特性的量。辐射源单位表面积向半球空间(2π 立体角)内发射的辐射功率称为辐射出射度,用 M 表示,单位是 W/m²,即

$$M = \lim_{\Delta A \to 0}\left(\frac{\Delta P}{\Delta A}\right) = \frac{\partial P}{\partial A} \qquad (2-4)$$

辐射出射度描述了扩展源所发射的辐射功率在源表面位置的分布特性。辐射表面的总辐射功率就是辐射出射度 M 对源发射表面积 A 的积分,即

$$P = \int_A M \mathrm{d}A \qquad (2-5)$$

5. 辐射亮度

辐射亮度简称辐亮度,是描述扩展源辐射特性的量。为了描述扩展源所发射的辐射功率在源表面不同位置上沿空间不同方向的分布特性,特别引入辐射亮度的概念。其描述如下:辐射源在某一方向上的辐射亮度是指在该方向上的单位投影面积向单位立体角中发射的辐射功率,用 L 表示,单位是 W/(m²·sr),即

$$L = \lim_{\substack{\Delta A \to 0 \\ \Delta\Omega \to 0}}\left(\frac{\Delta^2 P}{\Delta A_\theta \Delta\Omega}\right) = \frac{\partial^2 P}{\partial A_\theta \partial\Omega} = \frac{\partial^2 P}{\partial A \partial\Omega \cos\theta} \qquad (2-6)$$

根据 M 的定义,可得到 L 与 M 的关系式为

$$M = \frac{\mathrm{d}P}{\mathrm{d}A} = \int_{2\pi} L\cos\theta \mathrm{d}\Omega \qquad (2-7)$$

由辐射强度的定义,可得到 I 与 L 的关系式为

$$I = \int_A L\cos\theta \mathrm{d}A \qquad (2-8)$$

6. 辐射照度

被照表面的单位面积上接收到的辐射功率称为该被照射处的辐射照度,辐射照度简称为辐照度,用 E 表示,单位是 W/m²,即

$$E = \lim_{\Delta A \to 0} \left(\frac{\Delta P}{\Delta A} \right) = \frac{\partial P}{\partial A} \tag{2-9}$$

1）点源产生的辐射照度

设点源的辐射强度为 I ，它与被照面上 x 点处面积元 $\mathrm{d}A$ 的距离为 l ，$\mathrm{d}A$ 的法线与 l 的夹角为 θ ，则投射到 $\mathrm{d}A$ 上的辐射功率为 $\mathrm{d}P = I\mathrm{d}\Omega = I\mathrm{d}A\cos\theta/l^2$ ，所以点源在被照面上 x 处产生的辐射照度为

$$E = \frac{\mathrm{d}P}{\mathrm{d}A} = \frac{I\cos\theta}{l^2} \tag{2-10}$$

2）小面源产生的辐射照度

设小面源的面积为 ΔA_s ，辐射亮度为 L ，被照面面积为 ΔA ，ΔA_s 与 ΔA 相距为 l ，ΔA_s 与 ΔA 的法线与 l 的夹角分别为 θ_s 和 θ 。小面源 ΔA_s 的辐射强度为

$$I = L\cos\theta_s \Delta A_s \tag{2-11}$$

小面源产生的辐射照度为

$$E = \frac{I\cos\theta}{l^2} = L\Delta A_s \frac{\cos\theta_s\cos\theta}{l^2} \tag{2-12}$$

以上论述的几个基本辐射量,都只考虑了辐射功率的空间分布特性,并认为这些辐射量包含了波长从 0 到∞的全部辐射,因此也称为全辐射量。实际上,任何辐射都有一定的光谱分布特性,以上各基本辐射量均有相应的光谱辐射量,如光谱辐射功率 P_λ 、光谱辐射强度 I_λ 、光谱辐出度 M_λ 、光谱辐亮度 L_λ 、光谱辐照度 E_λ 。

7. 辐射对比度

当用红外热像仪测量表面温度与背景温度很接近的目标时,分辨目标与背景十分困难。为了描述目标与背景辐射的差别,引入辐射对比度的概念。

辐射对比度定义为目标与背景辐射出射度之差与背景辐射出射度之比,即

$$C = \frac{M_T - M_B}{M_B} \tag{2-13}$$

式中: M_T 为目标在 $\lambda_1 \sim \lambda_2$ 波长间隔的辐射出射度; M_B 为背景在 $\lambda_1 \sim \lambda_2$ 波长间隔的辐射出射度。

2.3　黑体热辐射的基本定律

1860 年,基尔霍夫首先提出了黑体的概念[3]。所谓黑体,就是在任何情况下对一切波长的入射辐射都全部吸收的物体,即黑体的吸收率等于 1。然而,自然界中实际存在的任何物体对不同波长的入射辐射都有一定的反射或透射(即吸收率不等于 1)。所以,黑体只是人们抽象出来的一种理想化物体模型。尽管如此,黑体热辐射的基本规律却是红外科学领域中许多理论研究和技术应用的基础,它揭

示了黑体发射的红外辐射随温度及波长变化的定量关系[3]。可以说,黑体是用以确定波谱中能量分布的标准物体。

2.3.1 辐射的光谱分布规律—普朗克辐射定律

1900 年,德国科学家普朗克根据量子理论提出,对一个热力学温度为 T 的黑体,单位表面积在波长 λ 附近单位波长间隔内向整个半球空间发射的辐射功率 $M_{\lambda b}(T)$(即光谱辐射出射度),与波长 λ、温度 T 满足下列关系,即

$$M_{\lambda b}(T) = \frac{2\pi hc^2}{\lambda^5} \frac{1}{\exp(hc/\lambda kT) - 1} = C_1 \lambda^{-5} \left[\exp\left(\frac{C_2}{\lambda T}\right) - 1 \right]^{-1} \quad (2\text{-}14)$$

式中:c 为真空中的光速,$c = 10^8 \text{m/s}$;h 为普朗克常数,$h = 6.6256 \times 10^{-34} \text{J} \cdot \text{s}$;$k$ 为玻耳兹曼常数,$k = 1.38054 \times 10^{-23} \text{J/K}$;$C_1$ 为第一辐射常数,$C_1 = 2\pi hc^2 = 3.7415 \times 10^8 (\text{W/m}^{-2}) \cdot \mu\text{m}^4$;$C_2$ 为第二辐射常数,$C_2 = hc/k = 1.43879 \times 10^4 \mu\text{m} \cdot \text{K}$。

式(2-14)就是黑体辐射的普朗克定律,它给出了黑体在温度 T 时的辐射光谱分布特征。如果以不同的温度值代入式(2-14),则可计算出黑体在不同温度下发射辐射的光谱分布曲线,如图 2-3 所示。从图中曲线可看出黑体辐射具有以下几个特征。

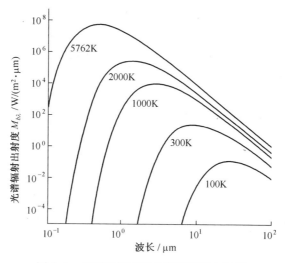

图 2-3　不同温度下黑体光谱辐射出射度

(1)在任何温度下,黑体的光谱辐射出射度 $M_{\lambda b}(T)$ 都随波长连续变化,每条曲线只有一个极大值。

(2)随着温度的升高,与光谱辐射出射度 $M_{\lambda b}(T)$ 极大值对应的波长减小,这表明,随着温度升高,黑体辐射中的短波长辐射所占比例增加。

(3)随着温度升高,黑体辐射曲线全面提高,即在任一指定波长 λ 处,与较高温度相应的光谱辐射出射度 $M_{\lambda b}(T)$ 也较大。

黑体辐射的上述特征与规律还可以用如下两个辐射定律给出定量描述。

2.3.2　辐射光谱的移动规律—维恩位移定律

1893 年,德国物理学家维恩确定了黑体光谱辐射出射度极大值相对应的波长 λ_m(俗称峰值辐射波长)与其热力学温度成反比的规律,即

$$\lambda_m T = 2897.8\mu m \cdot K \tag{2-15}$$

该关系式称为维恩位移定律。他提出了满足短波段的黑体辐射光谱分布关系。1911 年,维恩由于在热辐射理论方面的贡献荣获诺贝尔奖。维恩位移定律可由普朗克辐射定律式(2-14)对波长 λ 求微商,并令其等于零获得。按此定律不难确定,在环境温度 27℃($T = 300K$)下,物体的峰值辐射波长 λ_m 为 $9.66\mu m$,而对温度较高的物体表面温度为 200℃($T = 473K$)时,峰值辐射波长将为 $6.126\mu m$。

2.3.3　辐射功率随温度的变化规律—斯蒂芬-玻耳兹曼定律

1879 年,斯蒂芬根据前人的试验结果提出了黑体辐射的积分定律,1884 年玻耳兹曼对斯蒂芬定律作了严格的论证,并指出这一定律仅适用于黑体。后来人们将该定律称为斯蒂芬—玻耳兹曼定律。斯蒂芬—玻耳兹曼定律描述的是黑体单位表面积向整个半球空间发射的所有波长的总辐射出射度 $M_b(T)$(简称为全辐射度)随其温度的变化规律。因此,该定律的数学表述形式还可由式(2-14)对波长积分得到,即

$$M_b(T) = \int_0^\infty M_{\lambda b}(T)\,\mathrm{d}\lambda = \int_0^\infty \frac{C_1\,\mathrm{d}\lambda}{\lambda^5[\exp(C_2/\lambda T) - 1]} = \sigma T^4 \tag{2-16}$$

式中: $\sigma = \pi^4 C_1/(15C_2^4) = 5.6697 \times 10^{-8}$ W/(m²·K⁴) 称为斯蒂芬-玻耳兹曼常数。以式(2-16)形式给出的斯蒂芬—玻耳兹曼定律表明,凡是温度高于开氏零度(-273.15℃)的物体,都会自发地向外发射红外辐射,而且黑体单位表面积发射的总辐射出射度与其开氏温度的 4 次方成正比,也称为黑体辐射的 4 次方定律。因此,正如图 2-3 中曲线下面包围的面积随温度的变化所示,当温度有较小变化时,将会引起物体发射的辐射出射度有很大变化。

2.3.4　黑体辐射能按波段的分布

为了确定在某一波段范围内黑体的辐射能,可对黑体的光谱辐射出射度在一定的波段内积分,即

$$M_{b(\lambda_1-\lambda_2)} = \int_{\lambda_1}^{\lambda_2} \frac{C_1\lambda^{-5}}{e^{C_2/(\lambda T)} - 1}\,\mathrm{d}\lambda \tag{2-17}$$

如在接近环境温度条件下对黑体辐射能在 $2\sim5\mu m$ 和 $8\sim13\mu m$ 积分,可得黑体波段辐射出射度随温度的变化规律,如图 2-4 所示,即

$$M_{b(\lambda_1-\lambda_2)}(T) \approx CT^n \tag{2-18}$$

式中:在 $2\sim5\mu m$ 波段, $n = 9.2554$;在 $8\sim13\mu m$ 波段, $n = 3.9889$[4]。由此可知,黑体在某一波段辐射出射度随温度的变化不遵守 4 次方定律;取决于波段的不同,辐射能随温度变化的关系是不同的。对工作在长波波段的红外热像仪,辐射能随温度的变化近似满足 4 次方关系。

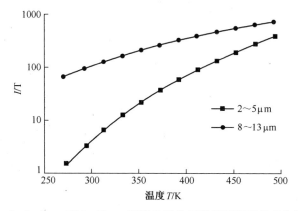

图 2-4　$2\sim5\ \mu m$ 和 $8\sim13\ \mu m$ 波段的黑体辐射能随温度的变化关系

2.4　实际物体的热辐射规律

实际物体发射或吸收辐射的量值都低于在相同条件下黑体的相应辐射量值,实际物体的辐射量除依赖于温度和波长以外,还与构成该物体的材料性质及表面状态等因素有关。为了便于描述实际物体的辐射特性,引入一个随材料性质及表面状态变化的辐射系数,则可把黑体辐射的三个基本定律应用于实际物体,使得对实际物体辐射规律的研究大大简化。这里所说的辐射系数称为发射率,定义为实际物体辐射与同温度下黑体辐射性能之比,也称为黑度。根据这个定义和式(2-14)、式(2-16),可以把实际物体的辐射规律分别表示为如下形式,即

$$M_\lambda(T) = \varepsilon(\lambda,T)M_{\lambda b}(T) = \varepsilon(\lambda,T)C_1\lambda^{-5}\left[\exp(C_2/\lambda T) - 1\right]^{-1} \tag{2-19}$$

$$M(T) = \varepsilon(T)M_b(T) = \varepsilon(T)\sigma T^4 \tag{2-20}$$

式中: $M_\lambda(T)$ 和 $M(T)$ 分别为实际物体在温度 T 下的光谱辐射度和全辐射度; $\varepsilon(\lambda,T)$ 和 $\varepsilon(T)$ 分别为该物体在温度 T 时的光谱发射率和全发射率。

不仅实际物体的发射率与黑体的不同,实际物体的吸收特性也与黑体不同。实际物体对投射辐射的吸收能力与投射辐射的波长分布有关。实际物体表面对投

射辐射在全波长范围吸收的份额称为吸收率;对某一特定波长投射辐射吸收的份额称为光谱吸收率。

2.4.1 漫射体和灰体

漫射体和灰体是红外辐射研究中的两个重要模型。漫射体是指辐射特性与方向无关的物体,也称朗伯体。物体表面对投射辐射的反射存在两种极端情况,分别是镜反射和漫反射。镜反射遵循入射角等于反射角的规则;漫反射则是将投射辐射以均匀的强度反射到半球空间的所有方向上。

通常,根据光谱发射率和吸收率随波长变化规律的不同,可把实际物体分为两大类。如果某一物体的光谱吸收率 α_λ 是一个不随投射辐射波长而变化的常数,与吸收率 α 相等,这种物体叫做灰体[3];光谱发射率随波长变化的物体叫做选择性辐射体。图 2-5 给出了灰体和选择性辐射体的辐射特性及其与同温度黑体辐射的比较示意图。由该图可知,黑体的光谱辐射出射度分布曲线是各种实际物体在同温度下辐射曲线的包络线。即在同样温度下,无论是总量还是在某光谱区内的辐射量,均以黑体辐射量为最大。虽然灰体与黑体有形式类似的辐射曲线,但因灰体发射率是小于 1 的常数,所以总在黑体辐射曲线以下。选择性辐射体的光谱辐射曲线在不同波长处可以有几个极大值或极小值(最大或最小值),但其极大值不会超过(最多等于)黑体辐射定律规定的极限,即不会高于黑体辐射曲线。

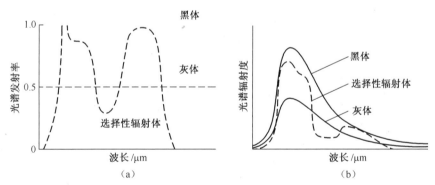

图 2-5 灰体和选择性辐射体辐射特性的比较

(a) 光谱发射率分布;(b) 光谱辐射度分布。

如同黑体一样,灰体也是一种理想模型。但在工业高温条件下,多数材料的热辐射主要处于红外范围内。在该范围内材料的 α_λ 值随 λ 的变化不大,因此允许把工程材料作为灰体处理[5]。若热辐射中可见光所占的份额较大,再把材料作为灰体处理则会导致很大误差,太阳辐射即为一例。太阳辐射的射线有 40% 左右在可见光范围内。由于各种颜色的表面对可见光的吸收具有强烈的选择性,亦即 α_λ 随 λ 的变化很大。所以,对于工业高温下的一般工程材料,可取 $\alpha = \varepsilon$,而对于太阳辐射来说,则 $\alpha \neq \varepsilon$。例如,白色的纸对于太阳辐射的吸收率 α 仅为 0.27,而其辐射率 ε 则高达 0.95。

应该指出,由式(2-19)和式(2-20)给出的实际物体辐射规律,只能分别表征物体单位表面积向半球空间发射辐射功率的光谱分布和强弱,并非物体实际发射的总辐射功率。与式(2-17)和式(2-18)给出的同样物体在同样温度下相比较,当看作黑体和 $\varepsilon = 0.8$ 的灰体时,单位表面积发射的辐射功率有相当大的差别。如果考虑物体表面向空间发射的总辐射功率,则还应该对辐射表面面积 A 积分。例如,对于物体在检测仪器响应光谱区间 $\lambda_1 \sim \lambda_2$ 范围内发射的辐射功率 $P_{\lambda_1 - \lambda_2}$,应该是式(2-19)对波长 λ 和辐射表面面积的积分,即

$$P_{\lambda_1 - \lambda_2}(T) = \int_A \int_{\lambda_1}^{\lambda_2} M_\lambda(T)\,\mathrm{d}\lambda\,\mathrm{d}A = \int_A \int_{\lambda_1}^{\lambda_2} \varepsilon(\lambda,T) \frac{C_1}{\lambda^5} \frac{\mathrm{d}\lambda}{\exp(C_2/\lambda T) - 1}\mathrm{d}A$$

(2-21)

如果考虑所有波长的总辐射功率,则利用式(2-16)、式(2-19)和式(2-20),应该有

$$P(T) = \iint_{A\ 0}^{\infty} M_\lambda(T)\,\mathrm{d}\lambda\,\mathrm{d}A = \int_A M(T)\,\mathrm{d}A = \varepsilon(T)A\sigma T^4$$

(2-22)

2.4.2 基尔霍夫定律

1859 年,基尔霍夫(Kirchhoff)揭示了与周围环境(视作黑体)处于热平衡状态下的实际物体的辐射率与吸收率之间的关系。当系统处于热平衡状态时,物体吸收的周围环境的能量将等于其辐射出的能量,即

$$M = \alpha M_b$$
$$\alpha = \frac{M}{M_b} = \varepsilon$$

(2-23)

对某一特定波长,同样可给出

$$\varepsilon_\lambda = \alpha_\lambda$$

(2-24)

它说明在由实际物体和黑体构成的系统中,在处于热平衡状态时实际物体的吸收率等于其发射率,这就是基尔霍夫定律。由该定律可知,物体的辐出度越大,其吸收率也越大。这说明,善于发射的物体必善于吸收。对实际物体,其吸收率 α 始终小于 1,所以同温度下的黑体辐出度必为最大。

实验证明,表面的定向光谱发射率与定向光谱吸收率均为物体表面的辐射特性,它们仅取决于自身的温度。对非热平衡关系,它们仍然成立[6],即

$$\varepsilon_\lambda(T,\theta,\varphi) = \alpha_\lambda(T,\theta,\varphi)$$

(2-25)

对平均参数的辐射率与吸收率的关系,在确定了特定的条件后,就不再需要热力学平衡和黑体辐射源的假设。对以下几种表面,存在如下关系。

对于漫射表面,有

$$\varepsilon_\lambda = \alpha_\lambda \qquad (2-26)$$

对于灰体表面,有

$$\varepsilon_\theta = \alpha_\theta \qquad (2-27)$$

对于漫灰表面,有

$$\varepsilon = \alpha \qquad (2-28)$$

2.4.3　辐射度量中的基本规律

朗伯定律给出了漫射物体辐射能按空间方向的分布规律。实验测定表明,对理想的漫辐射体(或反射体)在任意方向上的辐射强度与观测方向相对于辐射表面法线夹角的余弦成正比。这个规律就称为朗伯余弦定律(或兰贝特余弦定律),即

$$I_\theta = I_0 \cos\theta \qquad (2-29)$$

式中:I_θ 为在与辐射表面法线夹角为 θ 方向上的辐射强度;I_0 为在辐射表面法线方向($\theta = 0$)的辐射强度。凡遵守朗伯余弦定律的辐射表面称为朗伯面,相应的辐射源称为朗伯源或漫射源。

由朗伯辐射源的特性可知,朗伯辐射源的辐射亮度是一个与方向无关的常量。对朗伯辐射源,L 与 θ 无关,同时由球坐标的立体角元 $\mathrm{d}\Omega = \sin\theta\mathrm{d}\theta\mathrm{d}\varphi$ 可知

$$M = L\int_{2\pi} \cos\theta\mathrm{d}\Omega = L\int_0^{2\pi}\mathrm{d}\varphi\int_0^{\frac{\pi}{2}}\cos\theta\sin\theta\mathrm{d}\theta = \pi L \qquad (2-30)$$

对于辐射面积很小的黑体而言,在法线方向的辐射强度可表示为[1]

$$I_0 = \frac{1}{\pi}M_b(\lambda)\Delta A \qquad (2-31)$$

式中:ΔA 为黑体辐射源的辐射面积。

于是,将式(2-16)和式(2-31)代入式(2-29)后得到

$$I_\theta = I_0\cos\theta = \frac{1}{\pi}M_b(T)\Delta A\cos\theta = \frac{1}{\pi}\sigma T^4(\Delta A\cos\theta) \qquad (2-32)$$

这个结果表明,黑体或漫辐射物体在辐射表面法线方向的辐射最强。因此,在进行红外测量时,应尽可能选择在被测表面法线方向进行,如果在与法线成 θ 角方向检测,则接收到的红外辐射信号将减弱成法线方向最大值的 $\cos\theta$ 倍。从式(2-32)可以看出,信号减弱是辐射表面积 ΔA 的投影面积($\Delta A\cos\theta$)减小所引起的。

2.4.4　发射率及其变化规律

1. 发射率的定义

所谓物体的发射率,是指该物体在指定温度 T 时的辐射量与同温度黑体的辐

射量的比值。很明显,此比值越大,表明该物体的辐射与黑体辐射越接近。发射率有以下三种定义方法。

（1）方向发射率。发射率中最基本的是方向光谱发射率,定义为温度为 T_A 的实际物体每单位时间内在 (θ, φ) 方向的光谱辐射出射度与同温度下黑体光谱辐射出射度之比,其表达式为

$$\varepsilon_\lambda(\theta, \varphi, T_A) = \frac{M_\lambda(\theta, \varphi, T_A)}{M_{b\lambda}(\theta, \varphi, T_A)} \qquad (2-33)$$

这是最基本的发射率,它与波长、方向和表面温度都有关。对所有波长取平均,可得物体每单位时间内在 (θ, φ) 方向的辐射出射度与同温度下黑体辐射出射度之比称为方向（总）发射率。方向（总）发射率也称为角比发射率或定向辐射本领。它是在与辐射表面法线成 θ 角的立体角内测量的发射率。θ 角为零的情况称为法向发射率,用 ε_n 表示。

方向（总）发射率定义为

$$\varepsilon_\lambda(\theta, \varphi, T_A) = \frac{M_\lambda(\theta, \varphi, T_A)}{M_{b\lambda}(\theta, \varphi, T_A)} \qquad (2-34)$$

式中：$M_\lambda(\theta, \varphi, T_A)$ 为实际物体温度是 T_A 时在 (θ, φ) 方向的全辐射出射度；$M_b(\theta, \varphi, T_A)$ 为同温度下黑体在 (θ, φ) 方向的全辐射出射度。

（2）半球发射率。对所有方向取平均,可得辐射体的辐射出射度与同温度下黑体的辐射出射度之比称为半球发射率。半球光谱发射率定义为

$$\varepsilon_\lambda(T_A) = \frac{M_\lambda(T_A)}{M_{b\lambda}(T_A)} = \frac{1}{\pi} \int_\Omega \varepsilon_\lambda(\lambda, \theta, \varphi, T_A) \cos\theta \mathrm{d}\Omega \qquad (2-35)$$

式中：$M(\lambda, T_A)$ 是实际物体在温度 T_A 时的光谱辐射出射度；$M_b(\lambda, T_A)$ 是同温度下黑体的光谱辐射出射度。半球总发射率定义为

$$\varepsilon_h(T_A) = \frac{M(T_A)}{M_b(T_A)} = \frac{1}{\pi} \int_\Omega \varepsilon_\lambda(\theta, \varphi, T_A) \cos\theta \mathrm{d}\Omega \qquad (2-36)$$

式中：$M(T_A)$ 为实际物体在温度 T_A 时的全辐射出射度；$M_b(T_A)$ 为同温度下黑体的全辐射出射度。

（3）光谱发射率。实际物体的光谱发射率表明了物体发射率随波长的变化关系,它是实际物体的光谱辐射出射度与同温度下黑体同一波长下的光谱辐射出射度之比,即

$$\varepsilon_\lambda = \frac{M_\lambda}{M_{b\lambda}} \qquad (2-37)$$

显然,实际物体光谱半球发射率与实际物体的半球发射率之间的关系为

$$\varepsilon(T_A) = \frac{M}{M_b} = \frac{\int_0^\infty \varepsilon_\lambda(T_A) M_{b\lambda} \mathrm{d}\lambda}{\sigma T^4} \qquad (2-38)$$

2. 物体发射率的一般变化规律

物体的发射率取决于物质种类、波长、表面温度和表面状况。通常,实际材料表面的光谱发射率随波长的变化比较大,并且不规则[5]。

实际物体也不是理想的漫射表面。它们一般并不严格遵守朗伯余弦定律,它们的辐射强度在空间的不同方向上不等于常数。与漫射面相比,实际物体辐射在方向上的偏差可分为两类:金属导体和非导电体。各类金属在法线方向±40°~50°范围内,基本遵守朗伯余弦定律,即表现为等辐射强度,发射率为常数。一旦超出此范围,定向发射率就快速增加,但最后仍衰减至零,如图 2-6 所示。非导电体材料则有所不同,在发线方向±60°~70°范围内,定向发射率为恒定值,一旦超过 70°以后,定向发射率便急速减小直至等于零,如图 2-7 所示[5]。

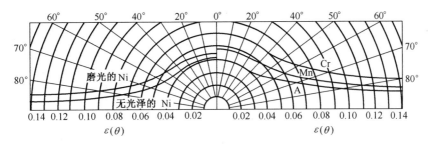

图 2-6　几种金属导体在不同方向上的定向发射率 $\varepsilon(\theta)$ (t = 150 ℃)

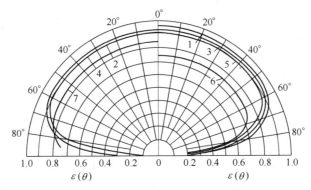

图 2-7　几种非导电体材料在不同方向上的定向发射率 $\varepsilon(\theta)$ (t = 0~93.3 ℃)

1—潮湿的冰;2—木材;3—玻璃;4—纸;

5—黏土;6—氧化铜;7—氧化铝。

物体发射率的一般变化规律如下:

(1) 对于朗伯辐射体,三种发射率 ε_n、$\varepsilon(\theta)$ 和 ε_h 彼此相等。对绝大多数实际工程材料来说,半球发射率与法向发射率可近似认为相等 $\varepsilon_h \approx \varepsilon_n$。

(2) 金属的发射率是比较低的。通常,它随温度的升高而增高,随波长的增加而减小,并且当表面形成氧化层时,可以成 10 倍或更大倍数增高[7]。

（3）非金属的发射率要高一些，一般大于 0.8，并随温度的升高而降低。例如，电缆绝缘所用的橡胶在常温下的发射率为 0.95，植物叶子、人的皮肤、各种皮毛在环境温度下都有很高的发射率，甚至可看作接近黑体的辐射表面[5]。

（4）金属及其他非透明材料的辐射，发生在表面几微米内，因此发射率是表面状态的函数，而与尺寸无关。据此，涂敷或刷漆物体的表面发射率是涂层本身的性质，而不是基层表面的特性。对于同一种材料，由于样品表面条件的不同，测得的表面发射率值会有区别。例如，常温下，具有光滑氧化层表皮的钢板发射率为 0.82，而镀锌铁皮的发射率只有 0.23；严重氧化的铝表面在 50℃ 和 500℃ 的温度下，其发射率分别为 0.2 和 0.3；常温下，光泽黄铜的发射率为 0.22，而磨光后黄铜的发射率却只有 0.05[5]。

2.4.5　吸收率及其变化规律

吸收率是物体吸收的能量占投射到物体上能量的份额。由于实验测量发射率比测量吸收率容易，因此如能找到这两个量之间的关系，就能测出一个值，计算出另一个值。

1. 方向光谱吸收率

在单位时间从 (θ, φ) 方向，某一波长入射的辐射能中被吸收的份额定义为方向光谱吸收率，即

$$方向光谱吸收率 = \alpha_\lambda(\theta, \varphi, T_A) \qquad (2-39)$$

由基尔霍夫定律知 $\alpha_\lambda(\theta, \varphi, T_A) = \varepsilon_\lambda(\theta, \varphi, T_A)$，这个等式是材料特性之间的固定关系且无限有效，是基尔霍夫定律的最通用形式[6]。

2. 方向总吸收率

方向总吸收率是在给定方向吸收的包括一切波长的能量与该方向入射能量之比。设入射的光谱辐射强度为 $I_\lambda(\theta, \varphi)$，那么，有

$$方向总吸收率 = \alpha(\theta, \varphi, T_A) = \frac{\int_0^\infty \alpha_\lambda(\theta, \varphi, T_A) I_\lambda(\theta, \varphi) \, \mathrm{d}\lambda}{\int_0^\infty I_\lambda(\theta, \varphi) \, \mathrm{d}\lambda} \qquad (2-40)$$

如果入射辐射的光谱分布正比于温度为 T_A 的黑体的光谱分布，有 $\alpha(\theta, \varphi, T_A) = \varepsilon(\theta, \varphi, T_A)$；如方向发射率和吸收率与波长无关，呈现出这种性质的表面称为方向灰表面[8]，则方向发射率与方向吸收率也总是相等的。

3. 半球光谱吸收率

光谱半球吸收率是吸收的光谱能量占从环境半球一切方向入射来的光谱能量的份额，即

$$半球光谱吸收率 = \alpha(\lambda, T_A) = \frac{\int_{2\pi} \alpha(\lambda, \theta, \varphi, T_A) I(\lambda, \theta, \varphi) \cos\theta \mathrm{d}\Omega}{\int_{2\pi} I(\lambda, \theta, \varphi) \cos\theta \mathrm{d}\Omega} \quad (2\text{-}41)$$

当 $I_\lambda(\theta, \varphi)$ 与 θ 和 φ 无关,即入射光谱辐射强度在所有方向上都相同时,有 $\alpha_\lambda(T_A) = \varepsilon_\lambda(T_A)$,满足这样特性的表面称为漫射光谱表面[8]。

4. 半球总吸收率

半球总吸收率是表示吸收的入射能量占从环境半球一切方向入射的一切波长能量的份额,即

$$半球总吸收率 = \alpha(T_A) = \frac{\int_{2\pi} \alpha(\theta, \varphi, T_A) I(\theta, \varphi) \cos\theta \mathrm{d}\Omega}{\int_{2\pi} I(\theta, \varphi) \cos\theta \mathrm{d}\Omega} \quad (2\text{-}42)$$

当入射辐射强度与角度无关,且其光谱分布与温度为 T_A 的黑体光谱分布成比例,有 $\alpha(T_A) = \varepsilon(T_A)$,满足这样特性的表面也称漫射灰表面。

2.5　红外辐射的大气传输

红外热像仪在测量远距离目标时接收到的辐射信号将受到地球大气的吸收散射的影响,因为从目标发出的辐射功率在到达红外传感器前,一部分被大气中某些气体有选择地吸收,一部分被大气中的分子或悬浮颗粒散射。虽然吸收和散射的机理不同,其作用的结果均使辐射功率在传输过程中发生了衰减。另外,大气路径本身的红外辐射与目标辐射相叠加,将减弱目标与背景的对比度。

设一束辐射强度为 I_λ 的射线垂直穿过厚度为 $\mathrm{d}x$ 的介质后,其辐射功率减少 $\mathrm{d}I_\lambda$。实验证明,气体层的吸收和散射作用导致的辐射功率的降低与气体层的厚度以及该点的辐射功率成正比。因此,有

$$\mathrm{d}I_\lambda = -\beta_\lambda I_\lambda \mathrm{d}x \quad (2\text{-}43)$$

式中:$\beta_\lambda = \beta_{a\lambda} + \beta_{s\lambda}$ 称为介质的光谱衰减系数或消光系数($1/m$),其中 $\beta_{a\lambda}$ 为吸收系数,$\beta_{s\lambda}$ 为散射系数;负号表示辐射功率减小。吸收散射介质由浓度为 N 的粒子组成,假设在一定条件下,单个粒子的吸收和散射不依赖于粒子的浓度。吸收系数和散射系数分别正比于单位长度上所遇到的吸收、散射粒子的数目,即正比于这些粒子的浓度

$$\beta_{a\lambda} = \sigma_{a\lambda} N_a \quad (2\text{-}44)$$

$$\beta_{s\lambda} = \sigma_{s\lambda} N_s \quad (2\text{-}45)$$

式中:N_a 为吸收粒子的浓度($1/m^3$);$\sigma_{a\lambda}$ 为平均吸收截面;N_s 为散射粒子的浓度($1/m^3$);$\sigma_{s\lambda}$ 为粒子的平均散射截面。

散射截面 $\sigma_{s\lambda}$ 可写成

$$\sigma_{s\lambda} = \pi r^2 Q_{sca} \qquad (2\text{-}46)$$

式中：r 为散射粒子的半径；Q_{sca} 为散射效率因素。

将式（2-43）从 0 到 x 积分，可得在 x 处的辐射强度为

$$I_{\lambda,x} = I_{\lambda,0} \exp\left[-\int_0^x \beta_\lambda(x)\,\mathrm{d}x \right] \qquad (2\text{-}47)$$

式中：$I_{\lambda,0}$ 为在 $x=0$ 处的辐射强度。式（2-47）称为布格尔（Bouguer）定律，也称为朗伯-比尔（Lambert-Beer）定律。它是分析容积辐射的基本定律，表明辐射功率在介质中传播按指数规律衰减。

由于吸收和散射引起辐射衰减，也可用大气透过率表达，即

$$\tau_\lambda = \frac{I_{\lambda,x}}{I_{\lambda,0}} = \mathrm{e}^{-\int_0^x \beta_\lambda \mathrm{d}x} \qquad (2\text{-}48)$$

式中：τ_λ 为大气透过率；x 为路程长度。定义光学穿透距离 x_m 与衰减系数的关系为

$$x_m = \frac{1}{\beta_\lambda} \qquad (2\text{-}49)$$

定义介质的光谱学厚度为

$$l_\lambda = \int_0^x \beta_\lambda \mathrm{d}x \qquad (2\text{-}50)$$

当衰减系数在介质中是不变的常量时，光学厚度与光学穿透距离 x_m 的关系为

$$l_\lambda = \beta_\lambda x = \frac{x}{x_m} \qquad (2\text{-}51)$$

当光学厚度 $l_\lambda \gg 1$ 时，称为"光学厚"介质，辐射能只通过很短的距离就被衰减掉。相反，当光学厚度 $l_\lambda \ll 1$ 时，称为"光学薄"介质，辐射能通过很大的距离而不被显著衰减。

2.5.1 大气吸收

在红外波段，吸收比散射严重得多。大气含有多种气体成分，根据分子物理学理论，吸收是入射辐射和分子系统之间相互作用的结果。大气中某些分子具有与红外光谱区域相应的振动-转动共振频率，同时还有纯转动光谱带，而且当分子的振动（或转动）的结果引起电偶极矩变化，就能产生红外吸收光谱。由于地球大气层中含量最丰富的氮、氧、氩等气体分子是对称的，它们的振动不引起电偶极矩变化，故不吸收红外辐射，它们是使可见光产生瑞利散射的主要散射源。大气中含量较少的水蒸气、二氧化碳、臭氧、甲烷、氧化氮、一氧化碳等非对称分子，振动引起的

电偶极矩变化能产生强烈红外吸收。

图 2-8 为海平面上约 2km 的水平路径所测得的大气透过曲线,图的下部表示了水蒸气、二氧化碳和臭氧分子所造成的吸收带。由于低层大气的臭氧浓度很低,在波长超过 1μm 和高度达 12km 的范围内,意义最大的是水汽和二氧化碳分子对辐射的选择性吸收,如二氧化碳在 2.7μm、4.3μm 和 15μm 有较强的吸收带。

图中的几个高透过区域称为大气窗口。近、中、远红外波段的大气窗口包括 0.95~1.05μm、1.15~1.35μm、1.5~1.8μm、2.1~2.4μm、3.3~4.2μm、4.5~5.1μm 和 8~13μm。有时我们也粗略地认为地球大气有 1~3μm、3~5μm 和 8~14μm 三个大气窗口。

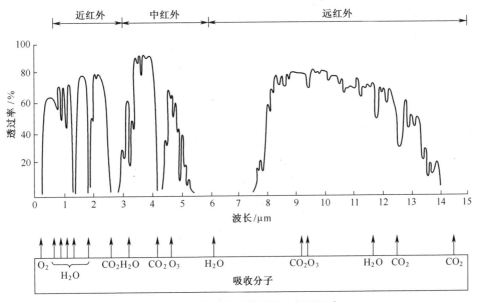

图 2-8 海平面水平路程的大气透过率

2.5.2 大气散射

大气散射是由于介质不均匀所致,辐射在大气中遇到气体分子密度的起伏及悬浮粒子,使其改变传输方向,使传播方向的辐射能量减弱,这就是散射。大气中气体分子的散射称为分子散射;大气中各类悬浮粒子也能引起散射,悬浮在大气中的云、雾、雨滴、冰晶、尘埃、碳粒子、烟、盐晶粒等统称为气溶胶。霾表示弥散在气体溶胶中的细小微粒,它由很小的盐晶粒、极细的灰尘或燃烧物等组成,半径一直到 0.5μm。在湿度较大的地方,湿气凝聚在这些微粒上,可使它们变得很大。当凝聚核增大为半径超过 1μm 的水滴或冰晶时,就形成了雾。云的形成原因和雾相同,通常将接触地面的称为雾,不接触地面的称为云。

仅含散射物质(无吸收物质)的均匀大气的光谱透过率为

$$\tau_\lambda = e^{-\beta_{s\lambda} \cdot x} \qquad (2\text{-}52)$$

式中:$\beta_{s\lambda}$ 为光谱散射系数,包括了气体分子、霾和雾的散射影响;x 为路程长度。

由于入射辐射强度的一部分被转变方向,将同时增强其他方向的辐射强度。因此,需要知道入射辐射被散射后的方向性分布。描述散射方向的主要参数是相函数。由布格尔定律,入射强度为 I_λ 的辐射穿越散射气体层时,沿途被散射的辐射强度是 dI_λ ,则

$$dI_{s\lambda} = -I_\lambda \beta_{s\lambda} dx \qquad (2\text{-}53)$$

设散射到 Ω' 方向的辐射强度是 $dI'_{s\lambda}$,则

$$dI'_{s\lambda}(\Omega, \Omega') = dI_{s\lambda} \frac{\Phi_\lambda(\Omega, \Omega')}{4\pi} \qquad (2\text{-}54)$$

式中:$\Phi_\lambda(\Omega, \Omega')$ 称为光谱散射相函数,简称相函数,反映了散射能量的方向分布。相函数对整个空间积分等于 4π,所以,有

$$\frac{1}{4\pi} \int_{4\pi} \Phi_\lambda(\Omega, \Omega') d\Omega = 1 \qquad (2\text{-}55)$$

对各向同性散射或均匀散射,有

$$\Phi_\lambda(\Omega, \Omega') = 1 \qquad (2\text{-}56)$$

大气的散射规律随散射体的大小不同而不同,在散射中通常采用一个尺寸因子 χ 来反映散射体尺寸的对散射辐射的影响,即

$$\chi = \frac{2\pi r}{\lambda} \qquad (2\text{-}57)$$

式中:r 为散射粒子的半径;λ 为入射光的波长。在 χ 较小(通常指 χ 为 0.3~1.0)时,散射遵守瑞利散射规律。当 χ 超过瑞利散射的范围后(通常指 χ 为 1.0~20),进入米散射的范围。当散射粒子很大时,服从几何光学散射规律。图 2-9 为计算得到的粒子散射效率因素随尺寸因子的变化规律。

1. 瑞利散射理论

观察到光的散射现象最早可以追溯到 1802 年,当时,Richter 就曾观察到光束通过金溶胶时的光径。1869 年,Tyndall 重新详细地研究这种现象,并使光线通过一个盛有亚硝酸丁酯和盐酸混合蒸气的管子,制成了模拟的蓝色天空。他还发现在白光的照射下,散射光是部分偏振的[9]。1871 年,瑞利首先从理论上解释了光的散射现象,并通过对远小于光波波长的微粒散射进行的精密研究,得出了著名的瑞利散射定律,这就是散射光强度与入射光波长的 4 次方成反比[10],随着波长的增加,瑞利散射将迅速减小。瑞利认为,一束光射入媒质后,将引起媒质中每个分子作强迫振动。这些作强迫振动的分子将成为新的点光源,向外辐射次级波。这些次级波与入射波迭加后的合成波就是在媒质中传播的折射波。对均匀媒质来

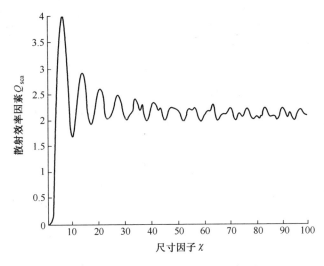

图 2-9　粒子散射效率因素随尺寸因子的变化

说,这些次波是相干的,其干涉的结果,只有沿折射光方向的合成波才加强,其余方向皆因干涉而抵消,这就是光的折射,如果媒质出现不均匀性,破坏了散射体之间的位置关系,各次波不再是相干的,这时合成波折射方向因干涉而加强的效果也随之消失,也就是说,其他方向也会有光传播,这就是散射。但瑞利散射只适用于颗粒的尺寸小于光波长且颗粒的间距大于光波长的情况,使它的使用受到很大的限制。

一般情况下,散射光是偏振的。自然光在发生瑞利散射后,散射光的总强度为

$$I_{sca} = \frac{\lambda^2 E_0 N r^2}{16\pi^2} \chi^4 \left(\frac{n^2 - 1}{n^2 + 1} \right)^2 (1 + \cos^2\theta) \qquad (2\text{-}58)$$

式中:E_0 为入射光的照度;I_{sca} 为相应于某一观察方向(与入射光成 θ 角)的散射光强度;λ 为入射光的波长;n 为散射粒子的折射率。

瑞利散射的效率因素为

$$Q_{sca} = \frac{8}{3} \chi^4 \left(\frac{n^2 - 1}{n^2 + 1} \right)^2 \qquad (2\text{-}59)$$

2. Mie(米)散射理论

1908 年,G. Mie 在电磁理论的基础上,从麦克斯韦方程出发,对于平面线偏振单色波被一个位于均匀媒质中具有任意直径和任意成分的均匀球衍射,得出了一个严格解,这就是著名的 Mie 散射理论[10,11]。Mie 散射理论是球形颗粒光散射和吸收的通用理论,可以适用于任意尺寸和任意光学常数的颗粒。Mie 散射理论的计算非常复杂,但随着电子计算机的发展,使得 Mie 理论的应用变得简单可行。在近几十年中,Mie 散射理论已在环保、能源、天文、气象、粉体科学等许多领域得到

日益广泛的应用。

根据 Mie 散射理论,粒子的散射强度取决于入射光的强度、波长和偏振度、粒子的直径和复折射率,以及相对观察方向。当光强为 I_0 的自然光入射到球形粒子时,其散射光强为[11]

$$I(\theta, \chi, m) = \frac{I_0 \lambda^2}{8\pi^2 l^2} [i_1(\theta, x, m) + i_2(\theta, x, m)] \tag{2-60}$$

当入射光为一平面偏振光时,在散射面上的散射光强为

$$I(\theta) = \frac{I_0 \lambda^2}{4\pi^2 l^2} [i_1(\theta, x, m) \sin^2\varphi + i_2(\theta, x, m) \cos^2\varphi] \tag{2-61}$$

上述两式中,θ 为散射角,$\chi = 2\pi r n/\lambda$ 称为粒子的尺寸因子,$m = m_1 + im_2$ 为粒子相对于周围介质的复折射率,虚部不为零,表示粒子有吸收。λ 为入射辐射在水中的波长,r 为粒子半径,l 为观察点至散射粒子的距离,φ 为入射辐射的电矢量相对于散射面的夹角,而 i_1、i_2 则分别为垂直及平行于散射平面的散射强度函数分量。由于散射光为部分偏振光,定义偏振度为

$$p = \frac{(i_1 - i_2)}{(i_1 + i_2)} \tag{2-62}$$

根据 Mie 散射理论,i_1、i_2 有如下形式,即

$$i_1 = |s_1|^2 , \quad i_2 = |s_2|^2 \tag{2-63}$$

式中:s_1、s_2 称为幅值函数,可表示为

$$s_1 = \sum_n \frac{2n+1}{n(n+1)}(a_n\pi_n + b_n\tau_n) \tag{2-64}$$

$$s_2 = \sum_n \frac{2n+1}{n(n+1)}(a_n\tau_n + b_n\pi_n) \tag{2-65}$$

上式中的 a_n、b_n 称为 Mie 系数,其计算公式为

$$a_n = \frac{m\psi_n(mx)\psi_n'(x) - \psi_n(x)\psi_n'(mx)}{m\psi_n(mx)\xi_n'(x) - \xi_n(x)\psi_n'(mx)} \tag{2-66}$$

$$b_n = \frac{\psi_n(mx)\psi_n'(x) - m\psi_n(x)\psi_n'(mx)}{\psi_n(mx)\xi_n'(x) - m\xi_n(x)\psi_n'(mx)} \tag{2-67}$$

式中,$\psi_n(z) = \left(\frac{\pi z}{2}\right)^{\frac{1}{2}} J_{n+\frac{1}{2}}(z)$,$\xi_n(z) = \psi_n(z) + i\chi_n(z)$,$\chi_n(z) = -\left(\frac{\pi z}{2}\right)^{\frac{1}{2}} N_{n+\frac{1}{2}}(z)$。式中的 $J_{n+\frac{1}{2}}(z)$ 和 $N_{n+\frac{1}{2}}(z)$ 分别为半奇解的第一类贝赛尔函数和第二类贝赛尔函数,ψ'、ξ' 为其自变量的微商。

π_n、τ_n 可由下式进行计算,即

$$\pi_n = \frac{2n-1}{n-1}\mu\pi_{n-1} - \frac{n}{n-1}\pi_{n-2} \tag{2-68}$$

$$\tau_n = n\mu\pi_n - (n + 1)\pi_{n-1} \tag{2-69}$$

其中, $\mu = \cos\theta$,且 $\pi_0 = 0$, $\pi_1 = 1$, μ_n 和 τ_n 关于 μ 是交替的奇偶函数,即

$$\pi_n(-\mu) = (-1)^{n-1}\pi_n(\mu) \tag{2-70}$$

$$\tau_n(-\mu) = (-1)^n\tau_n(\mu) \tag{2-71}$$

并且它们满足关系式

$$\int_0^\pi (\tau_n + \pi_n)(\tau_m + \pi_m)\sin\theta \mathrm{d}\theta = \int_0^\pi (\tau_n - \pi_n)(\tau_m - \pi_m)\sin\theta \mathrm{d}\theta = 0 \ (m \neq n)$$

$$\tag{2-72}$$

如果令 $D_n(\rho) = \dfrac{\mathrm{d}}{\mathrm{d}\rho}\ln\psi_n(\rho)$,则 a_n 、 b_n 可写为

$$a_n = \frac{[D_n(mx)/m + n/x]\psi_n(x) - \psi_{n-1}(x)}{[D_n(mx)/m + n/x]\xi_n(x) - \xi_{n-1}(x)} \tag{2-73}$$

$$b_n = \frac{[mD_n(mx) + n/x]\psi_n(x) - \psi_{n-1}(x)}{[mD_n(mx) + n/x]\xi_n(x) - \xi_{n-1}(x)} \tag{2-74}$$

其中 D_n 满足关系式

$$D_{n-1} = \frac{n}{\rho} - \frac{1}{D_n + n/\rho} \tag{2-75}$$

令

$$s_{11} = \frac{1}{2}(|s_2|^2 + |s_1|^2) \ , \ s_{22} = \frac{1}{2}(|s_2|^2 - |s_1|^2) \tag{2-76}$$

那么,当入射光是平行于散射面的偏振光,这时,散射光强和相对散射光强为

$$I_s = (s_{11} + s_{12})I_i \tag{2-77}$$

$$I_\parallel = \frac{I_s}{I_i} = s_{11} + s_{12} = |s_2|^2 \tag{2-78}$$

如果入射光是垂直于散射面的偏振光,那么,散射光强和相对散射光强为

$$I_s = (s_{11} - s_{12})I_i \tag{2-79}$$

$$I_\perp = \frac{I_s}{I_i} = s_{11} - s_{12} = |s_1|^2 \tag{2-80}$$

若入射光为非偏振光,则散射光强为

$$I_s = s_{11}I_i \tag{2-81}$$

Mie 散射理论是适用范围很广的理论,可以适用于任意尺寸和任意光学常数的颗粒。对于小尺寸颗粒已不能被认为是衍射散射时,Mie 散射理论依然正确,而衍射散射可看作是 Mie 散射的一种特例(Mie 散射计算程序见附录1)。

2.5.3 大气辐射传输的计算

大气传输的计算早期都用查表的方法[1]。如水平观察路径的大气透过率可

通过查海平面水平路径上主要吸收气体水蒸气、二氧化碳的光谱透过率表获得。由于二氧化碳成分变化不大,它的透过率可直接查表。水蒸气是大气的可变成分,它的吸收与气温、相对湿度有关,即与反映每千米可凝水量的绝对湿度有关。对于一定海拔高度的水平路程,由于大气压强低,吸收带变窄,同样路程透过率增加,必须引入高度修正因子,等效折算到海平面路程。倾斜路程则要将路程等分为若干段,分段折算等效路程,计算各段的透过率,再求整个路程的透过率。查表法对大气传输模型做了大量简化,也未考虑散射,计算繁复,精度较差,已很少使用。

1. 主要大气传输计算软件简介

目前,工程上广泛利用已发展起来的多种算法编写的大气传输计算软件[12],常用的大气传输计算软件有以下几种:

(1) 低频谱分辨率传输(LOWTRAN)。LOWTRAN(LOW resolution TRANsmission)是美国空军地球物理实验室(AFGL,前空军坎布里奇实验室,AFCRL)用Fortran语言开发的大气特性计算软件,用于计算低频谱分辨率($20cm^{-1}$)系统给定大气路径的平均透过率、大气背景辐射亮度、阳光和月光的散射辐射亮度与太阳直射辐照度。LOWTRAN 7 于 1988 年初完成,1989 年由政府公布。它把 LOWTRAN 6 的频谱扩充到近紫外到毫米波的范围。根据修正的模型和其他方面的改进,LOWTRAN 7 比 1983 年公布的 LOWTRAN 6 更为完善。

LOWTRAN 7 的主要优点是计算迅速,结构灵活多变,选择内容包括大气中气体的或分子的分布及大型的粒子。后者还包括大气气溶胶(灰尘、霾和烟雾)以及水汽(雾、云、雨)。由于 LOWTRAN 中所用的近似分子谱带模型的限制,对 40km以上的大气区域,精度严重下降。LOWTRAN 主要作为工作于下层大气和地表面战术系统的辅助工具。

(2) 快速大气信息码(FASCODE)。它利用美国地球物理管理局开发的算法,为单个种类的大气吸收线形状的计算建立模型,进行逐线计算。所有谱线数据存于 HITRAN 数据库。FASCODE 是一套实用的精确编码,比 LOWTRAN 有更高的精度。但是,用于需要复杂的逐线计算,其计算速度远低于 LOWTRAN。FASCODE可用于要求预测高分辨率的所有系统。

(3) 中频谱分辨率传输(MODTRAN)。MODTRAN(MODerate resolution TRANsmission)是在 LOWTRAN 的基础上改进而成的,首次发布于 1989 年,包括的谱带范围与 LOWTRAN 一致,且有 LOWTRAN 的全部功能。与 LOWTRAN 7 相同,它包括一系列分子的谱带模型,但精度可达 $2cm^{-1}$。与 FASCODE 不同的是,它拥有自己的光谱数据库。由于它既包括了直接的太阳辐射亮度,也包括了散射的太阳辐射亮度,所以适合于低大气路径(从表面到 30km)和中等大气路径,路径大于60km 时,运用 MODTRAN 要谨慎。

(4) 高频谱分辨率传输(HITRAN)。HITRAN 是国际公认的大陆大气吸收和辐射特性的计算标准和参考,其数据库包含了有 30 种分子系列的谱参数及其各向同性变量,包括从毫米波到可见的电磁波谱。除作为独立的数据库外,HITRAN 还可用作 FASCODE 的直接输入以及谱带模型码,如 LOWTRAM 和 MODTRAN 的间接输入。在解决输入的情况,分子谱带是以逐线模式计算,递降到谱带模型特定的分辨率,然后再进行相应的参量化。

2. LOWTRAN 7/MODTRAN 的使用方法

LOWTRAN 7 大致可分为三大块,即大气模式输入模块,包括大气温度、气压、密度的垂直廓线、水汽、臭氧、甲烷、一氧化碳和一氧化二氮的混合比垂直廓线及其他 13 种微量气体的垂直廓线,城乡大气气溶胶、雾、沙尘、火山喷发物、云、雨的廓线和辐射参量,如消光系数、吸收系数、非对称因子的光谱分布及地外太阳光谱;探测几何路径、大气折射及吸收气体含量模块;光谱透过率计算及大气太阳背景辐射计算模块(包括或不包括多次散射)。

原始的 LOWTRAN 7 采用传统大型计算机的运行方式,即控制参数由卡片输入,程序根据输入参数以批处理方式执行运算。程序需要输入五个主控制卡片,其功能如下。

卡片一:大气模式。

卡片二:气溶胶及云雨模式。

卡片三:探测几何模式。

卡片四:波段及分辨率。

卡片五:程序的停止或再运行。

对于使用者来说,MODTRAN 的输入卡仅对 LOWTRAN 7 输入卡做了三处改动:在卡片一的最前面加了一个逻辑变量 MODTRAN;将卡片四的输入改为整形;加了一个输入参数 IFWHM 定义三角狭缝函数的宽度。此外,根据主卡的选择,有时还需要辅助的子卡片。其详细的使用说明叙述如下。

LOWTRAN 7 共有五个主输入卡,其输入格式如下。

卡片一:选择大气模式、路径的几何类型、程序执行方式、是否包括多次散射、边界状况等。

格式:MODEL, ITYPE, IEMSCT, IMULT, M1, M2, M3, M4, M5, M6, MDEF, IM, NOPRT, TBOUND, SALB(13I5, F8.3, F7.2)

MODEL 在六种不同地理位置的大气模式中选择一种,或标明将输入用户自己定义的气象数据。

MODEL =0 水平路径气象参数(仅适用于水平路径)

=1 热带大气

=2 中纬度夏季

=3 中纬度冬季

          =4 副极带夏季

          =5 副极带冬季

          =61976 美国标准大气

          =7 用户输入模式

ITYPE 标明大气路径的几何特征

ITYPE =1 水平(等压)路径

      =2 两个高度间垂直或斜程

      =3 向空间垂直或斜程

"IEMSCT"确定程序的执行方式

IEMSCT =0 计算透过率

        =1 计算热辐射(辐射率)(W/cm^2球面度)

        =2 计算包括太阳或月亮的单次散射的辐射率

        =3 计算直射太阳福照度(W/cm^2)

IMULT 确定是否包括多次散射

IMULT =0 无多次散射

       =1 有多次散射(此时 IEMSCT=1 或 2)

    M1,M2,M3,M4,M5,M6 用于给出大气温度、气压、水汽、臭氧、甲烷、一氧化二氮、一氧化碳大气气体分子的垂直廓线。

    对于 MODEL=1~6,取 M1=M2=M3=M4=M5=M6=MDEF=0,此时,这些参数由程序自动取 MODEL 定义的默认值。对 MODEL=0 或 7,情况如下。

    (1) M1=M2=M3=M4=M5=M6=0 用 2C1 卡中 JCHAR 参数给出所需量。

    (2) M1 到 M6 不等于 0,且 JCHAR 为空白,取相应的默认模式廓线:

M1=1,2,3,4,5,6 相应 MODEL 的温度气压廓线;

M2=1,2,3,4,5,6 相应 MODEL 的水汽廓线;

M3=1,2,3,4,5,6 相应 MODEL 的臭氧廓线;

M4=1,2,3,4,5,6 相应 MODEL 的甲烷廓线;

M5=1,2,3,4,5,6 相应 MODEL 的一氧化二氮廓线;

M6=1,2,3,4,5,6 相应 MODEL 的一氧化氮廓线。

    MDEF=1 使用二氧化碳、氧气、一氧化氮、二氧化硫、二氧化氮、氨、硝酸缺省廓线(MODEL=1 到 6 时不需要)。

    如果 MODEL=0 或 7 需读入用户提供的大气廓线。此时,在程序第一次执行时设 IM=1。如果以后设置不同(见第五号卡的设置说明)但仍用同样大气模式计算若干例子,则设 IM=0 以重新使用前面读入的数据。

    IM =0 正常运行或使用前面读入的大气模式

       =1 初次读入用户输入模式大气

NOPRT = 0 正常运行,控制 TAPE6 的输出

= 1 简化输出的透过率或辐射率表和大气廓线表

= −1 控制 TAPE8 输出

TBOUND =边界温度(K)。用于 IEMSCT = 1 或 2 时,与地面或灰体表面(云、目标)相交的斜程。如果空白且路径与地面相交,程序用第一层大气温度作为地面温度

SALB =地面反照率(0.0~1.0)。如果空白,程序假定地面为黑体(发射率为1)

卡片二:选择气溶胶和云模式。

IHAZE、ISEASN、IVULCN 和 VIS 选择气溶胶廓线和消光系数的高度与季节变化。IHAZE 选择边界层气溶胶(0~2km 高度间)模式中的消光和气象视距类型,气溶胶消光系数对相对湿度的依赖关系根据 MODEL 确定的模式大气水汽含量决定。ISEASN 选择对流层(2~10km)和平流层(10~30km)气溶胶廓线的季节特点。IVULCN 选择平流层气溶胶的高度廓线和消光类型并确定平流层之上至 100km 的过渡廓线。如果同时定义了 VIS,它将取代 IHAZE 默认值定义的气象视距(注意:能见度的定义是:无辅助设施,正常视力肉眼可见的最大距离。白天:以地平天空为背景的黑暗物体;夜间:已知的中等光强的光源)。此处,气象视距 V 则是消除观测者主观因素及昼夜差别的定量化定义,即

$$V = \frac{1}{\beta} \ln \frac{1}{\varepsilon} = \frac{3.912}{\beta} \tag{2-82}$$

式中:β 为分子和气溶胶的在 $0.55\mu m$ 波长的总消光系数;ε 为对比度阈值,等于 0.02。如果仅有观测能见度 V_0,可由此估计气象视距:$V = (1.3 \pm 0.3)V_0$。

格式:IHAZE, ISEASN, IVULCN, ICSTL, ICLD, IVSA, VIS, WSS, WHH, RAINRT, GNDALT(6I5, 5F10.3)

IHAZE 选择边界层气溶胶(0~2km 高度间)模式中的消光和气象视距类型,如果同时定义了 VIS,它将取代 IHAZE 默认值定义的气象视距类型,如果同时定义了 VIS,它将取代 IHAZE 默认值定义的气象视距。

IHAZE = 0 无气溶胶

= 1 乡村消光系数,默认气象视距 = 23km

= 2 乡村消光系数,默认气象视距 = 5km

= 3 海军海洋消光系数,自置气象视距(与风和相对湿度有关)

= 4 海洋消光系数,默认气象视距 = 23km(LOWTRAN 5 模式)

= 5 城市消光系数,默认气象视距 = 5km

= 6 对流层消光系数,默认气象视距 = 50km

= 7 用户定义消光系数,启动读 2D、2D1、2D2 以输入四个高度分区的消光系数、吸收系数和非对称因子

=8 FOG1(对流雾)消光系数,默认气象视距=0.2km

=9 FOG2(辐射雾)消光系数,默认气象视距=0.5km

=10 沙漠消光系数,由风速定气象视距

ISEASN 选择对流层(2~10km)和平流层(10~30km)气溶胶廓线的季节特点,在用 2~10km 廓线时,仅用对流层气溶胶消光系数廓线。

ISEASN=0 由 MODEL 值确定气溶胶廓线(MODEL=0,1,2,4,6,7 时为春季到夏季;MODEL=3,5 时为秋季到冬季)

=1 春~夏季

=2 秋~冬季

IVULCN 选择平流层气溶胶的高度廓线和消光类型并确定平流层之上至 100km 的过渡廓线。

ICSTL 是气团特性(1~10),仅在海军海洋模式(IHAZE=3)中使用,默值为3。

ICLD 选择云模式和降雨强度。降雨廓线自地面到所选的模式云的顶部线性递减,到云顶处为止。

IVSA 决定是否使用陆军垂直结构算法计算边界层气溶胶。

VIS 输入地面气象视距(km)。

WSS 输入当地风速。

RAINRT 输入雨强,有云时用于云顶,无云时用到6km。

GNDALT 输入地面的海拔高度,用于修改 6km 以下的气溶胶廓线。

卡片二后有补充卡,由卡片一、二的 ICLD、IVSA、MODEL 和 IHAZE 参数确定(有些情况下不用)。

卡片三:用于定义特定问题的几何路径参数。

格式:H1,H2,ANGLE,RANGE,BETA,RO,LEN(6F10.3,I5)

H1=初始高度(km)

H2=终点高度(km)-ITYPE=2

H2=切点高度(km)-ITYPE=3

当 IEMSCT=1 或=2 时,H1 必须定义观测者或感测器的位置,此时,H1 和 H2 不能像在透过率计算方式时那样互换。

ANGLE=西欧能够 H1 测量的初始天顶角(°)

RANGE=路径长度(km)

BETA=H1 和 H2 所张的地球中心角(°)

RO=计算所用纬度的地球半径(km)。如空白,当 MODEL=7 时程序取 6371.23km,当 MODEL 取其他值时取相应纬度半径

当水平路径,ANGLE>90 时,有两条可能的路径,LEN 选择其中一条。

LEN=0 较短的路径(默认)

LEN＝1 通过切点的较长路径

卡片四：计算的光谱区和步长。

格式：V1，V2，DV(3F10.3)

V1＝波数下限（波数 cm^{-1}）

V2＝波数上限（波数 cm^{-1}）

DV＝波数间隔（波数 cm^{-1}）

波数间隔必须取 5 的倍数。

卡片五：用 IPRT 控制程序的循环，以一次运行计算一系列问题。例如，当使用同一模式大气和路径类型计算不同光谱区 V1、V2 的透过率时，可将 IPRT 设置为 4。

格式：IRPT(I5)

IRPT＝0 结束程序运行

IRPT＝1 重新读入所有的卡片(1,2,3,4,5)

IRPT＝2 无用

IRPT＝3 重新读入卡片 3 和 5

IRPT＝4 重新读入卡片 4 和 5

IRPT＞4 或＝2 程序停止运行

利用大气辐射传输计算软件可以计算不同海拔高度上的水平路径或斜程的不同传输距离的大气光谱透射率。零海拔 3~5μm 和 8~14μm 波段水平路径上不同传输距离的大气光谱透射率的计算结果如图 2-10 和图 2-11 所示。

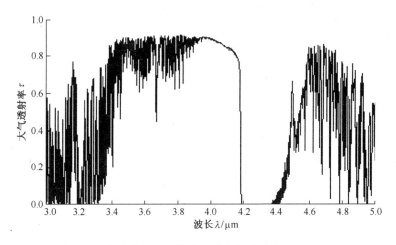

图 2-10　水平路径 1km 距离下的大气透射率（3 ~ 5μm）

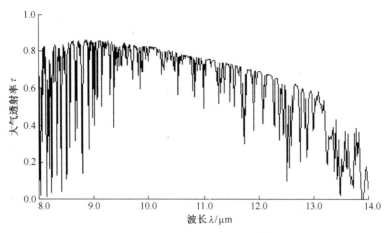

图 2-11　水平路径 1km 距离下的大气透射率 (8~14μm)

思 考 题

1. 有经验的冶炼师傅可根据冶炼金属的颜色大致判断金属的温度, 依据是什么?

2. 冬天里, 为什么植物叶片上表面容易结霜而下表面不易结霜呢?

3. 从光散射理论出发, 解释天空为什么是蓝色的?

4. 若将恒星表面的辐射近似地看成是黑体辐射, 则测得北极星辐射的峰值波长为 $0.35μm$, 试求其表面温度。

5. 我国于 1991 年加入加拿大《蒙特利尔协议书》, 承诺遵守国际保护臭氧层的倡议, 试从气体辐射原理出发, 分析保护臭氧层的必要性。

6. 根据 Mie 散射理论, 计算粒径为 $20μm$、复折射率为 $1.5+0.12i$ 的球形颗粒对 $10μm$ 红外波长的消光因子、散射因子和吸收因子。

7. 利用 MODTRAN 软件, 计算我国华北地区冬季晴朗天空的大气透射率。

参 考 文 献

[1] 张建奇, 方小平. 红外物理[M]. 西安:西安电子科技大学出版社, 2004.

[2] 陈衡. 红外物理学[M]. 北京:国防工业出版社, 1985.

[3] 克利克苏诺夫. 红外技术原理手册[M]. 北京:国防工业出版社, 1986.

[4] 杨立, 杨桢. 红外热成像测温原理与技术[M]. 北京:科学技术出版社, 2012.

[5] 杨世铭, 陶文铨. 传热学[M]. 北京:高等教育出版社, 2006.

[6] 张靖周. 高等传热学[M]. 北京:科学出版社, 2009.

[7] 葛绍岩,那鸿悦. 热辐射性质及其测量[M]. 北京:科学出版社,1989.

[8] 西格尔,豪厄尔. 热辐射传热[M]. 北京:科学出版社,1990.

[9] 赵择卿,陆达年,杨定超. 光散射技术[M]. 北京:纺织工业出版社,1989 .

[10] 尹宏. 大气辐射学基础[M]. 北京:气象出版社,1993 .

[11] Bohren C F,Huffman D R. Absorbtion and Scattering of Light by Small Particles[M]. New York:
Wiley,1983.

[12] 吴北婴,等. 大气辐射传输实用算法[M]. 北京:气象出版社,1998.

第 3 章　有限体积法

　　热物理科学的研究方法主要分为三种,即解析法、实验法和数值法。在流体流动和传热领域数值方法的应用尤其重要。最近二三十年,随着数值计算方法的快速发展和计算机性能的大幅提升,计算传热学发展非常迅速,许多过去只能靠实验测量来研究的传热问题,现在都可以用数值计算的方法由计算机来解决。当前相关数值方法很多,如有限差分法、有限体积法、有限元法、有限分析法、边界元法、谱分析法等,各类方法都有其特点和适用范围,但大量实践证明,有限体积法在传热数值计算领域内是适应面比较广、解题能力比较强、通用性比较好的一种数值计算方法。与其他数值计算方法相比,有限体积法得到的离散方程具有能更好地保持原微分方程的守恒性、各项物理意义明确、方程形式规范等优点。目前,主流的商业 CFD 仿真软件,如 STARCD、FLUENT、FLOW3D、PHOENICS、CFX 等,都采用有限体积法作为核心算法[1]。

　　正因为如此,在本章我们参考 H. K. Versteeg 和 W. Malalasekera 编写的 *AnIntroduction to Computational Fluid Dynamics*[2]、李人宪编写的《有限体积法基础》[3]以及我单位老师和研究生的研究工作[4-6],以一维稳态和非稳态导热问题向读者介绍有限体积法在传热计算中的应用,希望读者能触类旁通,初步领会该方法的基本思想和应用技巧,并能在更广泛的传热和流体流动领域运用该方法,解决科学和工程问题。

3.1　有限体积法的基本思想和特点

3.1.1　基本思想

　　对物理问题进行数值求解的基本思想可以概括为:把原来在时间、空间坐标系中连续的物理量的场,如导热物体的温度场,用有限个离散点上的值的集合来代替,通过求解按一定方法建立起来的关于这些值的代数方程来获得离散点上的被求物理量的值。各种数值方法的不同点一般只体现在物理两场的离散及代数方程的建立过程。

　　有限体积法是在有限差分法的基础上发展起来的,同时,它又吸收了有限元法的一些优点。就其物理意义而言,首先,积分的区域是与某节点相关的控制容积;

其次,积分方程表示的物理意义是控制容积的能量平衡。

根据传热学原理,对于三维、有内热源的传热过程能量守恒方程可以表示为

$$\rho c \frac{\partial T}{\partial t} = \mathrm{div}(k \cdot \mathrm{grad}T) + q_v \tag{3-1}$$

式中: T 为温度场变量; ρ 为导热材料密度; c 为导热材料比热容; k 为材料导热系数(或称为热导率); q_v 为热源项。式(3-1)左边为瞬态项,也称为非稳态项;右边第一项为扩散项,由导热作用产生,右边第二项为源项。

在有限体积法中每一个网格节点按一定的方式形成一个包围该节点的控制容积 V(图 3-1)。有限体积法的关键步骤是将控制微分方程式(3-1)在控制容积 V 内进行积分,即

$$\int_V \frac{\partial T}{\partial t} \mathrm{d}V = \int_V \mathrm{div}(a \cdot \mathrm{grad}T) \mathrm{d}V + \int_V \frac{q_v}{\rho c} \mathrm{d}V \tag{3-2}$$

式中: a 为热扩散率, $a = k/\rho c$。

利用奥氏公式或高斯散度定理,将式(3-1)中等号右端第一项(扩散项)的体积分转换为关于控制容积 V 表面 A 上的面积分。

高斯散度定理表述为:对某矢量 i 散度的积分可写成如下形式,即

$$\int_V \mathrm{div}(\boldsymbol{i}) \mathrm{d}V = \int_A \boldsymbol{n} \cdot \boldsymbol{i} \mathrm{d}A \tag{3-3}$$

式中: $\boldsymbol{n}$ 为控制容积表面外法线方向单位矢量。

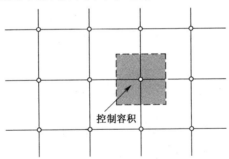

图 3-1　有限体积法的节点网格和控制容积

奥氏公式表述为

$$\iiint_V \left(\frac{\partial P}{\partial x} + \frac{\partial Q}{\partial y} + \frac{\partial R}{\partial z} \right) \mathrm{d}V = \int_A P\mathrm{d}y\mathrm{d}z + Q\mathrm{d}z\mathrm{d}x + R\mathrm{d}x\mathrm{d}y \tag{3-4}$$

等式左端体积分的被积函数正是矢量 $\boldsymbol{i} = P\boldsymbol{i} + Q\boldsymbol{j} + R\boldsymbol{k}$ 的散度表达式。

利用式(3-3)可将式(3-2)改写为

$$\frac{\partial}{\partial t}\left(\int_V T\mathrm{d}V \right) = \int_A \boldsymbol{n} \cdot (a \cdot \mathrm{grad}T) \mathrm{d}A + \int_V \frac{q_v}{\rho c} \mathrm{d}V \tag{3-5}$$

这里我们将等号左端第一项中的积分和微分顺序变换了一下,以方便说明其物理意义。这一项表明特征变量 T 的总量在控制容积 V 内随时间的变化量。等式右端第一项是扩散项积分。扩散热流的正方向应为 T 的负梯度方向,而 $\boldsymbol{n}$ 为控制容积表面外法线方向,因此 $\boldsymbol{n} \cdot a(\mathrm{grad}T)$ 是温度 T 向控制容积外的扩散率。所以, $\boldsymbol{n} \cdot a(\mathrm{grad}T)$ 就表示温度 T 向控制容积内的扩散率,从而等式右端第一项的物理意义为控制容积温度变量 T 由于边界扩散流动引起的净增加量。用文字表述式 (3-5) 表示的温度变量 T 在控制容积内的守恒关系为

$T_{随时间的变化量} + T_{由于边界对流引起的净减少量} = T_{由于边界边界扩散引起的净增加量} + T_{由于内源引起的净增加量}$

或

$T_{随时间的变化量} = T_{由于边界对流引起的净增加量} + T_{由于边界边界扩散引起的净增加量} + T_{由于内源引起的净增加量}$

对于稳态问题,由于时间相关项等于零,式(3-5)成为

$$\int_A \boldsymbol{n} \cdot k(\mathrm{grad}T)\mathrm{d}A + \int_V q_v \mathrm{d}V = 0 \qquad (3-6)$$

对于瞬态问题,还需要在时间间隔 Δt 内对式(3-5)积分,以表明从时刻 t 到时刻 $(t + \Delta t)$ 的时间段内 T 仍保持其守恒性,即

$$\int_{\Delta t} \frac{\partial}{\partial t}\left(\int_V T\mathrm{d}V\right)\mathrm{d}t = \int\!\!\int_{\Delta t A} \boldsymbol{n} \cdot a(\mathrm{grad}T)\mathrm{d}A\mathrm{d}t + \int\!\!\int_{\Delta t V} \frac{q_v}{\rho c}\mathrm{d}V\mathrm{d}t \qquad (3-7)$$

3.1.2 有限体积法的特点

(1) 有限体积法的出发点是积分形式的控制方程,这一点不同于有限差分法;同时,积分方程表示温度变量 T 在控制容积内的守恒特性,这又与有限元法不一样。

(2) 积分方程中每一项都有明确的物理意义,从而使得方程离散时,对各离散项可以给出一定的物理解释。这一点对于流动和传热问题的其他数值计算方法还不能做到。

(3) 区域离散的节点网格与进行积分的控制容积分立。如图 3-1 所示的二维问题离散系统,网线交点(圆点)表示节点,实线表示由节点构成的网格,图中阴影面积表示节点 P 的控制容积。一般来讲,各节点有互不重叠的控制容积,从而整个求解域中温度变量的守恒可以由各个控制容积中的温度变量守恒来保证。

正是由于有限体积法的这些特点,使其成为当前求解流动和传热问题的数值计算中最成功的方法,已经被绝大多数工程流体和传热计算软件采用。

3.2 一维导热问题的有限体积法

一维导热在舰船温度场研究中是一类广泛存在的物理问题,很多舰船设备和

相关红外应用技术中的传热过程都可以简化为一维导热问题。采用数值方法获得一维导热过程的温度分布具有重要的实用价值。

3.2.1 一维稳态导热问题的一般离散格式

一维稳态导热问题的控制微分方程为

$$\frac{\mathrm{d}}{\mathrm{d}x}\left(k\frac{\mathrm{d}T}{\mathrm{d}x}\right) + q_v = 0 \tag{3-8}$$

作为初学者,最好按着规范步骤进行数值离散与计算,以此加深理解。在此,我们根据文献[3]的方法将整个物理问题分三步来求解。

第 1 步:生成离散网格。

首先将求解域划分成离散的控制容积,如图 3-2 所示,将 A–B 求解域划分成五个控制容积。区域边界即为边界控制容积的外边界。每一控制容积的中心布置一个节点。

我们给出任意一个中间节点 P 所代表的控制容积尺寸定义(图 3-3)。P 点的西侧相邻节点为 W,东侧相邻节点为 E,W 点到 P 点的距离定义为 δx_{WP},P 点到 E 点的距离定义为 δx_{PE};P 点所在的控制容积西侧边界为 w,东侧边界为 e,控制容积长度为 δx_{we}。

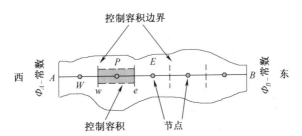

图 3-2 划分控制容积确定节点

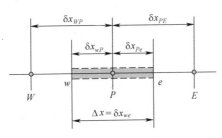

图 3-3 网格尺寸定义

第 2 步:方程的离散。

有限体积法是利用控制容积积分来实现方程的离散,在控制容积内对方程式

(3-8)积分,并利用奥氏公式,即

$$\int_{\Delta V} \frac{d}{dx}\left(k\frac{dT}{dx}\right)dV + \int_{\Delta V} q_v dV = \int_A \boldsymbol{n} \cdot k\frac{dT}{dx}dA + \int_{\Delta V} q_v dV$$

$$= \left(kA\frac{dT}{dx}\right)_e - \left(kA\frac{dT}{dx}\right)_w + \bar{q_v}\Delta V = 0 \qquad (3-9)$$

式中:A 为控制容积表面(积分方向)的面积;ΔV 为控制容积的体积;$\bar{q}$ 为源项在控制容积中的平均值。

方程式(3-9)有十分明确的物理意义,温度变量 T 流出东侧截面的扩散流量减去进入西侧界面的扩散流量等于温度 T 的生成量(由源项产生)。也就是说,温度变量 T 在控制容积内构成了平衡。

要得到式(3-9)的具体形式,我们必须知道导热系数 k 和温度变量 T 的梯度 dT/dx 在控制容积东(e)西(w)边界上的值。这些值可以利用节点上的相应值由插值运算求出。最简单的计算是线性插值。例如,对均匀网格系统,有

$$k_w = \frac{k_W + k_P}{2} , \quad k_e = \frac{k_P + k_E}{2} \qquad (3-10a)$$

同理,有

$$\left.\frac{dT}{dx}\right|_e \approx \left.\frac{\Delta T}{\Delta x}\right|_e = \frac{T_E - T_P}{\delta x_{PE}}, \quad \left.\frac{dT}{dx}\right|_w \approx \left.\frac{\Delta T}{\Delta x}\right|_w = \frac{T_P - T_W}{\delta x_{WP}} \qquad (3-10b)$$

从而通过截面的扩散量可写为

$$\left(kA\frac{dT}{dx}\right)_e = k_e A_e\left(\frac{T_E - T_P}{\delta x_{PE}}\right), \quad \left(kA\frac{dT}{dx}\right)_w = k_w A_w\left(\frac{T_P - T_W}{\delta x_{WP}}\right) \qquad (3-11)$$

源项有可能是常数,也有可能是场变量的函数,有限体积法通常将源项线性化处理,即设

$$\bar{q_v}\Delta V = S_u + S_P T_P \qquad (3-12)$$

将式(3-10)~式(3-12)代入式(3-9),有

$$k_e A_e\left(\frac{T_E - T_P}{\delta x_{PE}}\right) - k_w A_w\left(\frac{T_P - T_W}{\delta x_{WP}}\right) + (S_u + S_P T_P) = 0 \qquad (3-13)$$

按温度变量节点值整理方程式(3-13),得

$$\left(\frac{k_e}{\delta x_{PE}}A_e + \frac{k_w}{\delta x_{WP}}A_w - S_P\right)T_P = \left(\frac{k_w}{\delta x_{WP}}A_w\right)T_W + \left(\frac{k_e}{\delta x_{PE}}A_e\right)T_E + S_u \qquad (3-14)$$

将方程式中各节点温度变量系数归一化处理,写成 a_P、a_W、a_E,方程式(3-14)成为

$$a_P T_P = a_W T_W + a_E T_E + S_u \qquad (3-15)$$

其中

36

$$a_W = \frac{k_w}{\delta x_{WP}} A_w \ , \ a_E = \frac{k_e}{\delta x_{PE}} A_e \ , \ a_P = \frac{k_e}{\delta x_{PE}} A_e + \frac{k_w}{\delta x_{WP}} A_w - S_P = a_W + a_E - S_P$$

方程式(3-15)即为有内热源的一维稳态导热方程式(3-8)的离散方程。对所有节点均可以列出对应的离散方程。最后我们将会得到一组代数方程。对于求解域边界处的控制容积积分方程要按边界条件修正各系数。

第 3 步:解方程组。

式(3-15)表示的方程组中每一个方程式相当于三元一次方程,因此我们得到的是一组三对角代数方程,用解线性代数方程组的任何方法都可以求解。最后得到各节点处的温度值 T_i。下面以例题详细描述关于利用有限体积法计算无(有)内热源的一维稳态导热问题的过程。

例 3.1　用有限体积法求解下述无内热源一维稳态导热问题。

如图 3-4 所示,舰船锅炉炉墙耐火砖层厚 0.1m,耐火砖外侧温度 T_A 保持 100℃,耐火砖内侧温度 T_B 保持 1500℃。耐火砖导热系数 $k = 0.05\text{W}/(\text{m} \cdot \text{K})$,并且不随时间改变。求在稳定状态下单位面积锅炉炉墙耐火砖内的温度分布。

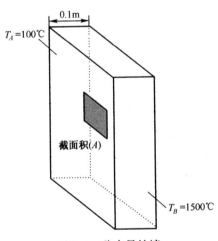

图 3-4　稳态导炉墙

解:对于锅炉炉墙,由于两侧温度都保持恒定,我们可以将其视为一维导热问题。对于常物性、无内热源、一维、稳态的导热问题满足下述微分方程,即

$$\frac{\text{d}}{\text{d}x}\left(k\frac{\text{d}T}{\text{d}x} \right) = 0 \tag{3-16}$$

根据前文讨论,我们仍然采用三步骤方法。

第 1 步:生成离散网格。

沿着锅炉炉墙壁厚方向分成五个控制容积(单元),如图 3-5 所示,此时,$\delta x = 0.02\text{m}$。

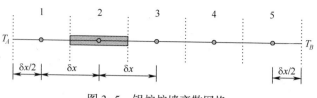

图 3-5 锅炉炉墙离散网格

第 2 步:构造离散方程。

求解域中共有五个节点,利用式(3-15),节点 2~节点 4 处可分别列出关于节点温度的离散方程,即

$$\left(\frac{k_e}{\delta x_{PE}}A_e + \frac{k_w}{\delta x_{WP}}A_w\right)T_P = \left(\frac{k_w}{\delta x_{WP}}A_w\right)T_W + \left(\frac{k_e}{\delta x_{PE}}A_e\right)T_E \qquad (3-17)$$

由于 $k_e = k_w = k$, $\delta x_{PE} = \delta x_{WP} = \delta x$, $A_e = A_w = A$ 均为常数,因此对节点 2、节点 3、节点 4 有离散方程

$$a_P T_P = a_W T_W + a_E T_E \qquad (3-18)$$

其中

$$a_W = \frac{k}{\delta x}A \ , \ a_E = \frac{k}{\delta x}A \ , \ a_P = a_W + a_E$$

因控制方程中无源项,所以 S_u 和 S_P 均为零。

节点 1 和节点 5 为边界节点,它们的离散方程需特殊处理。下面我们来讨论边界节点的离散方程。将式(3-16)在节点 1 的控制容积内积分,有

$$kA\left(\frac{T_E - T_P}{\delta x}\right) - kA\left(\frac{T_P - T_A}{\delta x/2}\right) = 0 \qquad (3-19)$$

这里采用一个近似,即通过控制容积的西侧界面(此时为求解域边界 A)的扩散流量近似与边界节点 A 和节点 P(此时为节点 1)的温度线性相关。按节点温度将方程式(3-19)整理,得

$$\left(\frac{k}{\delta x}A + \frac{2k}{\delta x}A\right)T_P = 0 \times T_W + \left(\frac{k}{\delta x}A\right)T_E + \left(\frac{2k}{\delta x}A\right)T_A \qquad (3-20)$$

将式(3-19)与式(3-15)比较可以看出,固定温度边界条件转化成源项($S_u + S_P T_P$)进入控制容积积分方程,其中 $S_u = \frac{2k}{\delta x}A \cdot T_A$, $S_P = -\frac{2k}{\delta x}A$ 。同时,西侧边界点(固定温度边界)的温度系数 a_W 为零,从而边界节点 1 的离散方程可写为

$$a_P T_P = a_W T_W + a_E T_E + S_u \qquad (3-21)$$

其中

$$a_W = 0 \ , \ a_E = \frac{k}{\delta x}A \ , \ a_P = a_W + a_E - S_P \ , \ S_P = -\frac{2k}{\delta x}A \ , \ S_u = \frac{2k}{\delta x}A \cdot T_A$$

同样道理,将式(3-16)在节点 5 的控制容积内积分,有

$$kA\left(\frac{T_B - T_P}{\delta x/2}\right) - kA\left(\frac{T_P - T_W}{\delta x}\right) = 0 \tag{3-22}$$

这里同样假设了从节点 P(节点 5)到边界点 B 扩散流的线性分布。按节点温度将方程式(3-22)重新整理,得

$$\left(\frac{k}{\delta x}A + \frac{2k}{\delta x}A\right)T_P = \left(\frac{k}{\delta x}A\right)T_W + 0 \times T_E + \left(\frac{2k}{\delta x}A\right)T_B$$

从而边界节点 5 的离散方程可写为

$$a_P T_P = a_W T_W + a_E T_E + S_u \tag{3-23}$$

其中

$$a_W = \frac{k}{\delta x}A \;,\; a_E = 0 \;,\; a_P = a_W + a_E - S_P \;,\; S_P = -\frac{2k}{\delta x}A \;,\; S_u = \frac{2k}{\delta x}A \cdot T_B$$

这样我们就得到了求解域内节点 1 到节点 5 的所有节点的离散方程。取单位面积 $A = 1$,将已知数值代入式(3-18)、式(3-21)和式(3-23),得到各节点离散方程系数列于表 3-1。

表 3-1　例 3-1 各节点离散方程系数

节点	a_W	a_E	S_u	S_P	a_P
1	0	2.5	$5T_A$	-5	7.5
2	2.5	2.5	0	0	5
3	2.5	2.5	0	0	5
4	2.5	2.5	0	0	5
5	2.5	0	$5T_B$	-5	7.5

从而可得下述代数方程组,即

$$\begin{cases} 7.5T_1 = 2.5T_2 + 5T_A \\ 5T_2 = 2.5T_1 + 2.5T_3 \\ 5T_3 = 2.5T_2 + 2.5T_4 \\ 5T_4 = 2.5T_3 + 2.5T_5 \\ 7.5T_5 = 2.5T_4 + 2.5T_B \end{cases}$$

写成矩阵形式,有

$$\begin{bmatrix} 7.5 & -2.5 & 0 & 0 & 0 \\ -2.5 & 5 & -2.5 & 0 & 0 \\ 0 & -2.5 & 5 & -2.5 & 0 \\ 0 & 0 & -2.5 & 5 & -2.5 \\ 0 & 0 & 0 & -2.5 & 7.5 \end{bmatrix} \begin{Bmatrix} T_1 \\ T_2 \\ T_3 \\ T_4 \\ T_5 \end{Bmatrix} = \begin{Bmatrix} 5T_A \\ 0 \\ 0 \\ 0 \\ 5T_B \end{Bmatrix} \tag{3-24}$$

第3步:解方程组。

将 $T_A = 100$，$T_B = 1500$ 代入,解此方程组,得

$$\begin{Bmatrix} T_1 \\ T_2 \\ T_3 \\ T_4 \\ T_5 \end{Bmatrix} = \begin{Bmatrix} 240 \\ 520 \\ 800 \\ 1080 \\ 1360 \end{Bmatrix}$$

两端固定温度值的绝热棒稳态分析解为线性温度分布,即

$$T = 14000x + 100$$

图3-6为分析解与数值解的图形比较,从中可以看出数值解有很高的计算精度。

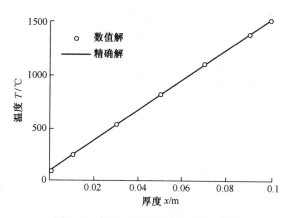

图3-6　例3.1数值解与分析解比较

例3.2　具有内热源的一维稳态导热问题。

如图3-7所示,厚度为 $L = 2\text{cm}$ 的无限大平板,导热系数 $k = 0.5\text{W}/(\text{m}\cdot\text{K})$，板内有均匀内热源 $q = 1000\text{kW/m}^3$，表面 A 温度保持在 $T_A = 100\text{℃}$，表面 B 温度保持在 $T_B = 200\text{℃}$。求板内 x 向的温度分布。

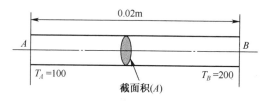

图3-7　无限大有内热源平板导热模型

解:由于板在 y、z 方向为无限大,因此可以看做一维热传导问题。有内热源

的一维热传导问题的控制微分方程为

$$\frac{d}{dx}\left(k\frac{dT}{dx}\right) + q_v = 0 \qquad (3-25)$$

第 1 步：生成离散网格。

将厚度方向（x 方向）分成五个控制容积，每个控制容积中一个节点，如图 3-8 所示。此时，$\delta x = 0.04\text{m}$。我们在 $y-z$ 平面方向只考虑单位面积的大小，即控制容积东西侧边界面积 $A = 1$。

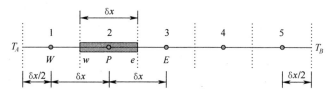

图 3-8　例 3.2 离散网格

第 2 步：

在控制容积内对方程式（3-25）积分，有

$$\int_{\Delta V}\frac{d}{dx}\left(k\frac{dT}{dx}\right)dV + \int_{\Delta V}q_v dV = 0 \qquad (3-26)$$

第 1 项按与例 3.1 相同的方法处理；第 2 项为源项，由于 q_v 为常数，可以取 $\bar{S}\Delta V = q_v\Delta V$，从而式（3-26）成为

$$\left(kA\frac{dT}{dx}\right)_e - \left(kA\frac{dT}{dx}\right)_w + q_v\Delta V = 0 \qquad (3-27)$$

对此一维问题，$\Delta V = A\delta x$，有

$$\left[k_e A_e\left(\frac{T_E - T_P}{\delta x}\right) - k_w A_w\left(\frac{T_P - T_W}{\delta x}\right)\right] + q_v A\delta x = 0 \qquad (3-28)$$

按节点温度整理式（3-28），得

$$\left(\frac{k_e A_e}{\delta x} + \frac{k_w A_w}{\delta x}\right)T_P = \left(\frac{k_w A_w}{\delta x}\right)T_W + \left(\frac{k_e A_e}{\delta x}\right)T_E + q_v A\delta x \qquad (3-29)$$

由于 $k_e = k_w = k$，$A_e = A_w = A$，式（3-29）可写成通用形式，即

$$a_P T_P = a_W T_W + a_E T_E + S_u \qquad (3-30)$$

其中

$$a_W = \frac{kA}{\delta x}，a_E = \frac{kA}{\delta x}，a_P = a_W + a_E - S_P，S_P = 0，S_u = q_v A\delta x$$

式（3-30）只适用于节点 2～节点 4，边界节点 1、节点 5 仍需特殊处理。

为使离散方程能满足边界已知温度值，我们仍采用线性近似的方法，即区域边

界处温度到相邻节点温度近似按线性变化。在节点 1 的控制容积内对式(3-36)积分,有

$$\left(kA\frac{\mathrm{d}T}{\mathrm{d}x}\right)_e - \left(kA\frac{\mathrm{d}T}{\mathrm{d}x}\right)_w + q_v\Delta V = 0 \tag{3-31}$$

在边界 A 和节点 P (此时为节点 1)处引入线性温度近似,有

$$\left[kA\left(\frac{T_E - T_P}{\delta x}\right) - kA\left(\frac{T_P - T_A}{\delta x/2}\right)\right] + q_v A\delta x = 0 \tag{3-32}$$

按节点温度整理式(3-32),可得边界节点 1 所在控制容积积分方程,即

$$a_P T_P = a_W T_W + a_E T_E + S_u \tag{3-33}$$

其中

$$a_W = 0 , a_E = \frac{kA}{\delta x} , a_P = a_W + a_E - S_P , S_P = -\frac{2kA}{\delta x} , S_u = q_v A\delta x + \frac{2kA}{\delta x}\cdot T_A$$

在节点 5,控制容积东侧界面为区域边界,温度为已知值。类似于节点 1 控制容积积分,有

$$\left(kA\frac{\mathrm{d}T}{\mathrm{d}x}\right)_e - \left(kA\frac{\mathrm{d}T}{\mathrm{d}x}\right)_w + q_v\Delta V = 0 \tag{3-34}$$

$$\left[kA\left(\frac{T_E - T_P}{\delta x}\right) - kA\left(\frac{T_P - T_A}{\delta x/2}\right)\right] + q_v A\delta x = 0 \tag{3-35}$$

将式(3-35)按节点温度整理,得到边界节点 5 所在控制容积离散方程,即

$$a_P T_P = a_W T_W + a_E T_E + S_u \tag{3-36}$$

其中

$$a_W = \frac{kA}{\delta x} , a_E = 0 , a_P = a_W + a_E - S_P , S_P = -\frac{2kA}{\delta x} , S_u = q_v A\delta x + \frac{2kA}{\delta x}\cdot T_B$$

将 $A = 1$, $k = 0.5\,\mathrm{W/(m\cdot K)}$, $q_v = 1000\,\mathrm{kW/m^3}$ 代入方程式(3-30)、式(3-33)和式(3-36),可得离散方程各系数(表3-2)。

表3-2 例3.2 离散方程系数值

节点	a_W	a_E	S_u	S_P	a_P
1	0	125	$4000+250\,T_A$	-250	375
2	125	125	0	0	250
3	125	125	0	0	250
4	125	125	0	0	250
5	125	0	$4000+250\,T_B$	-250	375

将 $T_A = 100$, $T_B = 200$ 代入,直接写成矩阵形式方程,有

$$\begin{bmatrix} 375 & -125 & 0 & 0 & 0 \\ -125 & 250 & -125 & 0 & 0 \\ 0 & -125 & 250 & -125 & 0 \\ 0 & 0 & -125 & 250 & -125 \\ 0 & 0 & 0 & -125 & 375 \end{bmatrix} \begin{Bmatrix} T_1 \\ T_2 \\ T_3 \\ T_4 \\ T_5 \end{Bmatrix} = \begin{Bmatrix} 29000 \\ 4000 \\ 4000 \\ 4000 \\ 54000 \end{Bmatrix}$$

第 3 步:解方程组。

解上述方程组,得

$$\begin{Bmatrix} T_1 \\ T_2 \\ T_3 \\ T_4 \\ T_5 \end{Bmatrix} = \begin{Bmatrix} 150 \\ 218 \\ 254 \\ 258 \\ 230 \end{Bmatrix}$$

将方程式(3-25)对 x 积分两次,并应用边界条件 T_A、T_B 可得此问题的分析解,即

$$T = \left[\frac{T_B - T_A}{L} + \frac{q}{2k}(L - x) \right] x + T_A$$

有限体积法数值解与分析解在节点处的计算值及其误差列于表3-3,图形显示如图3-9所示。

表 3-3　例 3.2 计算值及误差

节点号	1	2	3	4	5
距离/m	0.002	0.006	0.010	0.014	0.018
有限体积法结果	150	218	254	258	230
分析解结果	146	214	250	254	226
误差率/%	2.73	1.86	1.60	1.57	1.76

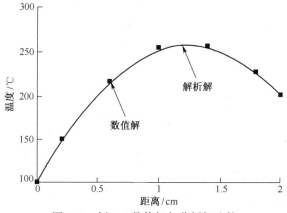

图 3-9　例 3.2 数值解与分析解比较

3.2.2 一维稳态导热问题的边界离散格式

以上两个例题(例3.1和例3.2)都是固定温度边界条件(第一类边界条件)的一维导热问题,在实际工程问题中还经常涉及到固定热流边界条件(第二类边界条件)和对流换热边界条件(第三类边界条件)。下面我们直接给出这两种边界条件下无内热源的控制方程源项离散格式(表3-4)。

表3-4 一维稳态导热问题的边界离散格式

边界条件	固定温度	固定热流强度	对流换热条件
边界边系数	0	0	0
S_u	$\dfrac{2kA}{\delta x} \cdot T$	$-q_v A$	$\dfrac{AT_f}{1/h + \delta x/k}$
S_P	$\dfrac{2kA}{\delta x}$	0	$-\dfrac{A}{1/h + \delta x/k}$

3.3 一维非稳态导热问题的有限体积法

3.3.1 一般离散格式

实际导热问题中,有相当多的情况是温度场随时间不断变化的过程。在掌握了稳态导热问题的有限体积法之后,我们来讨论更复杂一点的一维非稳态导热问题。在非稳态情况下,一维导热问题的控制方程为

$$\rho c \frac{\partial T}{\partial t} = \frac{\partial}{\partial x}\left(k \frac{\partial T}{\partial x}\right) + q_v \tag{3-37}$$

式中:ρ 为热传导材料密度;c 为材料比热容;k 为材料导热系数。

考虑图3-3所示的一维控制容积。在时间 t 到 $(t + \Delta t)$ 间隔内,在控制容积内对方程式(3-37)积分,有

$$\int_t^{t+\Delta t} \int_{\Delta V} \rho c \frac{\partial T}{\partial t} dVdt = \int_t^{t+\Delta t} \int_{\Delta V} \frac{\partial}{\partial x}\left(k \frac{\partial T}{\partial x}\right) dVdt + \int_t^{t+\Delta t} \int_{\Delta V} q_v dVdt \tag{3-38}$$

由奥氏公式,式(3-37)可写成

$$\int_{\Delta V} \left[\int_t^{t+\Delta t} \rho c \frac{\partial T}{\partial t} dt\right] dV = \int_t^{t+\Delta t} \left[\left(kA \frac{\partial T}{\partial x}\right)_e - \left(kA \frac{\partial T}{\partial x}\right)_w\right] dt + \int_t^{t+\Delta t} \int_{\Delta V} \bar{q_v} dVdt \tag{3-39}$$

式中:A 为控制容积表面积;ΔV 为控制容积体积,$\Delta V = A\Delta x$,而 Δx 为控制容积长度(δx_{we});$\bar{q_v}$ 为平均热源强度。

如果将 $\dfrac{\partial T}{\partial t}$ 取近似值 $\dfrac{T_P - T_P^0}{\Delta t}$,其中 T_P^0 为 t 时刻的 P 点温度值,T_P 为 $(t + \Delta t)$

时刻 P 点温度值,则式(3-39)左端积分可写为

$$\int\limits_{\Delta V}\left[\int\limits_t^{t+\Delta t}\rho c\frac{\partial T}{\partial t}\mathrm{d}t\right]\mathrm{d}V = \int\limits_{\Delta V}\left[\int\limits_t^{t+\Delta t}\rho c\frac{(T_P - T_P^0)}{\Delta t}\mathrm{d}t\right]\mathrm{d}V = \rho c(T_P - T_P^0)\Delta V \quad (3\text{-}40)$$

事实上,这里温度对时间的偏导数 $\dfrac{\partial T}{\partial t}$ 的近似相当于一阶(向后)差分。这一近似当然也可以采用高阶差分近似。式(3-39)右端扩散项界面值的计算若采用中央差分,结合式(3-40)的结果,有

$$\rho c(T_P - T_P^0)\Delta V = \int\limits_t^{t+\Delta t}\left[\left(k_e A\frac{T_E - T_P}{\delta x_{PE}}\right) - \left(k_w A\frac{T_P - T_W}{\delta x_{WP}}\right)\right]\mathrm{d}t + \int\limits_t^{t+\Delta t}\bar{q}_v\Delta V\mathrm{d}t$$

$$(3\text{-}41)$$

为计算式(3-41)右端扩散项的时间积分,我们需给出节点温度 T_P 、T_E 、T_W 随时间的变化关系,而这一变化关系是不知道的。通常的处理方法是利用 t 时刻的温度(如 T_P^0)和 $(t + \Delta t)$ 时刻的温度(如 T_P)等,加权组合构成在这一时间间隔内的平均温度然后积分计算,即

$$\overline{T_P} = \theta T_P + (1 - \theta)T_P^0 \quad (3\text{-}42)$$

式中:$\theta = 0 \sim 1$,从而关于 T_P 的时间积分 I_T 可写为

$$I_T = \int\limits_t^{t+\Delta t} T_P\mathrm{d}t = [\theta T_P + (1 - \theta)T_P^0]\Delta t \quad (3\text{-}43)$$

当 $\theta = 0$ 时,意味着用 t 时刻的温度 T_P^0 作为平均温度;当 $\theta = 1$ 时,意味着用 $(t + \Delta t)$ 时刻的温度 T_P 作为平均温度;当 $\theta = 1/2$ 时,意味着 t 时刻和 $(t + \Delta t)$ 时刻的温度有相同的权重。三种情况下的 I_T 值如下:

当 $\theta = 0$ 时,$I_T = T_P^0\Delta t$;

当 $\theta = 1/2$ 时,$I_T = \dfrac{1}{2}(T_P^0 + T_P)\Delta t$;

当 $\theta = 1$ 时,$I_T = T_P\Delta t$。

同理,可计算关于 T_E 、T_W 的时间积分。利用上述积分结果,代入式(3-41)并将全式除以 $A\Delta t$,得

$$\rho c\left(\frac{T_P - T_P^0}{\Delta t}\right)\Delta x = \theta\left[\left(k_e\frac{T_E - T_P}{\delta x_{PE}}\right) - \left(k_w\frac{T_P - T_W}{\delta x_{WP}}\right)\right]$$

$$+ (1 - \theta)\left[\left(k_e\frac{T_E^0 - T_P^0}{\delta x_{PE}}\right) - \left(k_w\frac{T_P^0 - T_w^0}{\delta x_{WP}}\right)\right] + \bar{q}_v\Delta x$$

$$(3\text{-}44)$$

按节点温度值排列整理,有

$$\left[\rho c \frac{\Delta x}{\Delta t} + \theta\left(\frac{k_e}{\delta x_{PE}} + \frac{k_w}{\delta x_{WP}}\right)\right] T_P = \frac{k_e}{\delta x_{PE}}\left[\theta T_E + (1-\theta)T_E^0\right]$$
$$+ \frac{k_w}{\delta x_{WP}}\left[\theta T_W + (1-\theta)T_W^0\right]$$
$$+ \left[\rho c \frac{\Delta x}{\Delta t} - (1-\theta)\frac{k_e}{\delta x_{PE}} - (1-\theta)\frac{k_w}{\delta x_{WP}}\right] T_P^0 + \overline{q}_v \Delta x$$

$$(3-45)$$

将 T_P、T_E、T_W 的系数归一化处理,得

$$a_P T_P = a_W\left[\theta T_W + (1-\theta)T_W^0\right] + a_E\left[\theta T_E + (1-\theta)T_E^0\right]$$
$$+ \left[a_P^0 - (1-\theta)a_E - (1-\theta)a_W\right] T_P^0 + b \qquad (3-46)$$

其中

$$a_W = \frac{k_w}{\delta x_{WP}}, \ a_E = \frac{k_e}{\delta x_{PE}}, \ a_P^0 = \rho c \frac{\Delta x}{\Delta t}, \ a_P = \theta(a_W + a_E) + a_P^0, \ b = \overline{q}_v \Delta x$$

离散方程的具体形式取决于权重因子 θ 的值。当 $\theta = 0$ 时,只有方程式(3-46)右端旧时刻 t 的温度值 T_P^0、T_E^0、T_W^0 被用来计算新时刻 $(t+\Delta t)$ 的节点温度值 T_P,这时的计算格式称为显式格式。当 $0 < \theta \leq 1$ 时,新时刻的节点温度值也被用来求解 T_P,此时的计算格式称为隐式格式。其中,当 $\theta = 1$ 的格式称为全隐格式,$\theta = 1/2$ 的格式称为 Crank-Nicolson 格式(简称 C-N 格式)。下面简要讨论 $\theta = 0$、$\theta = 1$ 和 $\theta = 1/2$ 时离散方程的具体形式。

3.3.2 显式计算格式

显式计算格式中源项可做线性化处理为 $b = S_u + S_P T_P^0$,此时,将 $\theta = 0$ 代入方程式(3-46),可得非稳态导热问题的显式离散方程,即

$$a_P T_P = a_W T_W^0 + a_E T_E^0 + \left[a_P^0 - (a_E + a_W - S_P)\right] T_P^0 + S_u \qquad (3-47)$$

其中

$$a_W = \frac{k_w}{\delta x_{WP}}, \ a_E = \frac{k_e}{\delta x_{PE}}, \ a_P = a_P^0, \ a_P^0 = \rho c \frac{\Delta x}{\Delta t}$$

式(3-47)右端只包含旧时间步的温度值,因此左端 T_P 可以按时间步向前推进解出。按有限差分理论,这种格式属于向后差分时间近似,计算精度只有一阶截差。按照离散方程有界性的要求,式(3-47)中所有系数应为正值,因此应有 $(a_P^0 - a_E - a_W) > 0$。若 k 为常数,并且采用均匀网格系统,即 $\delta x_{WP} = \delta x_{PE} = \Delta x$,则上述条件可写成

$$\rho c \frac{\Delta x}{\Delta t} > \frac{2k}{\Delta x} \qquad (3-48a)$$

或

$$\Delta t \leqslant \rho c \frac{(\Delta x)^2}{2k} \qquad (3-48\text{b})$$

式(3-48)对显式格式的计算时间步长 Δt 的最大值给出了一个相当严格的限制。这将导致实际计算时为提高计算精度而花费巨大的代价,因为最大可能时间步长随着网格空间尺度的减小(网格加密)而减小。因此,显式格式并不适合于计算一般情况下的非稳态问题。当计算时间间隔被仔细选择以满足式(3-48)的要求时,显式格式用于计算简单导热问题还是很有效的。

3.3.3　Crank-Nicolson 格式

将 $\theta = 1/2$ 代入方程式(3-46),并将源项线性化处理 $b = S_u + \frac{1}{2} S_P (T_P + T_P^0)$,可得非稳态热传导问题 Crank-Nicolson 格式离散方程,即

$$a_P T_P = a_W \left(\frac{T_W + T_w^0}{2} \right) + a_E \left(\frac{T_E + T_E^0}{2} \right) + \left[a_P^0 - \frac{1}{2} (a_E + a_W - S_P) \right] T_P^0 + S_u$$

$$(3-49)$$

其中

$$a_W = \frac{k_w}{\delta x_{WP}} , \ a_E = \frac{k_e}{\delta x_{PE}} , \ a_P^0 = \rho c \frac{\Delta x}{\Delta t} , \ a_P = a_P^0 + \frac{1}{2} (a_E + a_W - S_P)$$

从方程式(3-49)可以看出,新时间步有多个节点温度值出现在方程式中。因此,在每一时间步必须同时求出所有节点温度值,故称为隐式格式。尽管对于 $(1/2) \leqslant \theta \leqslant 1$ 的隐式格式,包括 C-N 格式,计算是无条件稳定的,但从方程系数有界性要求考虑,为保证所有系数为正值,源项为零时, T_P^0 的系数应满足

$$a_P^0 > \frac{a_E + a_W}{2}$$

即

$$\Delta t < \rho c \frac{(\Delta x)^2}{k} \qquad (3-50)$$

这一时间步长限制只比显式格式时间步长限制稍有放松,对计算的空间和时间尺度的要求仍然较严。本质上,C-N 格式是对时间的中央差分,计算精度可达二阶截差。因此,当 Δt 足够小且满足式(3-50)时,C-N 格式可获得比显式格式计算结果更高的精度。

3.3.4　全隐格式

当 $\theta = 1$,源项作线性化处理 $b = S_u + S_P T_P$ 时,由方程式(3-46)可得全隐格式

非稳态热传导问题的离散方程,即

$$a_P T_P = a_W T_W + a_E T_E + a_P^0 T_P^0 + S_u \qquad (3-51)$$

其中

$$a_W = \frac{k_w}{\delta x_{WP}} , \ a_E = \frac{k_e}{\delta x_{PE}} , \ a_P^0 = \rho c \frac{\Delta x}{\Delta t} , \ a_P = a_P^0 + a_E + a_W - S_P$$

式(3-51)两端都出现新时刻的温度,因此,求解时先要给出初始温度分布 T^0。在 $(t + \Delta t)$ 时刻求解,其结果再赋予 T^0,然后进行时间推进,重复计算新时刻的温度,直到时间结束。

从式(3-51)中可以看出,所有系数保持正值。所以全隐格式对任意时间步长 Δt 都是无条件稳定的。但是计算精度只有一阶截差,为保证计算精度,还是应选择较小的时间步长。全隐格式由于无条件稳定和收敛性好,被广泛用于各种非稳态问题的求解过程中。上述分析中相关 Matlab 源程序见附录4。

例3.3 一无限大平板,初始状态为均匀温度 200℃,在某一时刻 $t = 0$,板右侧突然降为 0℃,左侧保持绝热。板厚 $L = 2\text{cm}$,导热系数 $k = 10\text{W}/(\text{m} \cdot ℃)$,$\rho c = 10 \times 10^6 \text{J}/(\text{m}^3 \cdot ℃)$。求:(1)采用有限体积法的显式格式,选用一合理的时间步长,计算 $t = 40\text{s}$、$t = 80\text{s}$、$t = 120\text{s}$ 时板的温度分布,并比较数值计算结果与分析解的结果;(2)采用显式格式的极限稳定时间步长重新计算 $t = 40\text{s}$ 的过程,并比较显式格式、隐式格式和分析解的计算结果。

解: 根据前文分析,一维、瞬态、无内热源的热传导问题控制方程为

$$\rho c \frac{\partial T}{\partial t} = \frac{\partial}{\partial x}\left(k \frac{\partial T}{\partial x} \right) \qquad (3-52)$$

初始条件

$$T = 200℃ \ (t = 0)$$

边界条件

$$\frac{\partial T}{\partial x} = 0 \ (x = 0, \ t > 0) , T = 0 \ (x = L, \ t > 0)$$

此问题的分析解可由传热学分析得到,用级数表示为

$$\frac{T(x,t)}{200} = \frac{4}{\pi} \sum_{n=1}^{\infty} \frac{(-1)^{n+1}}{2n-1} \exp(-a\lambda_n^2 t) \cos(\lambda_n x) \qquad (3-53)$$

其中

$$\lambda_n = \frac{(2n-1)\pi}{2L} , \ a = \frac{k}{\rho c}$$

将计算域划分为五个相等的控制容积,节点位于每个控制容积的中心,每个控制容积长 $\Delta x = L/5 = 0.004\text{m}$(仍然采用例3.2中的网格系统)。

首先采用显式格式计算。本例内节点2~节点4的离散方程为式(3-47),边

界节点为节点 1 和 5,需要特殊处理。通过应用边界条件可得

节点 1：

$$\rho c\left(\frac{T_P - T_P^0}{\Delta t}\right)\Delta x = k\frac{T_E^0 - T_P^0}{\Delta x} \tag{3-54}$$

节点 5：

$$\rho c\left(\frac{T_P - T_P^0}{\Delta t}\right)\Delta x = k\frac{T_B - T_P^0}{\Delta x/2} - k\frac{T_P^0 - T_W^0}{\Delta x} \tag{3-55}$$

所有节点的控制容积离散方程为

$$a_P T_P = a_W T_W^0 + a_E T_E^0 + \left[a_P^0 - (a_W + a_E - S_P)\right]T_P^0 + S_u \tag{3-56}$$

例 3.3 中离散方程各节点的系数值如表 3-5 所列。

表 3-5 例 3.3 中离散方程各节点的系数值

节点	a_W	a_E	a_P^0	a_P	S_P	S_u
1	0	$\frac{k}{\Delta x}$	$\rho c\frac{\Delta x}{\Delta t}$	a_P^0	0	0
2,3,4	$\frac{k}{\Delta x}$	$\frac{k}{\Delta x}$	$\rho c\frac{\Delta x}{\Delta t}$	a_P^0	0	0
5	$\frac{k}{\Delta x}$	0	$\rho c\frac{\Delta x}{\Delta t}$	a_P^0	$-\frac{2k}{\Delta x}$	$\frac{2k}{\Delta x}T_B$

显式格式稳定计算时间步长极限值为

$$\Delta t < \rho c\frac{(\Delta x)^2}{2k} = 8\text{s} \tag{3-57}$$

此时,取 $\Delta t = 2\text{s}$,则 $\frac{k}{\Delta x} = 2500$, $\rho c\frac{\Delta x}{\Delta t} = 20000$。将这些数据带入方程式(3-56),可得各节点离散方程。经过计算,将数值结果与分析解比较,如图 3-10 所示

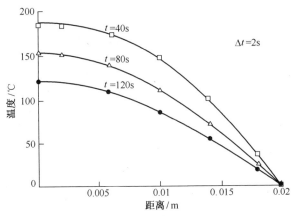

图 3-10 不同时刻显式数值解与解析解的比较

将时间步长加大到 $\Delta t = 8s$ 时，$\dfrac{k}{\Delta x}$ 不变仍为 2500，但 $\rho c \dfrac{\Delta x}{\Delta t} = 5000$。将 $t = 40s$ 时的精确解、$\Delta t = 8s$ 时的数值解及 $\Delta t = 2s$ 时的数值解的结果示于图 3-11 中。从图中可以看出，$\Delta t = 8s$ 的数值计算结果精度很差，并产生振荡。时间步长的减小可有效地提高数值计算结果的精度。

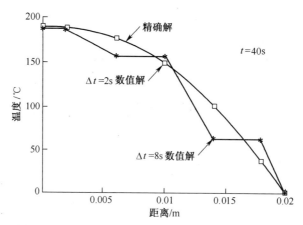

图 3-11　不同时间步长的显式数值解与解析解的比较

例 3.4　采用全隐格式重新计算例 3.3。比较 $\Delta t = 8s$ 时全隐格式与显式格式的计算结果。

解: 采用与例 3.3 相同的网格系统,内节点 2~内节点 4 的全隐格式离散方程为式(3-51),边界节点的控制容积积分需特殊处理。通过应用边界条件可得

节点 1:

$$\rho c \left(\frac{T_P - T_P^0}{\Delta t} \right) \Delta x = k \frac{T_E - T_P}{\Delta x} \tag{3-58}$$

节点 5:

$$\rho c \left(\frac{T_P - T_P^0}{\Delta t} \right) \Delta x = k \frac{T_B - T_P}{\Delta x/2} - k \frac{T_P - T_W}{\Delta x} \tag{3-59}$$

所有节点的控制容积离散方程为

$$a_P T_P = a_W T_W + a_E T_E + a_P^0 T_P^0 + S_u \tag{3-60}$$

式中,各节点的系数如表 3-6 所列。

表 3-6　例 3.4 中离散方程各节点的系数值

节点	a_W	a_E	a_P^0	a_P	S_P	S_u
1	0	$\dfrac{k}{\Delta x}$	$\rho c \dfrac{\Delta x}{\Delta t}$	$a_W + a_E + a_P^0 - S_P$	0	0

（续）

节点	a_W	a_E	a_P^0	a_P	S_P	S_u
2,3,4	$\dfrac{k}{\Delta x}$	$\dfrac{k}{\Delta x}$	$\rho c \dfrac{\Delta x}{\Delta t}$	$a_W + a_E + a_P^0 - S_P$	0	0
5	$\dfrac{k}{\Delta x}$	0	$\rho c \dfrac{\Delta x}{\Delta t}$	$a_W + a_E + a_P^0 - S_P$	$-\dfrac{2k}{\Delta x}$	$\dfrac{2k}{\Delta x} T_B$

将 $t = 40\mathrm{s}$、$t = 80\mathrm{s}$ 和 $t = 120\mathrm{s}$ 的数值计算结果与精确解的图形比较显示于图 3-12 中,加大时间步长,使 $\Delta t = 8\mathrm{s}$,比较隐式格式、显式格式和解析解,如图 3-13 所示。由图可见,显式格式数值解精度差,且产生了振荡。全隐格式的数值解则比较接近精确解。这表明了全隐格式的突出优点,即可以"容忍"较大的时间推进步长。但应当强调一点,步长过大将影响计算结果的精度。因此,在可能的条件下,还是应该选择尽可能小的时间步长。

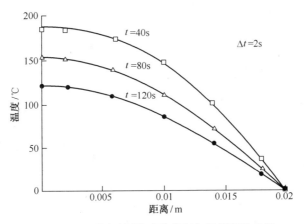

图 3-12　不同时刻隐式数值解与解析解的比较

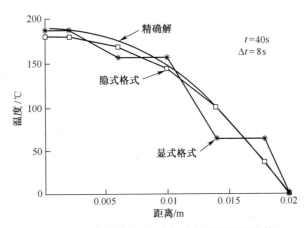

图 3-13　隐式格式、显式格式与解析解的比较

51

思 考 题

1. 分析：为什么在相同网格数量的情况下，例题3.1中数值结果与分析解结果没有误差，而在例题3.2中则存在误差呢？

2. 例题3.2中，在离散网格数为五个时计算得到了温度分布和误差情况，试着将网格改为20个，再计算温度分布并分析误差的变化。

3. 例题3.1中，如果边界条件改为左端具有固定温度 T_A 保持100℃，右端具有固定热流 $\Phi = 10 \text{ W/m}^2$，试求棒内的温度分布。

4. 例题3.1中，如果边界条件改为左端具有固定温度 T_A 保持100℃，右端与环境进行对流换热，其对流换热系数为 $h = 50\text{W/}(\text{m}^2 \cdot ℃)$，试求棒内的温度分布。

5. 假设某型驱逐舰的船体钢板为一无限大平面，内表面在船舱环境影响下具有恒定温度30℃，外表面与环境进行对流换热，对流换热系数为15 W/m^2，环境温度从8：00到20：00不断变化，并服从 $T = -t^2 + 24t - 113$ 的函数关系，试计算在该时间段内船体外表面的温度变化规律。

参 考 文 献

[1] 陶文铨. 数值传热学[M]. 第2版：西安：西安交通大学出版社，2001.

[2] Versyeeg H K, Malalasekera W. An introduction to computational fluid dynamics, England：Longman Group Ltd,1995.

[3] 李人宪. 有限体积法基础[M]. 第2版. 北京：国防工业出版社，2008.

[4] 范春利. 基于红外测温的缺陷边界及相关参数的导热反问题识别算法研究[D]. 武汉：海军工程大学，2008.

[5] 吕事桂. 基于导热反问题的缺陷红外热诊断定量识别及相关问题研究[D]. 武汉：海军工程大学，2013.

[6] 彭友顺. 液膜流动蒸发的温度场及其舰船红外隐身研究[D]. 武汉：海军工程大学，2012.

第 4 章　舰艇温度场与红外特征分析

　　红外探测系统具有抗电磁干扰性强、受天气状况影响小以及目标成像准确可靠的优点,而且它与可见光成像系统相比,可以在不依赖外界环境光源的情况下全天候正常使用,同时,它又比雷达探测系统具有更高的空间分辨率,探测精度更高,已在各种侦察、探测、跟踪以及搜索系统中得到了广泛的应用。目前,众多反舰导弹,如 AGM-65"幼兽"导弹、"雄风"Ⅱ反舰导弹、"企鹅"反舰导弹等,都装备了红外成像导引头,对海面舰船目标构成了巨大的威胁。红外成像导引系统摆脱了早期点源红外探测器只能跟踪目标温度最高部位的局限性,它们通过成像探测获取目标的红外图像,能从目标与背景间的微小温差产生的热分布图像中分辨并发现目标,具有更好的抗干扰性能。目前,先进机载前视红外装置(FLIR)的热分辨率可以达到 0.001℃,能够在几千米的高空探测到水下 40m 的潜艇,其空间分辨率也已超过 0.1mrad,可以在 1500m 上空探测到人、小型车辆和隐蔽目标,在 20000m 高空分辨出汽车,而舰船目标具有内部热源多、热源强度大、船体体积庞大、表面温度昼夜变化显著以及与背景的辐射对比特征强等不利因素,面临着日益严重的红外波段的光电威胁,在实战中极易受到敌方红外制导武器的攻击。

　　在舰船动力装置排烟管末端加装红外抑制设备可以有效降低可见排烟管管壁以及出口烟气的温度,能够有效减弱装有点源红外探测器的制导武器对舰船目标的潜在威胁,但仅采用这种红外抑制方式来应对舰船目前面临的日益严峻的红外成像探测威胁还是远远不够的。舰船船体是敌方红外成像探测器的主要成像探测源,舰船红外成像隐身的主要途径就在于降低船体与背景的辐射能量差异。目前,一般采取对船体及内部发热设备进行隔热处理、船体表面涂敷红外隐身涂料、水雾屏蔽以及对船体表面直接喷射海水降温的方式来对舰船实施红外成像隐身。

　　总而言之,针对舰船目标所面临的日益严峻的红外光电威胁,建立较为准确的目标与其背景的温度场和红外特征仿真模型,并在此基础之上对舰船的动态温度场和红外辐射成像特征进行仔细而深入的研究,有助于准确掌握舰船的实时红外特征,对增强我方舰船目标对抗敌方红外成像制导武器以及侦察设备的综合能力,提高我方舰船目标在未来海战场上的生存能力,都具有及其重要的理论意义和军事价值。

4.1 舰艇红外特征概述

4.1.1 红外特征研究进展

1. 国外的研究现状

获取目标红外辐射特征数据的途径有两条:一是外场实测、统计建模;二是理论分析、数值模拟。采用这两种方法,国外研究人员很早就开始对各种军事目标的红外特征展开了深入研究。

坦克是地面部队主要的进攻和防御武器,对于其红外辐射特征的研究得到了包括美国、俄罗斯等军事强国的高度重视并已投入了大量的人力与物力。美国以其经济和技术上的优势,采用理论建模和外场测试相结合的方式对坦克目标与其背景的红外辐射特性进行了深入研究,取得了代表国际最先进水平的研究成果,并且开发了一系列坦克红外热像仿真软件[1-5]。美国密歇根大学研制的 PRISM (The Physically Reasonable Infrared Signature Model)软件,可以在设定内外热源、传热参数以及坦克的特征参数后,计算出坦克目标的表面温度场以及辐射场的分布情况[2]。在此之后,美国坦克及摩托化司令部在 PRISM 软件的研制基础之上,考虑了自然条件和战场条件下空气对坦克红外特征的影响,并加入了热成像传感器的对目标红外辐射亮度衰减的计算方法,从而研制出了 TTIM(TACOM Thermal Imaging Model)软件[3]。

早在 20 世纪 70 年代,国外研究人员就开始尝试利用计算机对舰船目标进行红外仿真建模。1979 年,Murris[6]首先使用计算机为舰船目标建立红外仿真模型,但受限于当时落后的计算机硬件水平,Murris 的仿真模型并没有得到推广。进入 20 世纪 90 年代以后,计算机硬件性能取得了质的飞跃,使得对舰船目标及其海天背景进行较为精确的仿真成为可能。掌握先进计算机技术的西方军事强国对舰船目标的红外热像仿真模型进行了相关研究,并取得了一系列研究成果[7-13]。其中最具代表性的是 90 年代初,在加拿大国防部的支持下,由 Davis 公司研制开发的 SHIPIR/NTCS(海军舰船红外特征对抗措施及威胁交战模拟软件)[7]。该软件由两个子系统构成,其中 SHIPIR 子系统可以对不同气象条件下舰船目标及其海天背景的红外热成像进行仿真,而 NTCS 子系统可以对交战状态下舰船的红外对抗功能进行有效的模拟[8]。经过十几年的发展,结合现场实验数据对 SHIPIR/NTCS 模拟软件又进行了几次细节上的完善,并且该软件已被美国海军以及北约组织采纳作为舰船红外特征模拟以及仿真对抗研究的标准建模软件。Lapierre 等人认为,在 SHIPIR/NTCS 软件中舰船表面发射率被设定为定值与真实情况有所差距,他们将发射率设定为波长、方向以及表面温度的函数从而建立了 OSMOSIS

(Open Source Software for Modeling of Ship Infrared Signatures)舰船红外特征模拟软件[12-15]。OSMOSIS 模拟软件经过几年的发展也进行了一定的改进,总体来说,由于开发周期较短总体性能不及 SHIPIR/NTCS 软件。

2. 国内的研究现状

从 20 世纪 80 年代开始,国内的一些高校和科研院所也开始对军事目标的红外特征计算以及热成像理论建模工作展开了研究,建立了各自的模型。航天部二院 207 所首先在国内开展军事目标红外辐射理论建模,通过 CAD 技术对坦克目标进行三维实体建模,考虑到外部环境的影响,采用有限元法求解坦克表面温度分布,进而计算出坦克的红外辐射出射度场[16]。南京理工大学的宣益民和韩玉阁等人在考虑了太阳辐射、天空背景辐射、气象条件、云层分布、周围地物背景辐射、大气传输特性等因素的基础之上建立了目标的红外特征理论模型,并通过该模型先后对坦克、桥梁、卫星、地面建筑物等目标进行的红外特征模拟计算[17-23]。北京航空航天大学和南京航空航天大学共同对直升飞机的红外理论建模及直升机红外抑制器的红外特性的仿真计算和性能测试进行了研究,得出了一系列研究成果[24-27]。哈尔滨工业大学能源科学与工程学院将区域分解算法和蒙特卡洛法相结合的方法计算出目标表面面元间的辐射传递因子,采用控制容积法对各子域进行温度场计算,而子域与子域间采用热网络法进行处理,并采用谱带模型计算出目标红外光谱或谱带的辐射出射度,从而建立了坦克、建筑物、相控阵雷达、卫星等目标的红外热像理论模型[28-33]。上海交通大学从 1993 年起,联合华东师范大学等一些高校对舰船的红外热像理论进行了较为系统的研究工作,已在舰船三维实体建模、舰船温度场和辐射场计算以及热像仿真方面取得明显的进展[34-38]。海军工程大学热力工程教研室从 90 年代末开始在目标温度场仿真计算模型的基础上,对地面目标、舰船目标以及潜艇目标的瞬态红外特征开展了深入的研究[39-45]。浙江大学 CAD&CG 国家重点实验室采用多层有限差分法,对城市建筑物群的红外场景仿真进行了建模研究[46-48]。

总体来说,国外对于舰船目标及其海天背景的瞬态红外热像仿真模型已经进行了十分深入的研究,已经开发出精度极高的舰船热像仿真软件,并已被军方采纳作为舰船红外特征模拟的标准建模软件,但出于技术保密方面的考虑,相关研究的细节还不得而知。经过多年的发展,国内对于舰船目标及其海天背景的红外特征理论建模的研究也已逐渐成熟,但模型的细节方面还有待进一步完善。

4.1.2　舰艇红外辐射的来源

处于海洋环境中的舰艇无时无刻不在产生着红外辐射。按照产生来源的不同,舰艇红外辐射可分为内生红外辐射和外生红外辐射。

舰艇的内生红外辐射产生于舰艇内部,包括发动机和其他动力设备的散热、发动机的排放、通风设备的排气及舰艇内部舱室的热损耗。其中属烟囱管壁和排气烟羽的红外辐射最为强烈,是不可忽视的红外辐射源。烟囱管壁的可见金属面积一般在 $2\sim5m^2$,温度一般在 $400\sim500℃$,温度高,所处位置也高,是舰艇最强的内生红外辐射源,最容易被敌方红外探测器发现。发动机排气烟羽与烟囱管壁的温度相当,由它产生的红外辐射同样强烈。另外,排气烟羽后面的桅杆、排气烟道附近表面的暖流区域、围阱和机舱区、主推进系统的热终端部件等也会不同程度地产生红外辐射。

舰艇的外生红外辐射源于舰艇表面对外部环境辐射的吸收和反射,如太阳、天空、海面、大气等,且属太阳的影响最为关键。当烟囱管壁和排气烟羽等小范围高强度的红外辐射源被有效控制后,舰艇其他主要的唯一红外辐射就来源于舰体表面的热辐射,包括船体、甲板和上层建筑。通常,舰艇表面的温度比烟囱管壁和排气烟羽的温度低得多,与所处背景的温差小,但它的有效辐射面积很大,仍会产生明显的红外辐射特征,在太阳加热条件良好的情况下尤其如此,极易成为红外制导武器攻击的目标。图 4-1 所示为加拿大 Davis 公司用 NTCS 软件计算出的某护卫舰舰体不同表面与环境的温差随太阳高度的变化情况[7]。可见,当太阳逐渐升起时,舰艇表面与环境的温差迅速增大,10° 的太阳高度角将引起 10℃ 的温差,舰艇甲板的温度变化尤为剧烈,即使在冬天也是如此。因此,舰艇表面也是舰艇重要的红外辐射源之一。

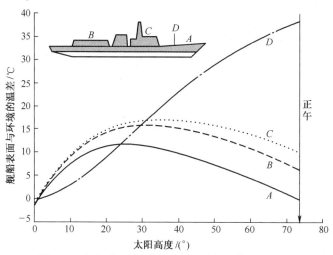

图 4-1　舰船表面与环境的温差随太阳高度的变化

4.1.3　舰艇红外辐射的估算

上述表明,舰艇主要有三大红外辐射源:烟囱管壁、排气烟羽、舰艇表面。实际舰艇结构复杂,辐射情况还应考虑到观测的视角,所处环境和太阳加热的影响,舰艇表面及排气烟羽温度分布的不均匀性等,对其进行精确的红外辐射计算是个相当复杂的课题,在这里只是估算舰艇主要红外辐射源强度的相对大小。

由红外物理学可知[49],目标在 $\lambda_1 \sim \lambda_2$ 波段内的辐射亮度 L 和辐射强度 I 可按下列公式计算,即

$$L = \frac{1}{\pi} \cdot \int_{\lambda_1}^{\lambda_2} \varepsilon \cdot \frac{c_1 \lambda^{-5}}{e^{\frac{c_2}{(\lambda T)}} - 1} d\lambda \tag{4-1}$$

$$I = LA \tag{4-2}$$

式中:ε 为目标表面发射率;c_1 为第一辐射常数;c_2 为第二辐射常数;λ 为波长;T 为热力学温度;A 为目标的有效辐射面积。

另外,对实际舰艇的辐射情况进行合理简化,并基于以下假设对各辐射源进行估算。

(1)背景温度均匀一致。

(2)舰艇表面和烟囱管壁可视为灰体。

(3)烟羽的主要成分为 CO_2 和 H_2O。由于红外辐射具有选择性,当处于 $3 \sim 5\mu m$ 窗口时,该部分辐射等效于相同温度下发射率为 0.5 的灰体在 $4.3 \sim 4.55\mu m$ 内的辐射[6]。

根据以上计算公式和假设条件,即可求得舰艇的主要红外辐射源分别在中、远红外窗口的辐射亮度、辐射强度及每个辐射源的红外辐射在整舰红外辐射中所占的比例份额。

如表 4-1 所列,假设舰艇表面和烟囱管壁有效发射率均取为 0.96,且背景温度取为 20℃时:在 $3 \sim 5\mu m$ 波段内,排气烟羽和烟囱管壁占全船红外辐射的 96%,而它们的投影面积只占主船体和上层建筑的约 2%,这是由于这两个辐射源温度很高的缘故;在 $8 \sim 14\mu m$ 波段内,舰艇表面的红外辐射最为突出,约占全船辐射的 60%,这是由舰艇表面积庞大而引起的,其次为烟囱管壁,约占 40%。

表 4-1　舰艇主要辐射源的红外辐射估算结果

辐射源	面积 /m²	温度 /℃	辐射亮度/(W·m⁻²·sr⁻¹)		辐射强度/(W·sr⁻¹)		比例份额/%	
			$3\sim5\mu m$	$8\sim14\mu m$	$3\sim5\mu m$	$8\sim14\mu m$	$3\sim5\mu m$	$8\sim14\mu m$
舰艇表面	1700	25	0.28	3.86	476	6562	4	60
排气烟羽	30	450	98.68	0	2960	0	28	0
烟囱管壁	5	450	1473	890	7365	4450	68	40

以上估算结果足以表明:排气烟羽和烟囱管壁的有效辐射面积很小,但温度很高,是导致舰艇在中红外波段红外特征显著的决定因素;舰艇表面与背景温差虽然

不大,但有效辐射面积庞大,导致舰艇在远红外波段红外特征明显。因此,为了提高舰艇的生存能力与防御能力,就必须严格控制舰艇表面、排气烟羽和烟囱管壁的红外辐射。

4.2 舰艇温度场建模

对于舰艇外壳,如图 4-2 所示,可以根据舱室分成不同朝向如上、左、右、前、后的很多块(或称面元),每个块有自己不同的参数,如密度、长度、宽度、厚度、比热容、内外两侧的辐射率、导热系数等来描述其性质,另外,还要考虑面元内外两侧的对流换热系数、面元内侧空气的性质如温度、发射率等因素。

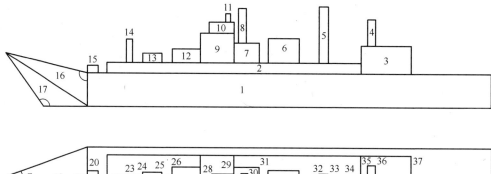

图 4-2 船外壳示意图

面元可以看成一个平壁,传热模型如图 4-3 示。由传热学知识分析可以得到,面元外表面向外的有效投射为

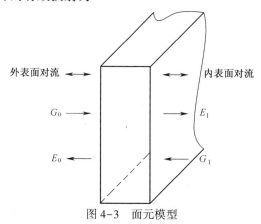

图 4-3 面元模型

$$G = E_0 + \rho_{out} G_0 \left[\text{W/m}^2 \right] \tag{4-3}$$

$$E_0 = \varepsilon_{out} \sigma T_{out}^4 \left[\text{W/m}^2 \right] \tag{4-4}$$

$$G_0 = G_{sun} + G_{sky} + G_{sea} \left[\text{W/m}^2 \right] \tag{4-5}$$

式中：E_0 为面元本身的辐射能；G_0 为外界投射到面元上的能量，包括来自太阳、天空和海水的辐射。

当室内外空气流过舰艇固体壁面时，空气与固体壁面间还会以对流换热的方式传递热量，对流换热热流密度 q_{co} 表示为

$$q_{co} = h\Delta T \tag{4-6}$$

$$\Delta T = \left| T_f - T_w \right| \tag{4-7}$$

式中：h 为对流换热系数；ΔT 为流体与壁面间的温差。

因此，面元与外界交换的热流密度应为

$$\varphi = G + q_{co} \tag{4-8}$$

研究对流换热热流量主要是研究对流换热系数 h。h 不是一个物性参数，不仅与影响流体流动的因素相关还与流体本身的热物理性质相关。本文在计算空气与舰艇内外壁面的对流换热量时，假设对流换热系数 h 仅与风速相关，并采用文献 [50] 中的经验公式，即

$$\begin{cases} h = 6 & (v_p = 0 \text{ 且 } v_n = 0) \\ h = \sqrt{h_p^2 + h_n^2} & (v_p \neq 0 \text{ 或 } v_n \neq 0) \\ h_p = 3.5265 v_p^{0.6} \\ h_n = 4 + 3.8 v_n^{0.8} \end{cases} \tag{4-9}$$

式中：v_p 为切向相对风速；v_n 为法向相对风速。

除了对流换热系数，舰艇内外固体壁面与空气间的对流换热量还与空气与壁面间的温差相关。现代舰艇的内部主要发热设备都做了良好的隔热处理，且舱内还安装了气温调节装置，所以可以认为舱室内空气温度恒定；外界气温具有逐日周期性的变化规律，在一天之中，气温大约在凌晨 5 时位于极小值，在下午 14 时达到极大值。一天之中外界气温的逐时变化情况可表示为[46]

$$T_{a,\tau} = \overline{T}_a + a_1 \cdot \Delta T_a \cdot \cos\omega(\tau - b_1) + a_2 \cdot \Delta T_a \cdot \cos 2\omega(\tau - b_2) \tag{4-10}$$

$$\overline{T}_a = T_{max} - 0.522\Delta T_a \tag{4-11}$$

$$\Delta T_a = T_{max} - T_{min} \tag{4-12}$$

式中：$T_{a,\tau}$ 为外界空气逐时温度；ω 为角频率，$\omega = \pi/12$；a_1、a_2、b_1、b_2 为常数，与地理位置相关；T_{max}、T_{min} 为一天中的最高与最低温度。

在这个模型中，忽略了相邻块之间的热传导与辐射。这样使得计算简便，同时又能保持一定的精度。为了进一步提高精度，用状态空间法将平壁进一步分层。

4.3 舰艇温度场的分析与计算

4.3.1 状态空间法

对舰艇的温度场计算,可分别采用状态空间法和有限元法进行计算。前者计算速度较快,但精度不高,且只能计算舰艇表面整体的温度分布情况;后者计算速度较慢,但计算精度较高,且能反映面元温度场的实时变化情况。本文主要介绍状态空间法的原理[50]。

状态空间法实际上是传热学中集总参数法的应用。如图 4-4 所示,将平壁适当分层,可分为一个 N 层的集总热容系统处理,从而可建立起一个 $N+1$ 维的状态空间。在图中阴影部分分别表示内外边界及内部的控制体。

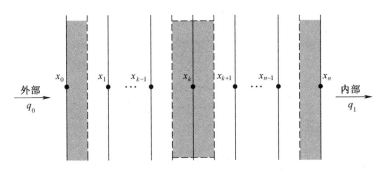

图 4-4　面元分层

由能量守恒知控制体的内能变化,等于进出控制体的热流量的代数和,由此可以列出一组常微分方程,即状态方程为

$$\begin{cases} \dfrac{1}{2}C_0\dfrac{\mathrm{d}x_0}{\mathrm{d}\tau} = q_0 - \dfrac{x_0 - x_1}{R_0} \\[2mm] \dfrac{1}{2}(C_0 + C_1)\dfrac{\mathrm{d}x_1}{\mathrm{d}\tau} = \dfrac{x_0 - x_1}{R_0} - \dfrac{x_1 - x_2}{R_1} \\[2mm] \cdots \\[2mm] \dfrac{1}{2}(C_{k-1} + C_k)\dfrac{\mathrm{d}x_k}{\mathrm{d}\tau} = \dfrac{x_{k-1} - x_k}{R_{k-1}} - \dfrac{x_k - x_{k+1}}{R_k} \\[2mm] \cdots \\[2mm] \dfrac{1}{2}C_{n-1}\dfrac{\mathrm{d}x_n}{\mathrm{d}\tau} = \dfrac{x_{n-1} - x_n}{R_{n-1}} - q_1 \end{cases} \tag{4-13}$$

式中: C_k 为比热容, $C_k = l_k \rho_k C_{pk}$,J/(m^2·K); C_{pk} 为比定压热容,J/(kg·K); R_k 为

热阻，$R_k = l_k / \lambda_k$，$m^2 \cdot K/W$；l_k 为厚度，m；λ_k 为材料热导率，$W/(m \cdot K)$；ρ_k 为密度，kg/m^3；q_0、q_1 为墙体外侧和内侧的热流，包括辐射和对流换热。

如前所述，在本文的计算中，面元内表面的过余温度已知，外表面的热流密度也已知，将其代入后，便可整理成标准的状态方程组。由方程式(4-13)可知，这就是一组一阶常微分方程，有现成的龙格-库塔法可以方便地进行求解。

4.3.2　算例分析

在文献[51]中报道了美国国家海洋系统中心(NOSC)对舰艇表面温度所做的实验评估。该实验选择了一艘护卫舰，并对该舰的一段航程进行了舰艇表面温度的测量。所选择的航程如图4-5所示。所测量的左、右舷的平均温度变化对太阳辐射的响应如图4-6所示。

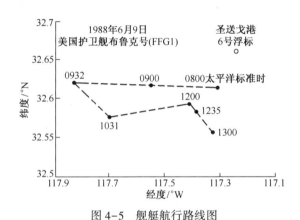

图 4-5　舰艇航行路线图

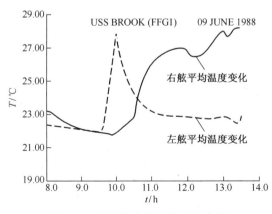

图 4-6　实测舰艇的平均温度变化

由于条件的限制,本文没有进行实船测量,以对该方法进行实验评估。但在本文的计算中,选择了一条与该文献[51]中护卫舰基本上同一级别的某型军舰。为进行比较,计算所选择的航程同文献[51]中的一样,如方向、速度、经度和纬度等,环境条件也基本一样,如表4-2所列。某些具体数据文献中并没有提及,所以会有些误差,但平均温度的总体变化趋势与实测舰艇平均温度基本一致,计算结果如图4-7所示。

表 4-2 环境参数

参数	单位	FFG1
日期	/	1988 年 6 月 9 日
风速	m/s	3
风向	(°)	252
气温	K	293
湿度	%	72
能见度	km	37
海水温度	K	283

由计算与实测的结果可知,在舰艇航速等参数基本不变的条件下,舰艇的表面瞬时平均温度主要与舰艇的航向和太阳的加热量有关;太阳对舰艇表面加热大约2h,面向太阳的舰艇表面温度升高大约4℃。由此可见,本节的计算方法在计算船体的瞬时温度方面具有快速、能满足一定精度的特点,与已公开的相似的舰艇在相似的环境下的实验结果比较,计算结果与实验结果符合得较好。

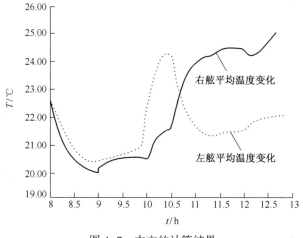

图 4-7 本文的计算结果

4.3.3　舰艇表面温度场分布

在 4.3.2 节中,得到了舰艇全船温度场的总体变化趋势。但是,舰艇不同部位的温度并不相同,本节简要介绍用有限元计算方法和软件得到的舰艇温度场的分布情况[44]。

有限元法的主要思路是:利用 AutoCAD 等建模软件完成舰艇三维实体模型,并将实体模型导入 ANSYS 等有限元分析软件,将计算的对象划分为若干个网格(类似于前节介绍的面元),每个网格上施加一定的边界条件,然后进行迭代计算。根据本章前几节的内容可以确定舰艇目标内外表面的热边界条件,并将特定的边界条件加载到舰艇网格模型对应的表面上,然后利用有限元数值计算软件,计算舰艇目标的温度场分布。

需要说明的是,本节所建立的舰艇三维几何模型没有包括烟囱部分,舰艇动力装置的排气烟羽与船体被视为两个独立的体,它们间的辐射换热以辐射边界条件的形式加以考虑,计算所需参数如表 4-3 所列。舰艇船体外壳为钢板、隔热层双层结构,钢板采用低碳钢材料,钢板内隔热层采用超细玻璃棉材料,材料参数如表 4-4 所列。船体外涂敷有普通舰用防锈涂料,涂料相关光学性能参数如表 4-5 所列。

表 4-3　计算参数

天气	日期	温度/℃	平均风速/(m/s)	湿度/%	舰艇朝向
晴天	2009.09.28	15~27	7	30~75	船头朝东
多云	2009.09.28	16~25	7	35~75	船头朝东
阴天	2009.09.28	17~22	7	55~75	船头朝东

表 4-4　材料参数

材料名称	密度 ρ /(kg/m³)	比热容 c_p /(J/(kg·K))	热导率 λ /(W/(m·K))	材料厚度 δ /mm
低碳钢	7840	465	49.8	8
超细玻璃棉	46	1000	0.033	30

表 4-5　表面涂料光学参数

涂料颜色	可见光及近红外波段吸收率	长波发射率	全波段平均发射率
银灰色	0.71	0.93	0.92

晴天、多云、阴天时舰艇瞬态表面温度的计算结果如彩图 4-8～彩图 4-10 所示。

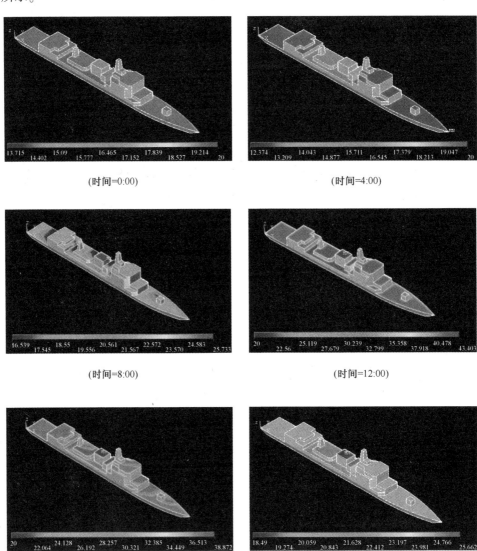

(时间=0:00)　　　　　　　　　　　(时间=4:00)

(时间=8:00)　　　　　　　　　　　(时间=12:00)

(时间=16:00)　　　　　　　　　　(时间=20:00)

图 4-8　晴天时舰艇瞬态表面温度的计算结果

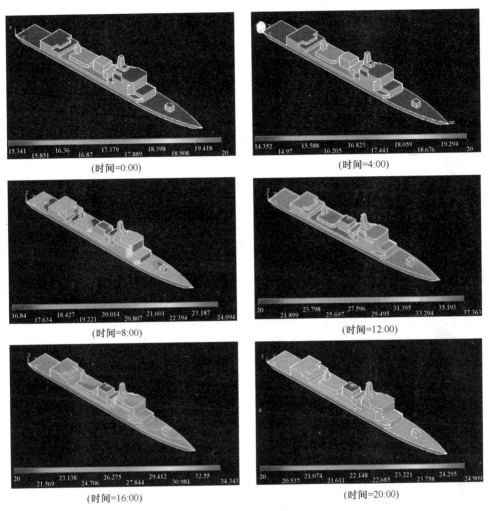

图 4-9 多云天时舰艇瞬态表面温度的计算结果

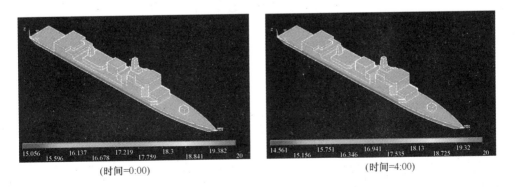

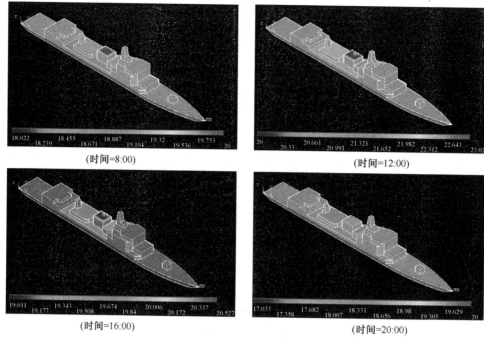

图 4-10 阴天时舰艇瞬态表面温度的计算结果

（1）晴天时舰艇的表面温度具有昼夜变化大、分布不均匀的特点。白天时,受太阳辐射的影响,舰艇的表面温度较高,其表面温度的最高值大约出现在 13:00 前后（温度最高值可达 48℃左右）;而且舰艇表面白天时的温度分布及其不均匀,不同朝向表面的温度差别明显,即使在同一朝向的表面上,阴影处与非阴影处也存在显著的温度差别;夜间和凌晨时,舰艇表面的温度总体较低,在特定时段内表面温度还将降低到环境温度以下,且夜间时由于不同朝向的表面与外界辐射换热的程度存在差异,它们间也具有比较小的温度差别。

（2）多云天时,舰艇表面温度的分布情况总体来说与晴天时的情况比较相似,只是云层会对表面温度产生一定的影响。白天时,云层的存在吸收了一部分太阳辐射,将导致舰艇的表面温度低于晴天时舰艇的表面温度;夜间及凌晨时,这种情况刚好相反,云层的存在将减弱舰艇表面与天空背景间的辐射换热强度,舰艇表面温度要略高于晴天时舰艇的表面温度。

（3）阴天时舰艇的表面温度分布总体较为均匀,与外界环境温度较为接近,且全天内表面温度的变化范围也不是很大。舰艇动力装置的排气烟羽也在一定程度上对舰艇的表面温度产生影响,使得烟羽附近的舰艇表面面元温度高于其他位置处具有相同朝向的表面面元温度,这种温差最大可达 2.5℃左右。特别是阴天时,由于排气烟羽的作用会使得舰艇表面温度分布呈现出一定的不均匀性。

4.4　舰船目标红外辐射场计算

　　舰船的几何结构非常复杂。组成部分众多,各个组成部分,如船舷、甲板、上层建筑、上升烟道管壁以及排气烟羽等都会不停地向外界空间发出红外辐射。现代舰船内部一般都做了良好的隔热处理,所以船舷、甲板以及上层建筑温度比较接近而且相对较低,而上升烟道管壁以及烟气虽然也做了降温处理但相比船体,它们的温度还是相对较高。所以可以将辐射源按温度的高低分为常温辐射源和高温辐射源。舰船整体的红外辐射能量等于常温辐射源和高温辐射源辐射能量之和。

　　舰船目标的常温辐射源包括船舷、甲板以及甲板上的上层建筑等(统称为船体),它们构成了舰船结构的主体部分。物体的辐射强度(辐射强度定义为辐射源单位立体角内发出的辐射功率,单位 W/sr)的大小由物体的表面温度、表面发射率以及发射方向上物体的投影面积共同决定。虽然舰船目标的这些常温辐射源的表面温度相对较低,但它们的面积相比上升烟道的可见管壁和排气烟羽来说要大得多,所以在长波红外波段,特别是我们关心的 $8\sim14\mu m$ 这一大气窗口波段内,它们成为了整个舰船目标的主要辐射源。船体表面的温度在很大程度上受太阳辐射的影响。白天时,在强烈的太阳照射下,其表面温度将明显高于背景温度,它们之间的温差甚至可达数十摄氏度。夜间时,由于没有太阳辐射的影响,船体各部分的温度分布比较平均,一般与海天背景的温度比较接近。船体任一外表面面元的红外辐射包括自身辐射以及对外界环境和其他外表面面元的投射辐射的反射,任一外表面面元 i 在某一方向上的辐射强度 I_i 可以表示为

$$I_i = \frac{\varepsilon_i \sigma T_i^4 + (1-\varepsilon_i)\left(E_{\mathrm{sun},i} + E_{\mathrm{sky},i} + E_{\mathrm{sea},i} + \sum_{k=1}^{n} J_k F_{i,k}\right)}{\pi} \cos\theta_i \Delta A_i$$

$$(4-14)$$

式中:下标 i 表示面元编号; ε_i 表示面元 i 的在全波段内的平均发射率; σ 表示玻耳兹曼常数; T_i 表示面元 i 的表面温度; $E_{\mathrm{sun},i}$ 表示面元 i 接收到的太阳辐照度; $E_{\mathrm{sky},i}$ 表示面元 i 接收到的天空辐照度; $E_{\mathrm{sea},i}$ 表示面元 i 接收到的海面辐照度; n 表示船体外表面面元划分数量(不包括排烟道管壁的面元); J_k 表示面元 k 的有效辐射力; $F_{i,k}$ 表示面元 i 对面元 k 的辐射角系数; θ_i 表示面元 i 的法线方向与辐射出射方向间的夹角,如图 4-11 所示; ΔA_i 表示面元 i 的面积。

　　在图 4-11 中, ψ_i 表示面元 i 辐射出射方向的高低角, γ_i 表示面元 i 辐射出射方向的方位角, γ_{in} 表示面元 i 法线方向方位角, β_i 表示面元 i 的斜面倾角,则面元 i 法线方向与辐射出射方向间的夹角 θ_i 的余弦可以由这些角度表示为

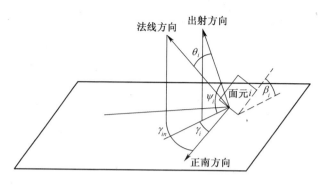

图 4-11　角度关系示意图

$$\cos\theta_i = \cos\beta_i\sin\psi_i + \sin\beta_i\cos\psi_i\cos(\gamma_i - \gamma_{in}) \tag{4-15}$$

式(4-14)计算的时面元 i 在全部波长范围内的辐射强度,而我们往往关心的仅仅是目标在某一波段 $\Delta\lambda$ 内的辐射能量,所以将式(4-14)改写为

$$I_i^{\Delta\lambda} = \frac{\eta(\Delta\lambda, T_i)\varepsilon_i^{\Delta\lambda}\sigma T_i^4 + (1 - \varepsilon_i^{\Delta\lambda})\left(E_{\text{sun},i}^{\Delta\lambda} + E_{\text{sky},i}^{\Delta\lambda} + E_{\text{sea},i}^{\Delta\lambda} + \sum_{k=1}^{n} J_k^{\Delta\lambda} F_{i,k}\right)}{\pi}\cos\theta_i\Delta A_i \tag{4-16}$$

式中: $I_i^{\Delta\lambda}$ 表示面元 i 在 $\Delta\lambda$ 波段内的辐射强度;上标包含 $\Delta\lambda$ 的物理量均代表该物理量在 $\Delta\lambda$ 波段内的平均值; $\eta(\Delta\lambda, T_i)$ 表示能量百分比系数,是波段以及温度的函数,由下式确定,即

$$\eta(\Delta\lambda, T_i) = \left(\int_{\lambda_1}^{\lambda_2}\frac{c_1\lambda^{-5}}{\exp[c_2/(\lambda T_i)] - 1}\mathrm{d}\lambda\right)/(\sigma T_i^4) \tag{4-17}$$

式中: c_1、c_2 表示普朗克定律第一与第二辐射常数; λ_1、λ_2 表示波段 $\Delta\lambda$ 的起始与终止波长。于是,舰船目标的常温辐射源在 $\Delta\lambda$ 波段内某一方向上的总辐射强度 $I_{\text{low}}^{\Delta\lambda}$ 等于舰船每个外表面面元的辐射强度之和,表示为

$$I_{\text{low}}^{\Delta\lambda} = \sum_{i=1}^{n} I_i^{\Delta\lambda} \tag{4-18}$$

从目标红外探测或红外隐身的角度考虑,中波 $3\sim5\mu\mathrm{m}$ 波段和长波 $8\sim14\mu\mathrm{m}$ 波段内目标辐射能量的大小是应当重点关心的问题。通过计算,舰船目标的常温辐射源,也就是船体在不同时刻 $8\sim14\mu\mathrm{m}$ 波段与 $3\sim5\mu\mathrm{m}$ 波段内的辐射强度的周向分布如图 4-12 与图 4-13 所示。计算时,船体的辐射出射方向的高低角 ψ 在计算中取为 $10°$,舰船的船头朝东。从图中可以看出,不同方向上船体辐射强度的大小存在着差异。由于船舷方向的目标投影面积相比船头或船尾方向的目标投影面积要大得多,所以船体辐射强度的周向分布呈"葫芦"形,船舷方向辐射强度大,船

头或船尾方向辐射强度小。不同波段内船体的辐射强度也有显著的差异。由于船体的表面温度在一天之中均在常温范围内变化,其辐射能量有相当一部分都集中在长波范围内,所以它在 $8 \sim 14 \mu m$ 波段内的辐射强度要明显大于其在 $3 \sim 5 \mu m$ 波段内的辐射强度。即便在同一方向、同一波段内,船体的辐射强度也随时间发生变化,船体的表面温度越高,环境的辐射(特别是太阳辐射)越强,船体的辐射强度也就越大。在没有太阳照射时,船体各部分的温度将非常接近,它在两个波段内的辐射强度的周向分布均关于坐标极点对称,如图中 5:00 时的情况。存在太阳照射时,太阳直接照射到的舰船表面部位的温度较高而且此部位还将反射一部分太阳的辐射,所以在能受到太阳直接照射的方向上船体的辐射强度较高(在 $3 \sim 5 \mu m$ 波段内,这一趋势将更为明显),如图 4-12 和图 4-13 中 10:00 时与 12:00 时的情况,舰船右舷侧的辐射强度明显大于左舷侧的辐射强度。

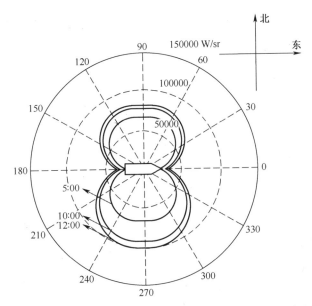

图 4-12　船体 $8 \sim 14 \mu m$ 波段内不同时刻的辐射强度极坐标图

以上分析了在一定辐射出射方向高低角下,船体在不同时刻的辐射强度的周向分布情况。实际上,在同一时刻下,船体的辐射强度还随辐射出射方向高低角的变化而变化。在不同的辐射出射方向高低角下,船体在 $8 \sim 14 \mu m$ 和 $3 \sim 5 \mu m$ 波段内的辐射强度的周向分布情况如图 4-14 与图 4-15 所示(计算时刻取为正午 12:00)。

从图 4-14 与图 4-15 中可以看出,船体辐射出射方向的高低角越大,它的辐射强度也越大。这主要因为辐射出射方向的高低角越大,船体的在该方向上的投影面积也越大,导致其在该方向上的辐射强度也随之增大。并且随着高低角的增

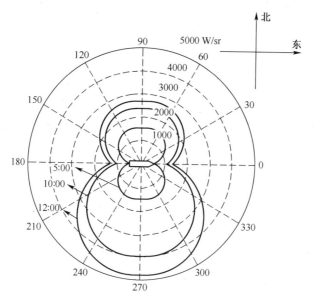

图 4-13　船体 $3\sim5\mu m$ 波段内不同时刻的辐射强度极坐标图

大,船体辐射强度的周向分布曲线由"葫芦"形逐渐向近似的圆形转变,这是因为随着高低角的增大,辐射出射方向上目标的投影面积沿周向将不再发生明显的改变。

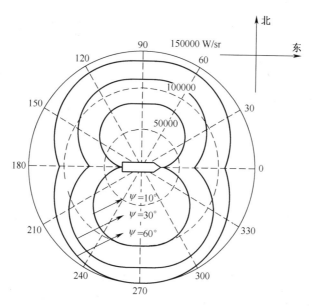

图 4-14　$8\sim14\mu m$ 波段内不同高低角下的船体辐射强度极坐标图

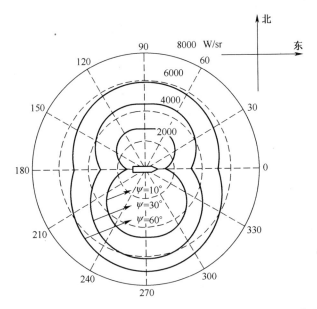

图 4-15　3~5μm 波段内不同高低角下的船体辐射强度极坐标图

4.5　小　　结

本章通过建立舰艇目标简化模型,综合考虑影响舰艇表面红外特征的各种环境因素,包括环境温度、环境湿度、太阳辐射、天空与海面长波辐射以及与空气的对流换热等因素,模拟计算了在不同的航速下,舰艇表面温度与辐射强度的变化规律。通过研究,可得出以下结论。

（1）在影响舰艇红外特征的各因素中,太阳辐射、天空的长波辐射、舰艇表面的吸收率和辐射率影响最大。其中,太阳对目标的辐照度随着太阳高度角的变化而变化,正午时太阳的高度角最大,太阳对目标的辐照度也达到最大值,将会使舰艇表面具有很高的温度,此时,船体表面与环境的温度差异最大可以达到 20℃ 以上。太阳直射辐射是影响目标表面温度的主要因素,太阳直接照射到的表面与没有直接照射到的表面间存在明显的温差,导致舰艇表面温度分布及其不均匀。其次是舰艇的航行速度,而环境温度、环境湿度、海面辐射的影响相对较弱。

（2）在一天中的不同时间,舰艇表面温度受长波吸收率的影响是不同的:夜间时,舰艇各表面与天空背景间存在较强的辐射换热。由于天空的辐射温度相对较低,舰艇表面以热辐射的形式向外界散热,导致舰艇表面具有比周围环境更低的温度。夜间,舰艇的水平表面主要与天顶背景进行辐射换热,而天顶处的辐射温度最低,导致舰艇的水平表面(如甲板)具有最低的温度,且航速低时较明显,航速高时

71

不明显。

（3）天气状况会使舰艇目标表现出不同的表面温度分布特性。晴天时,舰艇表面温度分布极不均匀而且昼夜变化显著。多云天时,由于云层的存在,吸收了一部分太阳辐射导致舰艇的表面温度低于晴天时舰艇的表面温度,而夜间及凌晨时,这种情况刚好相反,云层的存在将减弱舰艇表面与天空背景间的辐射换热强度,舰艇表面温度要略高于晴天时舰艇的表面温度。阴天时,舰艇的表面温度分布较为均匀,与外界环境气温比较接近,且全天内表面温度的变化范围也不是很大。

思 考 题

1. 舰艇红外辐射的主要来源有哪些?
2. 可以采用哪些手段,降低舰艇的红外辐射特征?
3. 舰艇红外辐射特征分布主要受哪些因素影响?
4. 舰艇的航速是否会影响舰艇的红外特征分布? 为什么?
5. 试采用有限体积法或状态空间法,编写舰艇面元温度场的计算程序。

参 考 文 献

[1] Gonda T, Gerhart G R. A Comprehensive Methodology for Thermal Signature Simulation of Targets and Backgrounds[J]. SPIE,1989, 1098: 23-27.

[2] Thomas D J, Martin G M. Thermal Modeling of Background and Targets for Air-to-Ground and Ground-to-Ground Vehicle Applications[J]. SPIE,1989, 1110: 166-176.

[3] Timothy J R. U. S. Army Tank-Automotive-Command (TACOM) Thermal Image Model(TTIM) [J]. SPIE,1989, 1110: 210-219.

[4] Morey B. Predicting Temperature for IR Simulation Based on Solids Modeling [R]. AD-A208532, 1988.

[5] Howe J D. Thermal Imaging Systems Modeling-Present Status and Future Challenges[J]. SPIE, 1994, 2269: 538-550.

[6] Murris E J. A Computer Model to Calculate Infrared Radiation from Ships (Part I, Part II, Part III)[R]. Philadelphia: FEL Report,1979.

[7] Vaitekunas D A, Alexan K, Lawrence O E. SHIPIR/NTCS: A Naval Ship Infrared Signature Countermeasure and Engagement Simulator[C]. Orlando: Proceedings of SPIE, 1996, 2744: 411-424.

[8] Vaitekunas D A, Alexan K, Birk A M. Naval Threat and Countermeasure Simulator[C]. San Diego: Proceedings of SPIE,1994, 2269: 171-185.

[9] Vaitekunas D A, Fraedrich D S. Validation of the NATO-Standard Ship Signature Model(SHIP-

IR)［C］. Orlando：Proceedings of SPIE,1999, 3699：103－113.

［10］Fraedrich D S, Stark E. Ship IR Model Validation Using NATO SIMVEX Experiment Model Results［C］. Orlando：Proceedings of SPIE,2003, 3699：49－59.

［11］Vaitekunas D A. Validation of SHIPIR(V3.2)：Methodology and Results［J］. Orlando：Proceedings of SPIE, 2006, 6239：14406J-H.

［12］Lapierre F D, Marcel J P, Acheroy M. Design of an Infrared Ship Signature Simulation Software for General Emissivity Profiles［C］. Ettlingen：Proceedings of ITBMS,2006.

［13］Lapierre F D, Dumont R, Borghgraef A, Et Al. OSMOSIS：An Open-Source Software for Modeling of Ship Infrared Signature［C］. Toulouse：Proceedings of ITBMS,2007.

［14］Lapierre F D, Acheroy M. Efficient Hierarchical Meshing Strategy for Surface Temperatures Computation Applied to Ship Infrared Signature Modeling［C］. Ettlingen：Proceedings of ITBMS,2008.

［15］Lapierre F D, Acheroy M. Performance Enhancement and Validation of the Open-Source Software for Modeling of Ship Infrared Signature(OSMOSIS)［J］. Journal of Computation and Applied Mathematics,2010, 234(7)：2342－2349.

［16］宣益民,吴轩,韩玉阁. 坦克红外热像理论建模和计算机模拟［J］. 弹道学报,1997,9(1)：17－21.

［17］韩玉阁,宣益民. 坦克炮身管温度分布及红外辐射特性［J］. 应用光学,1998,19(2)：8-14.

［18］宣益民,刘俊才,韩玉阁. 车辆热特性分析及红外热像模拟［J］. 红外与毫米波学报,1998,17(6)：441－445.

［19］乔学勇,宣益民,韩玉阁. 坦克三维温度场的边界元算法［J］. 兵工学报,1999,20(1)：1-4.

［20］韩玉阁,宣益民. 装甲车辆的履带与车轮温度分布［J］. 应用光学,1999,20(6)：6-10.

［21］洪宇平,宣益民,韩玉阁. 桥梁红外热特征分析［J］. 红外技术,2000,22(4)：10-14.

［22］马伟,宣益民,韩玉阁. 卫星系统热特性分析［J］. 航天器工程,2009,18(2)：48-54.

［23］罗来科,宣益民,韩玉阁. 水陆坦克红外辐射特性仿真研究［J］. 红外技术,2009,31(1)：18-22.

［24］华建军. 直升机红外辐射特征计算研究［D］. 北京：北京航空航天大学,2000.

［25］单勇,张靖周,李立国. 直升机红外抑制器红外辐射特性的数值研究和实验验证［J］. 红外与毫米波学报,2006,25(2)：95-100.

［26］陈海涛,卞恩荣. 武装直升机红外辐射计算中多重遮挡处理［J］. 北京航空航天大学学报,2006,32(4)：391-394.

［27］陈海涛,卞恩荣,廖文和. 武装直升机机体红外数值模拟方法研究［J］. 应用基础与工程科学学报,2009,17(4)：614-621.

［28］李玉秀. 建筑物表面温度场及辐射出射度场理论建模与计算［D］. 哈尔滨：哈尔滨工业大学,2003.

［29］谢明,李玉秀,徐辉,等. 建筑物温度场理论建模研究及逐时计算［J］. 工程热物理学报,

2004,25(6):1013-1015.

[30] 刘晓红. 卫星红外热像理论建模[D]. 哈尔滨:哈尔滨工业大学,2004.

[31] 段宗宪. 相控阵雷达天线阵面温度场及红外辐出度场的研究[D]. 哈尔滨:哈尔滨工业大学,2005.

[32] 胡双喜. 舰载相控阵雷达阵面的红外热像理论建模[D]. 哈尔滨:哈尔滨工业大学,2005.

[33] 谢明. 表面红外散射与辐射出射度特性研究[D]. 哈尔滨:哈尔滨工业大学,2006.

[34] 朱文勇,高景,等. 改进单元法在红外模拟热像中的应用[J]. 红外与毫米波学报,1996,15(3):179-182.

[35] 杨宝成,沈国土,毛宏霞,等. 海面目标红外辐射场的理论模拟和计算软件[J]. 计算物理,2001,18(3):219-223.

[36] 沈国土,杨宝成,蔡继光,等. 海面物体热像模拟的通用物理模型研究[J]. 系统仿真学报,2005,17(12):2892-2895.

[37] 高兰香,沈国土,蔡继光,等. 红外热像理论建模中的体效应研究[J]. 红外与激光工程,2007,36(增刊2):597-599.

[38] 蔡石屏,沈国土,蔡继光,等. 有限元模型生成及其在热分析中的应用[J]. 红外技术,2009,30(5):279-282.

[39] 寇蔚,杨立,孙丰瑞. 一种舰船红外特征的动态模拟方法研究[J]. 红外与毫米波学报,2004,23(2):148-152.

[40] 寇蔚,杨立,孙丰瑞. 面向对象的舰船红外特征动态仿真[J]. 红外技术,2004,26(4):57-60.

[41] 陈翾,杨立. 舰船8~14μm动态红外特征模拟[J]. 激光与红外,2007,37(12):1278-1280.

[42] 陈翾,杨立,谢骏. 地面目标动态红外特征模拟[J]. 光电工程,2007,34(1):32-36.

[43] 张士成,杨立,陈翾. 水面航行潜艇红外特征模拟研究[J]. 光学技术,2008,34(增刊1):89-91.

[44] 陈翾. 基于海天背景的舰船红外成像仿真与隐身技术研究[D]. 武汉:海军工程大学,2010.

[45] 李东臻. 舰船动态红外特征及其影响因素研究[D]. 武汉:海军工程大学,2010.

[46] 王章野. 地面目标的红外成像仿真及多光谱成像真实感融合研究[D]. 杭州:浙江大学,2002.

[47] 陆艳青,王章野,董雁冰,等. 城市建筑物红外特性四季变化及其成像研究[J]. 红外与毫米波学报,2002,21(5):377-381.

[48] 刘波,王章野,王丽英,等. 大规模城市场景的高效建模及实时绘制[J]. 计算机辅助设计与图形学学报,2008,20(9):1153-1162.

[49] 张建奇,方小平. 红外物理[M]. 西安:西安电子科技大学出版社,2004.

[50] 寇蔚. 舰船红外特征动态模拟及其管理软件研究[D]. 武汉:海军工程大学,2002.

[51] Hughes H G. Infrared Ship Signature Evaluation. Technical Document1461. February 1989. Naval Ocean Systems Center, San Diego, CA 92152-5000. AD-A209 354.

第5章　舰艇红外隐身技术

红外制导(Infrared Guidance)是利用红外探测器捕获和跟踪目标(舰船、飞机、坦克等)自身辐射的热能量来实现寻的制导的技术。自20世纪50年代,特别是最近20多年以来,随着红外探测及跟踪技术的不断进步,越来越多的反舰导弹都采用了红外成像制导模式,对海面舰船构成了巨大的威胁。著名的挪威"企鹅"导弹就是西方第一款红外制导的反舰导弹,制导精度高;日本的空舰型反舰导弹"ASM Ⅱ"则选用了红外成像/主动雷达复合制导的末制导方式;此外,包括美国的"鱼叉"等都已将红外成像制导作为反舰导弹复合末制导方式的一种。最初的红外制导导弹采用点源目标的制导方式,工作波段为 $3 \sim 5 \mu m$,容易受到目标性质和气象条件的限制,并且易被诱饵弹、烟幕等干扰导致偏离和丢失目标[1]。红外成像制导技术(Infrared Imaging Guidance),工作波段为 $8 \sim 14 \mu m$,则是根据红外探测器所接收的目标与背景之间不同的热辐射能量,描绘出一幅如同电视图像一样清晰可见的温差图像,从而实现对目标的识别、捕捉、测定和跟踪。无论是点源红外制导亦或是红外成像制导,都因采用了被动寻的工作模式而具有不易受电子干扰、能够昼夜作战、隐蔽性好、分辨率高的优点[2]。红外制导导弹只要接收一定强度的热辐射信号就能有效跟踪、命中目标,几乎达到了"发现即摧毁"的水平。

可以说,红外探测与制导技术的快速发展已对现代舰船的战场生存力构成了极大威胁,舰船红外隐身技术正引起了各军事强国的高度关注。本章将首先总结当前舰船红外隐身技术的发展概况,再分析这些红外隐身技术背后涉及到的传热学原理和实验探索问题,主要包括红外探测器的作用距离模型、液膜流动降温换热模型及水雾红外遮蔽实验研究。

5.1　概　　述

水面舰船由于自身及环境的原因会产生红外辐射。根据红外辐射源温度及辐射面相对大小的不同,舰船红外辐射主要分为两类:一类为点源高温辐射;另一类为接近于环境温度的面源辐射[3,4]。点源高温辐射主要是发动机尾气排放产生的,包括烟筒管壁和排气烟羽,温度可达 $400 \sim 500 ℃$。烟筒管壁和烟羽的单色辐射力峰值一般处于 $3 \sim 5 \mu m$ 中红外波段,因此成为点源红外制导导弹对舰船捕捉和攻击的目标。面源辐射主要来自于舰船表面对环境因素,如太阳、天空等的吸收增温和反射,以及内部舱室、动力设备的热扩散。加拿大 Davis 公司计算了某船体表面在太阳辐射影响下船体与环境温差随太阳高度角的变化,如图 5-1 所示,船体表面与环境的温差随太阳高度角变化明显,当太阳处于 0°~10° 高度角时,每增大 1° 的太阳高度角,即可引起上层建筑 1℃ 的温升;甲板区域温度随太阳高度角的增大近乎呈线性增大的趋势,当涂了灰色油漆时,最高温差甚至可达 80℃[5]。面源红外辐射强度不大,辐射峰值处于 8~14μm 波段,但由于有效辐射面积大,同时海上背景环境较冷且均匀,因此红外辐射特征同样明显,易成为红外成像制导导弹锁定的目标。

有矛必有盾。针对快速发展的红外制导反舰导弹,世界各主要军事强国都在大力发展自己的舰船红外隐身技术。舰船红外隐身技术主要分为有源隐身和无源隐身两大类[1]。有源隐身主要是指采用有源或无源的电子干扰及光电对抗等方法来欺骗、干扰、迷惑、阻断对方的探测系统,减少被敌红外探测系统发现的可能,如已在战场上得到广泛应用的红外诱饵等。无源隐身是指减少目标的可探测红外信息特征,使敌方红外探测系统不能发现目标或发现的概率很低,或者使目标的可探测距离缩短,即使被发现,攻击系统也已来不及做出反应等,如红外隐身涂料等。目前而言,各国均不能对水面舰船做到绝对的红外隐身,只能在一定程度上抑制红外辐射,努力做到相对隐身。

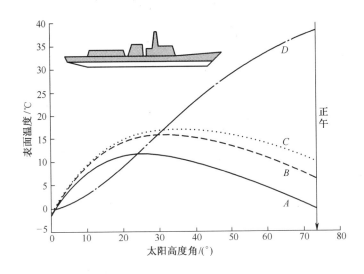

图 5-1　舰船表面与环境的温差随太阳高度的变化

本章主要介绍的是无源隐身技术。实现无源隐身策略一般有三种途径:涂敷红外隐身涂料、船体降温和热辐射遮蔽[6]。

5.1.1　红外隐身涂料技术

隐身涂料技术主要包括低发射率涂料、低吸收率涂料和频谱转换涂料。美国是对近、中及远红外隐身涂层的研究开展最早,也是技术最为先进的国家之一。早在 20 世纪 60 年代美国的 Honeywell 公司就开展了有关漫反射型红外反射涂层的研究[7]。进入 70 年代以后,为了减轻红外线寻的导弹对直升机的威胁,美国陆军空中机动研究发展实验室委托陆军阿伯丁研究发展中心的涂料和化学研究室、通用动力公司等机构研究直升机的红外信号抑制涂料[8]。与此同时,海军舰船研究发展中心也开始进行红外隐身涂层的相关研究[8]。热隐身涂层属于极其敏感的军事技术,从公开渠道发布出来的信息非常有限,只能通过极少的资料来推测国外关于热隐身涂层的研究水平。据 1981 年的一篇美国专利报道,Supcoe 等人[9]通过在有机硅酸树脂中掺入 Al 粉、Co、CoO、TiO_2 等物质研制出一种灰色的舰用红外隐身涂料,其 0.3~1.8μm 波段的反射率以及 3~5μm 和 8~14μm 波段的发射率分别为 0.377、0.511 和 0.512。1982 年,在 Supcoe 的另一项专利中报道,他通过在有机硅酸树脂中掺入 Al 粉、ZnS、Sb_2S、Al_2O_3 以及少量的有机颜料研制成一种蓝灰色的舰用红外隐身涂料[10]。该隐身涂料与文献[9]中的隐身涂料除了颜色上的差别外,其可见光波段内的隐身性能得到了明显的加强。从 20 世纪 80 年代中期开始,其他如英国、德国、法国、加拿大等西方国家也开始陆续展开红外隐身涂层的相关方面研究。2004 年,Sowell[11]研制出了一种航空母舰飞行甲板上使用的特种红外隐身涂料,该涂料不仅具有很好的红外隐身性能,而且它还具有防滑功能。进入新世纪后,国外研究机构更加注重多波段复合型以及智能型隐身涂料的研制,如 2002 年,Christoph 等人[12]研制了一种聚噻吩与聚对苯撑乙烯复合的电致变色材料,由该材料可以制成厚度约为 0.5mm 的隐身涂层,红外发射率和太阳短波吸收率可以分别在 0.23~0.79 和 0.13~0.85 人为调控。2006 年,Tului 等人[13]发明的复合材料在 3~5μm 中红外和 8~14μm 远红外波段的发射率已经达到 0.4 以下,且该材料在可见光和近红外波段都具有较低的反射率,隐身波段范围宽且隐身性能好。

然而,隐身涂料技术面临的最大问题是涂料性能的保持,因为舰船表面每日会累积大量的灰尘、盐分和发动机排烟烟尘。这些杂质的附着会使涂料由低发射率、低吸收率变为高发射率、高吸收率,而频谱转换涂料的性能也会大打折扣。同时,无论是低吸收率还是低发射率涂料,都势必会导致高反射率,增加了舰船遭受主动制导导弹的威胁。因此,涂料技术未能在舰船红外隐身领域得到广泛应用。

5.1.2　降温红外隐身技术

1. 排气管降温技术

降温技术目前主要应用在发动机排气管降温,典型技术包括加拿大 Davis 公司的引射/扩散(Eductor/Diffuser)系统和德雷斯球(Dres Ball)装置、美国的引射/隔离罩(Eductor/Bliss)装置、英国的格栅(Cheese Grater)抑制装置等[5],如图5-2所示。这些装置和系统主要通过引射冷空气对发动机的高温废气进行冷却。此外,在舰船发动机排气管内进行喷雾冷却(Spray Cooling)也是一种有效的针对红外点源制导导弹的隐身技术。美国在20世纪六七十年代的"斯普鲁恩斯级"导弹驱逐舰采用了这一技术,加拿大Davis公司设计的SWI(Sea Water Injection)排气红外抑制装置,可有效降低发动机排气管和尾气的温度[14],如图5-3所示。国内海军工程大学的杨立和袁江涛[15]、上海交通大学的苏明和徐杲[16]也开展了排气管喷雾冷却降温的数值模拟和实验研究,取得了很好的红外抑制效果。但这些技术都是针对红外点源制导导弹,对于红外成像制导模式的导弹并无有效的对抗效果。加拿大Davis公司还开发了一种"主动冷却系统(Active Hull Cooling System)"[3],如图5-4所示。该技术采用高压喷嘴对船体进行整体喷射降温,并采用智能控制系统预防舰船冷目标的出现,据称取得了不错的效果。近年来,不少学者提出一种采用液膜流动以降低船体温度的红外抑制技术,成为了研究热点。

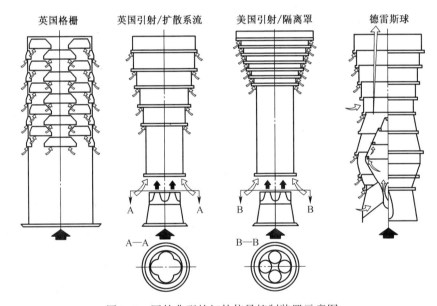

图5-2 国外典型的红外信号抑制装置示意图

2. 液膜降温技术

液体在重力作用下以薄层形式沿壁面向下流动,称为液体薄膜流[17]。它具有小流量、小温差、高传热系数、高热流密度、结构简单、动力消耗小等独特优点,已作为一项高效传热技术在各个工业领域得到了广泛应用。近年来,利用液体薄膜流动的特性来解决高技术领域中遇到的高热流密度下强化换热问题,越来越引起

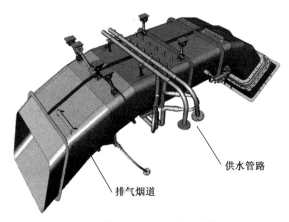

图 5-3　SWI 冷却系统

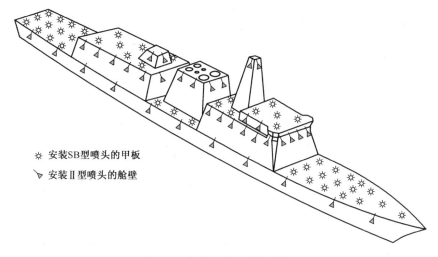

☼　安装 SB 型喷头的甲板

▽　安装 Ⅱ 型喷头的舱壁

图 5-4　加拿大主动冷却系统

人们的关注。关于下降液膜的流动及换热特性可参考文献[17-20]。然而,运用液膜冷却技术对军事目标进行红外辐射抑制的研究还很少见到相关报道。加拿大的 Davis 工程公司将舰船船体划分成多个区域,在每个区域按照不同要求布设多个喷头,当舰船受到威胁时,便开启水泵抽取海水,并通过各个喷头将海水直接喷射到船体表面形成液膜,达到降低舰船表面温度的作用[21],如图 5-5 所示。每个喷头喷射的水量以及喷射时间都可以通过温度传感器反馈的数据来人为控制,以防止喷水量过大或喷射时间过长导致船体温度低于环境温度而使舰船成为"冷目标"。

5.1.3　遮蔽红外隐身技术

红外遮蔽技术中应用最多的是烟幕和水雾技术。利用烟幕粒子对红外辐射的

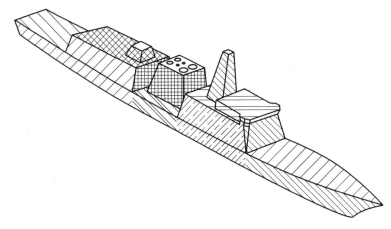

图 5-5 舰船分区冷却

散射和吸收作用将目标自身的辐射强度减小,使得目标被探测到的概率降低[22-25]。目前,烟幕隐身的技术瓶颈在于遮蔽时间和遮蔽面积的改进;同时,新一代的红外成像制导导弹会对热图像进行真伪判断,导弹并不锁定烟幕,一旦舰船驶出烟幕遮蔽区或烟幕消逝或是被风吹散,导弹将重新锁定舰船。作为冷烟幕的幕状细水雾,是由大量细小的水滴和空气组成的具有一定浓度的气溶胶体系,对红外辐射有很强的吸收和散射作用,因此可用来抑制舰船表面的红外辐射。虽然该技术也有易受风影响的缺点,但依然是一种很有前途的舰船红外抑制手段。该技术同时具备对目标的降温和屏蔽功能。在舰船周围安装一系列可自动控制的喷头,需要时可立即启动喷射水雾。若将细水雾直接喷射在船体表面或雾滴沉降、漂移附着在甲板、上层建筑等表面,均会产生强烈的对流和蒸发,使得船体降温,红外辐射得到抑制。采用高压喷射、气力雾化等方式使水雾在空气中形成大面积的雾状水幕,将船体笼罩起来,会对船体红外辐射强度直接产生衰减,使敌方红外探测器接收不到足够的热辐射强度,从而达到红外隐身的目的。该技术可以直接利用海水形成水雾,具有原料取之不尽、设备成本低、便于随时使用等优点,因此是一种高效费比的舰船红外抑制技术。英国的“海幽灵”号护卫舰安装了喷雾自卫系统,系统一旦开启整个船体都笼罩在细密水雾中,红外隐身效果极佳[26]。实战中,气溶胶烟幕早已发挥了重要的红外对抗功能,体现了很高的红外隐身价值。在越南战争和海湾战争中,美军大量使用了红外或红外激光制导的导弹,对越南和伊拉克的军民用设施造成了毁灭性打击。经过对红外制导的探索与认识后,越军施放气溶胶烟幕对抗美军的红外导弹,使得美军的红外精确制导导弹全部偏离目标;伊军通过点燃油井,使得浓烟密布并形成大面积的气溶胶烟幕,美军的红外导弹命中精度因此而急剧降低。

综合来说,强热源(烟筒、烟羽)红外抑制技术已比较成熟,达到了有效对抗点源红外制导导弹的目的。但在舰船整体红外抑制、对抗成像红外制导导弹方面,依然缺乏有效措施,而液膜船体降温技术和细水雾红外遮蔽技术在舰船红外隐身技术中被寄予了厚望。

5.2　红外探测器的作用距离模型

红外探测器的作用距离估算模型根据目标类型的不同分为针对点源目标的作用距离模型和针对扩展源目标的作用距离模型。红外探测系统对扩展源目标的作用距离是指在一定的大气条件下,系统对某一实际目标可能发现、识别和认清的最远距离。点源目标在红外成像中只是一个亮点,没有形状和轮廓之分,红外探测系统对其作用距离是指系统对目标的极限搜索和跟踪距离。本节将分别介绍红外凝视型焦平面探测器针对扩展源目标与点源目标的作用距离估算模型。

5.2.1　扩展源目标的作用距离估算模型

当目标的角尺寸超过系统的瞬时视场时,目标被称为扩展源目标。对军事目标(如飞机、坦克或舰船)进行红外探测时,通常希望获取它们的成像特征,从而达到能够在一定距离外发现、识别或认清目标的目的。因此,在建立作用距离估算模型时,不仅要考虑目标的能量大小,还应考虑目标的几何尺寸和形状、辐射特性以及要求的观察等级等因素。对于扩展源目标,目前,国内外较为公认的作用距离估算模型是基于系统最小可分辨温差(MRTD)模型,它是以探测系统静态性能参量 MRTD 为依据,综合考虑目标、背景、大气衰减、观察等级等多种因素的作用距离计算模型。

人眼通过热成像系统能够观察到目标的基本条件是:对于空间频率为 f 的目标,它与背景的实际等效温差在经过大气衰减到达热成像系统时,仍大于或等于系统对应该频率的最小可分辨温差 $\mathrm{MRTD}(f)$,同时,目标对系统的张角应大于或等于观察等级所要求的最小视角[27,28],即

$$\Delta T(R) = \Delta T_e \tau_a(R) \geqslant \mathrm{MRTD}(f, T_b) \tag{5-1}$$

$$\frac{H}{n_e R} \geqslant \Delta \theta = \frac{1}{2f} \tag{5-2}$$

式中:$\Delta T(R)$ 表示经大气衰减后,目标与背景的等效温差;ΔT_e 表示目标与背景的零视距的实际等效温差;$\tau_a(R)$ 表示 R 距离上的平均大气透射比;$\mathrm{MRTD}(f, T_b)$ 表示经实际条件修正后的最小可分辨温差;f 表示目标的空间频率;T_b 表示背景温度;H 表示目标的临界尺寸,为目标投影的最小尺寸;n_e 表示不同观察等级要求时的目标等效条带数(半周期数);R 表示目标到探测系统的距离。

满足上述要求的最大距离就是红外成像探测系统对扩展源目标的作用距离。

接下来介绍视距模型中相关参量(ΔT_e、$\mathrm{MRTD}(f, T_b)$ 和 n_e）的确定方法。

1. ΔT_e 的确定

目标与背景的零视距的实际等效温差 ΔT_e 是一个和目标与背景辐射特性以及它们间温差大小相关的参数。当目标与其背景均为黑体且温差不大时（一般小于10℃），ΔT_e 为[29]

$$\Delta T_e = \Delta T = T_t - T_b \tag{5-3}$$

式中：T_t 表示目标温度；T_b 表示背景温度。

当目标与背景同为灰体，但温差不大时（一般小于10℃），ΔT_e 为[30]

$$\Delta T_e = \varepsilon_b \Delta T + \Delta\varepsilon \frac{W(T_b)}{W_T(T_b)} + \Delta\rho \frac{W(T_h)}{W_T(T_b)} \tag{5-4}$$

$$W(T) = \int_{\lambda_1}^{\lambda_2} D^*(\lambda) M_b(\lambda, T) \mathrm{d}\lambda \tag{5-5}$$

$$W_T(T) = \int_{\lambda_1}^{\lambda_2} D^*(\lambda) \frac{\partial M_b(\lambda, T)}{\partial T} \mathrm{d}\lambda \tag{5-6}$$

式中：T_h 表示环境辐射等效黑体温度；ε_b 表示背景发射率；$\Delta\varepsilon = \varepsilon_t - \varepsilon_b$，$\varepsilon_t$ 表示目标发射率；$\Delta\rho = \rho_t - \rho_b$，$\rho_t$、$\rho_b$ 表示目标和背景的反射率；λ_1、λ_2 表示探测器工作波长的下限与上限；$D^*(\lambda)$ 表示探测器的比探测率；$M_b(\lambda, T)$ 表示温度为 T 的黑体光谱辐射出射度。

当目标与背景同为灰体，且温差较大时（大于10℃），ΔT_e 为[29]

$$\Delta T_e = \frac{\varepsilon_t W(T_t) - \varepsilon_b W(T_b) + \Delta\rho W(T_h)}{W_T(T_b)} \tag{5-7}$$

当目标温度分布不均匀时，T_t 通常取为面积的加权平均温度，即[28]

$$T_t = \frac{\sum_{i=1}^{n} A_i T_i}{\sum_{i=1}^{n} A_i} \tag{5-8}$$

式中：A_i 表示目标表面微元对探测方向的投影面积；T_i 表示目标表面微元的温度。

2. $\mathrm{MRTD}(f, T_b)$ 的确定

凝视红外焦平面探测器的最小可分辨温差 $\mathrm{MRTD}(f)$ 可以表示为[31]

$$\mathrm{MRTD}(f) = \frac{\pi^2}{4\sqrt{14}} \cdot \frac{\mathrm{SNR}_{DT} \cdot \mathrm{NETD} \cdot f}{\mathrm{MTF}(f)} \cdot \left(\frac{\beta \cdot N \cdot t_{\mathrm{int}}}{t_{\mathrm{eye}}}\right)^{0.5} \cdot (4\alpha^2 f^2 + 1)^{-0.25}$$

$$\tag{5-9}$$

式中：SNR_{DT} 表示阀值信噪比；NETD 表示噪声等效温差；f 表示目标空间频率；

MTF(f) 表示系统总传递函数；α、β 表示探测器瞬时视场角；N 表示探测单元数；t_{int} 表示探测器光积分时间；t_{eye} 表示人眼光积分时间。

　　根据线性滤波理论，对于有一系列具有一定频率特性的分系统所组成的红外成像探测系统，只要逐个求出分系统的传递函数，它们的乘积就是整个系统总的传递函数。为了简单起见，假定红外探测系统的传递函数由光学系统、探测器、电子线路三个分系统的传递函数的乘积组成，即[32]

$$\mathrm{MTF}(f) = \mathrm{MTF}_o(f) \cdot \mathrm{MTF}_d(f) \cdot \mathrm{MTF}_e(f) \tag{5-10}$$

$$\mathrm{MTF}_o(f) = \frac{2}{\pi}\{\arccos(f/f_0) - (f/f_0)[1 - (f/f_0)^2]^{1/2}\} \tag{5-11}$$

$$\mathrm{MTF}_d(f) = \sin(\pi \cdot W^{1/2} \cdot f)/(\pi \cdot W^{1/2} \cdot f) \tag{5-12}$$

$$\mathrm{MTF}_e(f) = [1 + (2 \cdot W^{1/2} \cdot f)^2]^{-1/2} \tag{5-13}$$

式中：$W^{1/2}$ 表示系统的瞬时视场（α 或 β）；$f_0 = D/\lambda$ 表示光学系统的空间截止频率；D 表示光学系统的入瞳直径；λ 表示平均工作波长。

　　由于热成像系统的最小可分辨温差 MRTD(f) 是在实验室或理论分析条件下得到的，当实际用于目标的观察时，目标特性和环境条件并不满足标准条件，因此必须对它进行修正。经实际条件修正后的最小可分辨温差 MRTD(f, T_b) 表示为[29]

$$\mathrm{MRTD}(f, T_b) = k_1 k_2 k_3 \mathrm{MRTD}(f) \tag{5-14}$$

式中：k_1、k_2、k_3 分别为目标形状修正系数、背景温度修正系数和信噪比修正系数。

　　在测定最小可分辨温差时，标准测试图案是高宽比为 7：1 的四条带目标，而实际目标的等效条带图案的形状一般不满足这一条件。因此，在视距估算时，应根据实际目标等效条带的高宽比进行修正，修正系数 k_1 为[29]

$$k_1 = \sqrt{\frac{7}{n_e \gamma}} \tag{5-15}$$

式中：γ 表示实际目标高宽比。

　　另外，在实验室测试或理论分析中，最小可分辨温差 MRTD(f) 通常是对恒定温度 T_s（通常为 300K）的黑体背景来进行的，但实际背景温度不一定等于 T_s，因此，在实际分析时，需对 MRTD(f) 进行又一次修正，修正系数 k_2 为[29]

$$k_2 = \frac{W_T(T_s)}{W_T(T_b)} \tag{5-16}$$

　　由式(5-9)可知，最小可分辨温差 MRTD(f) 与阈值信噪比 SNR_{DT} 相关，而 SNR_{DT} 与探测概率 P_d 相关。在计算 MRTD(f) 时，阈值信噪比 SNR_{DT} 通常被取为探测概率 $P_d = 50\%$ 时的阈值信噪比 $\mathrm{SNR}_{DT,50\%}$（$\mathrm{SNR}_{DT,50\%} = 2.8$），那么，在探测概率改变时，MRTD($f$) 也需得到修正，修正系数 k_3 为[29]

$$k_3 = \frac{\mathrm{SNR}_{DT,P_d}}{\mathrm{SNR}_{DT,50\%}} \qquad (5\text{-}17)$$

式中：SNR_{DT,P_d} 表示实际探测概率 P_d 下的阈值信噪比，由下式确定[29]，即

$$P_d = \int_{-\infty}^{\mathrm{SNR}_{DT,P_d}-\mathrm{SNR}_{DT,50\%}} \exp(-z^2)\,\mathrm{d}z \qquad (5\text{-}18)$$

3. n_e 的确定

n_e 与观察等级以及探测概率相关。观察等级是将系统性能与人眼视觉相结合的一种视觉能力划分方法，它需要通过视觉心理实验来完成。国外做了大量的实验和分析工作，目前，比较公认的是约翰逊根据实验提出的 Johnson 准则，将对目标的观察同对等效条带图案的观察联系起来，把观察等级分为四类：发现、定向、识别和认清。在 50% 的探测概率下，不同的观察等级所需要的条带数 n_0 是不同的，如表 5-1 所列。

表 5-1　Johnson 准则

观察等级	说　明	所需条带数 n_0
发现	在探测视场内发现一目标	1.0±0.25
定向	可大致分辨目标是否对称及方位	1.4±0.35
识别	可将目标分类(如舰船、坦克、飞机等)	4.0±0.8
认清	能准确分辨目标型号	6.4±1.5

上述各观察等级所需的条带数 n_0 是在探测概率 $P_d = 50\%$ 的条件下得出的，在实际探测概率下，各观察等级所需的条带数 n_e 可由下式确定[29]，即

$$P_d = \frac{1}{\sqrt{2\pi}} \int_{-\infty}^{\frac{n_e-n_0}{\sigma}} \exp\left(-\frac{z^2}{2}\right)\,\mathrm{d}z \qquad (5\text{-}19)$$

式中

$$\sigma = \begin{cases} 0.625 & 发现 \\ 0.824 & 定向 \\ 1.882 & 识别 \\ 3.529 & 认清 \end{cases} \qquad (5\text{-}20)$$

5.2.2　点源目标的作用距离估算模型

当红外探测系统观测距离很远的目标时，这类目标在焦平面上所成的像很小，以致于目标的张角小于或等于系统的瞬时视场，这时称目标为点目标。显然，点目标是一个相对概念，并非目标的实际尺寸就一定很小。在点目标探测情况下，目标细节已不可能探测，但从能量的观点考虑，只要信号足够大就能探测到，即要求信

噪比达到探测阈值。

目前,对点目标的作用距离估算方法很多(如基于 NETD 的方法、基于 MDTD 的方法和基于 NETD 的方法等),其间的区别主要是考虑因素的多少。文献[33-36]采用基于系统信噪比的方法建立了点源目标的作用距离估算模型,在该模型中分析了系统短时随机误差对目标成像的影响,考虑的因素比较全面,并通过外场实验的检测,模型的计算结果与实测结果符合符较好,但模型在考虑目标和背景辐射时均没有考虑它们对外界投射辐射的反射,而且受文章篇幅的限制,模型中的对一些参数的物理意义及计算方法介绍的不够详细,所以本节在该模型的基础之上对其中一些细节进行一定的补充和完善,最终以完善后的模型作为点源目标的作用距离估算模型。

在凝视型红外焦平面探测器问世以前,红外探测器多为光机扫描型。与光机扫描型探测器相比,凝视型焦平面探测器像元的积分时间显著增长,大大增强了探测器的探测性能。在对小目标的搜索跟踪的过程中,由于大气湍流、光学系统衍射或系统短时随机误差等因素都会使目标成像发生弥撒。通过实验和理论分析,在众多引起小目标成像发生弥散的原因中,系统的短时随机误差的作用最为显著,由它引起的弥撒角远远大于其他原因引起的弥散角和目标自身对探测器所成夹角之和,所以此时目标的成像角可以近似等于短时随机误差引起的弥散角。为了增强系统的空间分辨率,目前探测器大多都采用焦距大于 200mm 的长焦系统,这就使得探测器在跟踪小目标时,系统短时随机误差引起的目标成像弥撒会导致目标所成的像在数个像元上来回跳动,这给目标像元接收的辐射功率计算带来了不便。为了解决这一问题,假设目标在 N_t 个像元上跳动,且在各个像元上停留相等的时间。在此假设下,任一目标像元接收到的辐射功率 P_t 为[34]

$$P_t = [A_t L_t/N_t + (N_t - 1)A_t L_b/N_t + (A_d R^2/f^2 - A_t)L_b]A_0 \tau_a(R)\tau_0/R^2 + P_p \tag{5-21}$$

式中:A_t 表示探测方向上目标的投影面积;A_d 表示探测器单个像元的面积;A_0 表示探测系统中光学系统的入瞳面积;L_t 表示目标的辐射亮度;L_b 表示背景的辐射亮度;R 表示目标到探测器的距离;f 表示探测器的焦距;$\tau_a(R)$ 表示探测器与目标间的大气透过率;τ_0 表示光学系统的透过率;P_p 表示单个探测器像元接收到的大气路径辐射。

当目标距离探测器很远时,探测系统的短时随机误差引起的弥散角远远大于其他原因引起的弥散角和目标自身对探测器所成夹角之和,所以探测系统总的成像角近似等于短时随机误差引起的弥散角 σ。于是,N_t 可以表示为[36]

$$N_t = \left[\mathrm{ceil}\left(\frac{2f\tan(\sigma/2)}{d} \right) \right]^2 \tag{5-22}$$

式中:f 表示探测系统焦距;d 表示探测器像元尺寸;ceil( ) 表示一函数,功能为舍弃小数部分然后整数部分加 1。

单个背景像元接收到的辐射功率 P_b 为[34]

$$P_b = (A_d R^2 / f^2) L_b (A_0 / R^2) \tau_\alpha(R) \tau_0 + P_p \tag{5-23}$$

单个目标像元和背景像元上的辐射功率差 ΔP 为[34]

$$\Delta P = |P_t - P_b| = |(L_t - L_b)/N_t| A_t A_0 \tau_a(R) \tau_0 / R^2 \tag{5-24}$$

因为每个探测器都有其特定的工作波段 $\lambda_1 \sim \lambda_2$，所以在式（5-24）中 ΔP、L_t、L_b 以及 $\tau_a(R)$ 都是指在该工作波段内的数值。为了简化计算，我们假设目标与背景均为漫射的灰体，则 L_t 和 L_b 可以分别表示为

$$L_t = \frac{1}{\pi} \left[\varepsilon_t \int_{\lambda_1}^{\lambda_2} \frac{c_1 \lambda^{-5}}{\exp[c_2/(\lambda T_t)] - 1} d\lambda + (1 - \varepsilon_t) \int_{\lambda_1}^{\lambda_1} G_{t,\lambda} d\lambda \right] \tag{5-25}$$

$$L_b = \frac{1}{\pi} \left[\varepsilon_b \int_{\lambda_1}^{\lambda_2} \frac{c_1 \lambda^{-5}}{\exp[c_2/(\lambda T_b)] - 1} d\lambda + (1 - \varepsilon_t) \int_{\lambda_1}^{\lambda_1} G_{b,\lambda} d\lambda \right] \tag{5-26}$$

式中：c_1、c_2 表示普朗克定律第一与第二辐射常数；ε_t、ε_b 表示目标与背景的发射率；$G_{t,\lambda}$、$G_{b,\lambda}$ 表示外界对目标和背景的投射辐射。对于目标和背景来说，它们接收的投射辐射是不一样的。就舰船目标而言，投射辐射包括天空辐射、海面辐射以及太阳辐射；就海面背景来说，投射辐射只包括天空辐射和太阳辐射。投射辐射的具体数值还与目标表面朝向、天空云层状况和太阳方位等因素相关。

单个目标像元接收到辐射功率后产生的目标信号电压峰值 V_{ts} 为[34]

$$V_{ts} = P_t \Re = P_t V_n D^* / (A_d \Delta f)^{1/2} \tag{5-27}$$

式中：$\Re$ 表示探测器在工作波段的平均响应度；V_n 表示探测器噪声电压峰值；D^* 表示探测器工作波段内的平均探测度；Δf 表示噪声等效带宽。

探测器工作波段内的平均探测度 D^* 是反映探测器探测能力的一个重要的特性参数，与波段的选择、制作工艺以及探测器材料等因素相关，可以通过对峰值探测度 $D^*(\lambda_p)$ 进行转化得出。通过理论分析以及同类探测器间的比较，可以通过下式来计算 D^*[36]，即

$$D^* = K D^*(\lambda_p) \tag{5-28}$$

式中：K 表示峰值探测度到平均探测度转换系数，与探测器类型和材料相关，对于 HgCdTe 探测器，$K = 0.65 \sim 0.75$；$D^*(\lambda_p)$ 与峰值波长 λ_p、测试背景温度以及探测器材料相关。对于 HgCdTe 探测器，根据文献[29]，在 $3 \sim 5 \mu m$ 波段，峰值探测度 $D^*(\lambda_p)$ 为 $8.5 \times 10^{10} cm \cdot Hz^{1/2} \cdot W^{-1}$；在 $8 \sim 14 \mu m$ 波段，$D^*(\lambda_p)$ 为 $5.0 \times 10^{10} cm \cdot Hz^{1/2} \cdot W^{-1}$。

对于凝视红外探测器来说，噪声等效带宽 Δf 表示为[34]

$$\Delta f = \frac{1}{2 t_{\text{int}}} \tag{5-29}$$

式中：t_{int} 表示探测器的光积分时间。

单个背景像元接收到的辐射功率产生的电压峰值 V_{bs} 为

$$V_{bs} = P_b \mathfrak{R} = P_b V_n D^* \left(\frac{A_d}{2t_{int}} \right)^{-1/2} \tag{5-30}$$

探测器的输出信噪比 SNR 可以表示为[34]

$$\mathrm{SNR} = \frac{V_{ts} - V_{bs}}{V_n} = \Delta P D^* \left(\frac{A_d}{2t_{int}} \right)^{-1/2} \tag{5-31}$$

将式(5-24)代入式(5-31)得

$$\mathrm{SNR} = | (L_t - L_b)/N_t | A_t A_0 \tau_a(R) \tau_0 R^{-2} D^* \left(\frac{A_d}{2t_{int}} \right)^{-1/2} \tag{5-32}$$

考虑到信号在传输中会发生衰减，在式(5-32)的等号右边乘上一个信号衰减因子 δ 来对输出信噪比 SNR 进行修正，表示为[34]

$$\mathrm{SNR} = \delta | (L_t - L_b)/N_t | A_t A_0 \tau_a(R) \tau_0 R^{-2} D^* \left(\frac{A_d}{2t_{int}} \right)^{-1/2} \tag{5-33}$$

当探测器的输出信噪比为系统可检测的最低信噪比 SNR_{DT}（阈值信噪比）时，目标与探测器间的距离就是探测器的作用距离，即

$$R = \left[\delta \left| \frac{(L_t - L_b)}{N_t} \right| A_t A_0 \tau_a(R) \tau_0 \frac{D^*}{\left(\frac{A_d}{2t_{int}} \right)^{1/2} \mathrm{SNR}_{DT}} \right]^{1/2} \tag{5-34}$$

上述方程是关于 R 的隐函数方程，需要通过数值迭代来进行求解。

5.3　液膜流动红外隐身

如 5.1 节内容所述，舰船船体、甲板等大型扩展源壁面在太阳等环境因素作用下往往会产生较大温升，使船体相对于背景成为显著的面源型红外辐射目标。要使舰船达到红外隐身的目的，对船体降温是一个有效方法，而过冷降膜则是一种可供选择的技术途径。过冷降膜技术在能源化工、电子、建筑等多领域已有重要应用，将其应用于舰船红外隐身领域已引起了兵工专家的兴趣[21]。在舰船竖壁表面铺设一层连续流动的过冷液膜，一则可以通过对流换热对舰船壁面进行降温，二则液膜本身可以作为一层红外遮蔽层。过冷液膜的这两种传热效果可有效降低舰船目标的红外辐射，从而达到红外隐身的目的。由于水对 $8 \sim 14\mu m$ 波段的强吸收作用，在液膜覆盖下，垂直壁面的红外辐射将被大部分吸收；垂直壁面所呈现的红外特征主要由液膜表面的红外辐射产生。本节我们将从数学角度，通过一系列简化假设，推导建立垂直流动过冷降膜的温度分布，并分析在流动液膜覆盖下舰船红

外抑制效果。

5.3.1 液膜流动特性

液膜沿垂直壁面的流动是一个复杂的对流扩散过程,要想得到解析解非常困难。由于过冷降膜往往流速低、厚度小、换热作用强,在分析液膜的流动和换热过程中,往往可以提出一些合理的简化假设[37]。

(1) 液膜流动为二维、稳态、常物性。

(2) 液膜已进入充分发展(定型)段,流动为层流,表面无波动。

(3) 忽略液膜的惯性力,认为液膜运动只取决于重力。

同时,本节只是介绍一个推导液膜流动换热解析解的方法,对液膜流动过程中涉及到的蒸发作用暂不作考虑;由于液膜与空气对流换热的换热系数一般较小,在此也不做考虑,即认为液膜表面绝热。这样,我们又得到两条假设。

(4) 液膜的蒸发作用可忽略,且厚度不变。

(5) 液膜自由表面处于绝热状态。

分析液膜稳定成型后的微元体如图 5-6 所示,根据液膜微元体上的重力 $\rho g(\Delta - y)\mathrm{d}x$ 等于作用于其上的黏性力 $\mu(\mathrm{d}u/\mathrm{d}y)\mathrm{d}x$,得

$$\rho g(\Delta - y)\mathrm{d}x = \mu \frac{\mathrm{d}u}{\mathrm{d}y}\mathrm{d}x \tag{5-35}$$

式中:Δ 为液膜整体厚度。

边界条件为

$$y = 0, u = 0 \tag{5-36a}$$

$$\left.\frac{\partial u}{\partial y}\right|_{y=\Delta} = 0 \tag{5-36b}$$

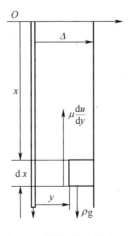

图 5-6 液膜流动示意图

由此可得液膜中垂直于壁面方向的速度分布为[38]

$$u(y) = \frac{\rho g \Delta^2}{2\mu} \left[\frac{2y}{\Delta} - \left(\frac{y}{\Delta} \right)^2 \right] \tag{5-37}$$

对速度分布积分可确定单位宽度上液膜的质量流率[39]，即

$$q_m = \int_0^\Delta \rho u(y) \, \mathrm{d}y \tag{5-38}$$

将式(5-37)代入式(5-38)，可得

$$q_m = \frac{\rho^2 g \Delta^3}{3\mu} \tag{5-39}$$

若定义雷诺数为

$$Re = \frac{4q_m}{\mu} \tag{5-40}$$

将式(5.40)代入式(5.39)，可得液膜厚度为

$$\Delta = \left(\frac{3\upsilon^2}{4g} Re \right)^{1/3} = \left(\frac{3\upsilon q_m}{\rho g} \right)^{1/3} \tag{5-41}$$

5.3.2　恒热流条件下液膜温度场特性

由舰船船体构成的垂直壁面的热状态一般都很复杂，是由多种内在外在条件所决定的。但为了简化问题，使读者更容易掌握分析液膜温度场的方法，我们在此以横热流边界条件作为研究实例，推导解析解，分析红外抑制效果。

对液膜建立能量方程有[40]

$$u(y) \frac{\partial T}{\partial x} = a \frac{\partial^2 T}{\partial y^2} \tag{5-42}$$

式中：a 为热扩散率。

1. 热边界层厚度 δ_t 小于液膜厚度 Δ

由于 $\delta_t < \Delta$，所以液膜表面温度近似为入口温度。边界条件为

$$x = 0, \ T = T_0 \tag{5-43a}$$

$$y = 0, \ -\lambda \frac{\partial T}{\partial y} = q_w \tag{5-43b}$$

$$y > \delta_t, \ T = T_0 \tag{5-43c}$$

$$y = \delta_t, \ \frac{\partial T}{\partial y} = 0 \tag{5-43d}$$

取平板液膜内的温度分布为三次多项式，即

$$T(x, y) = A + By + Cy^2 + Dy^3 \tag{5-44}$$

根据边界条件式(5-43a)、式(5-43b)和 $y = 0, \dfrac{\partial^2 T}{\partial y^2} = 0$,可得 $B = -\dfrac{q_w}{\lambda}, C = 0$,

$D = \dfrac{q_w}{3\lambda \delta_t^3}$, $A = \dfrac{2q_w}{3\lambda}\delta_t + T_0$。代入式(5-44),可以得到液膜的温度分布为

$$T(x,y) = \frac{2q_w}{3\lambda}\delta_t - \frac{q_w}{\lambda}y + \frac{q_w}{3\lambda \delta_t^2}y^3 + T_0 \qquad (5-45)$$

对液膜能量方程式在热边界层 δ_t 内积分,得到

$$\frac{1}{a}\int_0^{\delta_t} u(y)\frac{\partial T}{\partial x}\mathrm{d}y = \int_0^{\delta_t}\frac{\partial^2 T}{\partial y^2}\mathrm{d}y = \frac{\partial T}{\partial y}\bigg|_{y=\delta_t} - \frac{\partial T}{\partial y}\bigg|_{y=0} \qquad (5-46)$$

令 $P = \dfrac{a\mu}{\rho g}$,将速度分布式(5-37)和边界条件式(5-43d)代入式(5-46),得到

$$\frac{1}{P}\int_0^{\delta_t}\left(\Delta y - \frac{1}{2}y^2\right)\frac{\partial T}{\partial x}\mathrm{d}y = -\frac{\partial T}{\partial y}\bigg|_{y=0} \qquad (5-47)$$

根据积分求导法则,有

$$\frac{\mathrm{d}}{\mathrm{d}x}\int_0^{\delta_t}\left(\Delta y - \frac{1}{2}y^2\right)T\mathrm{d}y = \int_0^{\delta_t}\left(\Delta y - \frac{1}{2}y^2\right)\frac{\partial T}{\partial x}\mathrm{d}y + \left(\Delta y - \frac{1}{2}y^2\right)T\bigg|_{y=\delta_t}\frac{\mathrm{d}\delta_t}{\mathrm{d}x}$$

$$(5-48)$$

为方便起见,记

$$F(x,y) = \left(\Delta y - \frac{1}{2}y^2\right)T(x,y) \qquad (5-49)$$

则式(5-48)可简化为

$$\frac{\mathrm{d}}{\mathrm{d}x}\int_0^{\delta_t}F(x,y)\,\mathrm{d}y = \int_0^{\delta_t}\frac{\partial F}{\partial x}\mathrm{d}y + F\big|_{y=\delta_t}\frac{\mathrm{d}\delta_t}{\mathrm{d}x} \qquad (5-50)$$

将式(5-50)代入式(5-47),得到

$$-P\frac{\partial T}{\partial y}\bigg|_{y=0} = \frac{\mathrm{d}}{\mathrm{d}x}\left(\int_0^{\delta_t}F(x,y)\,\mathrm{d}y - T_0\left(\Delta\frac{\delta_t^2}{2} - \frac{\delta_t^3}{6}\right)\right) \qquad (5-51)$$

所以将式(5-51)代入式(5-47),可以得到

$$\frac{\Delta}{15}\delta_t^{\,3} - \frac{1}{72}\delta_t^{\,4} = Px + C_1 \qquad (5-52)$$

利用边界条件 $x = 0, \delta_t = 0$ 可以得到

$$-\frac{1}{72}\delta_t^{\,4} + \frac{\Delta}{15}\delta_t^{\,3} = Px \qquad (5-53)$$

根据式(5-45)、式(5-53)可得出液膜内的温度分布。

90

2. 热边界层厚度 δ_t 与液膜厚度相等时

液膜流经垂直壁面,其入口段长度为

$$x_\Delta = \frac{19\Delta^4}{360P} \tag{5-54}$$

在 $x > x_\Delta$ 时,换热进入充分发展段,此时,热交换边界条件为

$$y = 0, \ -\lambda\frac{\partial T}{\partial y} = q_w \tag{5-55a}$$

$$y = \Delta, \frac{\partial T}{\partial y} = 0 \tag{5-55b}$$

$$x = x_\Delta, y = \Delta, T = T_0 \tag{5-55c}$$

仍取平板内的温度分布为三次多项式,即

$$T(x,y) = A + By + Cy^2 + Dy^3 \tag{5-56}$$

根据边界条件式(5-55),可以得到液膜的温度分布为

$$T(x,y) = A - \frac{q_w}{\lambda}y + \frac{q_w}{3\lambda\Delta^2}y^3 \tag{5-57}$$

将式(5-50)从 0 至 δ_t 积分,可得

$$\frac{1}{a}\frac{\mathrm{d}}{\mathrm{d}x}\int_0^{\delta_t} u(y)T\mathrm{d}y = -\frac{\partial T}{\partial y}\bigg|_{y=0} \tag{5-58}$$

将式(5-57)代入式(5-58)得到

$$A = \frac{3Pq_w}{\lambda\Delta^3}x + \frac{61q_w}{120\lambda}\Delta + C_1 \tag{5-59}$$

将 A 代入式(5-57)化为

$$T(x,y) = \frac{3Pq_w}{\lambda\Delta^3}x - \frac{q_w}{\lambda}y + \frac{q_w}{3\lambda\Delta^2}y^3 + \frac{61q_w}{120\lambda}\Delta + C_1 \tag{5-60}$$

将边界条件带入,最终 $\delta_t = \Delta$ 时得到温度场为

$$T(x,y) = \frac{3Pq_w}{\lambda\Delta^3}x - \frac{q_w}{\lambda}y + \frac{q_w}{3\lambda\Delta^2}y^3 + \frac{61q_w}{120\lambda}\Delta + T_0 \tag{5-61}$$

综上所述得到

$$T(x,y) = \begin{cases} \dfrac{2\sqrt[4]{\frac{360}{19}Pxq_w}}{3\lambda} - \dfrac{q_w}{\lambda}y + \dfrac{q_w}{3\lambda\sqrt{\frac{360}{19}Px}}y^3 + T_0, \delta_t < \Delta \\[4mm] \dfrac{3Pq_w}{\Delta^3\lambda}x - \dfrac{q_w}{\lambda}y + \dfrac{q_w}{3\lambda\Delta^2}y^3 + \dfrac{183q_w}{360\lambda}\Delta + T_0, \ \delta_t = \Delta \end{cases} \tag{5-62}$$

式中：$P = a\mu/\rho g$；T_0 为液膜入口温度；T_w 为壁面温度；δ_t 为液膜热边界层厚度；Δ 为液膜厚度。式(5-62)表达了在垂直壁面恒热流边界条件下液膜的温度分布规律及影响因素。

5.3.3 红外抑制效果分析

获得流动液膜的温度分布后，便可分析在液膜覆盖下，船体钢板红外辐射特征的抑制效果。下面以一个例题的形式向大家介绍液膜流动对控制具有恒热流边界条件的舰船垂直壁面红外特征的抑制效果。

例5.1 液膜取自表层海水，海水与空气温度相同，都是 $T_0 = 20\,℃$，假设垂直壁面具有恒热流边界条件，且热流密度 $q_w = 150\,\mathrm{W/m^2}$，在无液膜覆盖的情况下，垂直壁面与空气进行对流换热，对流换热系数为 $h = 30\mathrm{W/(m^2 \cdot ℃)}$。试通过改变液膜入口流量，计算分析对垂直壁面红外抑制效果。

作为验证，我们选取 Saouli 对倾斜板层流降膜流动的温度分布的研究结果进行对比。Saouli 关于液膜流经垂直或倾斜壁面的解析解为[41]

$$\theta(X, Y) = \frac{3}{2}X + \frac{3}{2}\left(\frac{Y}{2} - 1\right)Y - \frac{1}{8}(1 - Y)^4 + \frac{63}{120} \tag{5-63}$$

式中：$X = \dfrac{ax}{u_m \Delta}$，$u_m$ 为液膜表面处的流动速度，也是最大速度，且 $u_m = \dfrac{\rho g \Delta^2}{2\mu}$；$Y = \dfrac{y}{\Delta}$；$\theta(X, Y) = \dfrac{T(x, y) - T_0}{q_w \Delta/\lambda}$。

取液膜的质量流率为 $q_m = 0.025\mathrm{kg/(ms)}$，壁面长度为1m，经计算，将本文所得解析解与 Saouli 解析解做对比(图5-7)，随着液膜流动距离增大垂直壁面铺设的液膜温度以及壁面温度都逐渐升高；两个解析解计算结果一致，说明本节通过简

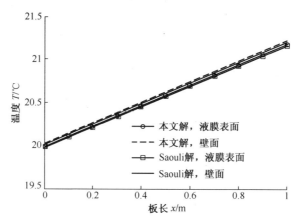

图5-7　液膜表面温度和壁面温度对比图

化假设所得到的液膜沿垂直壁面流动温度分布的积分解是准确的。

如前文分析,由于液膜对红外辐射有着强烈的吸收作用,在液膜覆盖下垂直壁面的红外辐射可忽略;垂直壁面的红外特征取决于液膜表面的温度分布。我们通过改变流量观察液膜对壁面温度的控制效果。

由图 5-8(a)~(d)可见,在未覆盖液膜时,壁面以对流换热的方式与空气进行热交换,由于假定环境温度和对流换热系数不变,这样可得到恒定的壁面温度 $T_w = 25℃$,而环境温度为 $T_0 = 20℃$,壁面与环境之间具有5℃的温差。在覆盖液膜后我们发现,液膜温度近似等于壁面温度;液膜表面温度随着液膜入口流量的增加呈降低趋势,取入口流量分别为 0.01kg/ms、0.02kg/ms、0.03kg/ms、0.04kg/(ms),此时得到的液膜表面最大温度分别为 23.57℃、21.78℃、21.18℃、20.88℃,平局温度分别为 21.93℃、20.96℃、20.64℃、20.47℃,与环境的平均温差分别为 1.93℃、0.96℃、0.64℃、0.47℃。由此可见,流动液膜对于抑制舰船壁面的红外特征具有较好的效果。

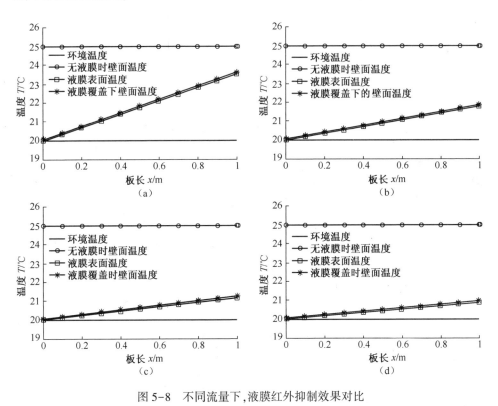

图 5-8　不同流量下,液膜红外抑制效果对比
(a) $q_m = 0.01$kg/(ms);(b) $q_m = 0.02$kg/(ms);
(c) $q_m = 0.03$kg/(ms);(d) $q_m = 0.04$kg/(ms)。

5.4 细水雾红外隐身技术

细水雾红外隐身技术,是利用细水雾雾滴的吸收与散射作用来衰减或屏蔽舰船表面(如船体、甲板、上层建筑等)的红外辐射,达到红外抑制的目的。究其物理过程,则是红外辐射在有参与性介质(水蒸气、二氧化碳)和粒子系(雾滴)组成的气液两相流中的传输衰减。这个问题最终会转化成求解辐射传递方程(Radiative Transfer Equation,RTE),以及辐射换热与其他传热传质过程的耦合特性。与此同时,细水雾红外隐身技术往往受到成雾系统和自然环境的影响。对于水面舰船而言,海面工况是其特定的工作条件,而海面的风速、温度、大气湿度等都是影响细水雾实际热遮蔽效果的因素。从理论和数值方法入手分析上述问题都具有较大的难度,限于本书的篇幅,暂不做论述。本节是采用实验研究的手段分析这些因素对于细水雾红外隐身技术的影响。

5.4.1 细水雾红外隐身影响因素分析

1. 实验工况

由于条件有限,实船实验尚有难度。本章是用一套实验室级别的水喷雾热遮蔽系统。以中温黑体炉作为目标源(图5-9),以红外热像仪作为红外探测设备(图5-10),以喷嘴阵列作为雾状幕的产生终端(图5-11),模拟细水雾对舰船目标的红外遮蔽(图5-12)。红外辐射强度的测量仪器 E320 热像仪的工作波段为 $7.5 \sim 13\mu m$,而目标黑体炉的温度可调范围为 $16 \sim 100℃$。将目标体 $30℃$、$40℃$、$50℃$、$60℃$、$70℃$、$80℃$、$90℃$ 工况下在 $7.5 \sim 13\mu m$ 波段的单色辐射力表示为图5-13。由图可知,$7.5 \sim 13\mu m$ 是辐射体的能量集中波段。限于黑体炉所能提供的目标温度范围和热像仪的工作波段,本实验只设计了细水雾对目标从常温到 $100℃$ 范围内的遮蔽效果及 $7.5 \sim 13\mu m$ 波段的谱带透射率。

图5-9 E320 红外热像仪

图5-10 黑体炉

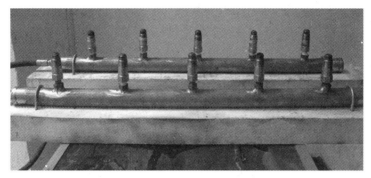

图 5-11　喷嘴阵列实物图

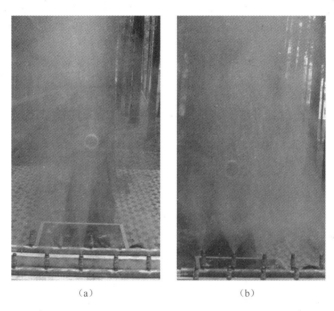

（a）　　　　　　　　　　　（b）

图 5-12　喷雾实况图

（a）0.41mm 口径喷嘴阵列；（b）0.71mm 口径喷嘴阵列。

　　细水雾热遮蔽的效果受到多种因素的影响,主要包括系统自身因素和环境因素两种。系统自身因素主要为喷嘴口径、喷雾压力和流量、喷雾浓度、喷雾厚度、不同的喷雾射程高度和雾滴喷射方向(向上喷射/向下喷射)等;环境因素主要为风、环境温度、太阳辐射等。

　　舰船表面如船体、甲板、上层建筑等的温度变化很大程度上取决于太阳辐射,而在本实验中采用黑体炉作为目标并设定固定温度,因此不需要太阳辐射。在晴朗的白天做实验时,由于其他物体如建筑、树木等的反射作用会影响实验的准确性,因此实验时间选择在无太阳辐射的晚上进行。实验场地则选择在空旷环境下,

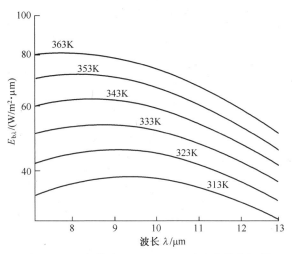

图 5-13　目标体在 7.5～13μm 波段的单色辐射

以便于雾滴蒸发与扩散。大气压力恒为 0.101MPa,环境温度、空气相对湿度和风速因时段不同处于变化中,分别采用温度计、干湿计和热线式风速仪测定,具体工况参数如表 5-2 所列。

表 5-2　环境工况

实验时段	空气温度	相对湿度	空气流速	大气压力
19:00～21:00	22～29℃	80%～95%	0～5m/s	0.101MPa

5.4.2　实验分析

1. 不同口径喷嘴阵列的热遮蔽效果

由于不同的喷嘴口径将产生不同流量、浓度的细水雾,因此必然产生不同的热遮蔽效果。在无风环境下,为避免太阳辐射的干扰,选在晚上实验。将黑体炉设定在 70℃,分别采用两种不同的喷嘴阵列,每个喷嘴阵列分别施加 0.8MPa 的压力对黑体炉进行喷雾热遮蔽,0.41mm 口径喷嘴阵列的喷水流量为 120L/h,而 0.71mm 口径喷嘴阵列的喷水流量为 180L/h。它们的遮蔽效果如图 5-14 所示。

彩图 5-14 乃至后述的喷雾实验热遮蔽效果图中,高亮点为目标(黑体炉),背景环境(蓝色区域)为细水雾对空气的遮蔽热像图。

由图 5-14(a)可见,在未加细水雾遮蔽的情况下,由于误差的存在,由 E320 热像仪测定的黑体炉辐射温度为 69.6℃,基本等于设定的工作温度 70℃,其与背景环境(温度为 28℃)辐射的对比度为 0.8071;0.41mm 口径喷嘴阵列开启后,在细水雾的遮蔽下,黑体炉的辐射温度约为 40.4℃,降低了 29.2℃,换算成辐射的半球谱段透过率为 66.95%,而辐射对比度为 0.2314,如图 5-14(b)所示;关闭

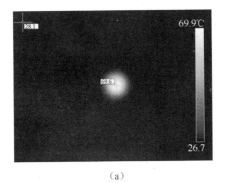

（a）

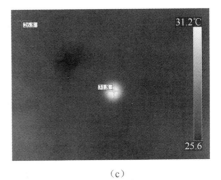

（b）　　　　　　　　　　　　　　　（c）

图 5-14　喷嘴阵列遮蔽效果的对比

（a）未加遮蔽;（b）0.41mm 口径喷嘴阵列;（c）0.71mm 口径喷嘴阵列。

0.41mm 口径喷嘴阵列,开启 0.71mm 口径喷嘴阵列,发现黑体炉的辐射温度约为 31.8℃,降温 37.8℃,半球谱段透过率为 58.69%,而辐射对比度降为 0.083,如图 5-14（c）所示。由此可知,0.71mm 口径喷嘴阵列由于口径大,产生的喷水流量和雾滴浓度都大于 0.41mm 口径喷嘴阵列,而其遮蔽效果也明显要好,本实验后续研究也将采用 0.71mm 大口径喷嘴阵列。

2. 不同细水雾厚度的热遮蔽效果

将 0.71mm 口径喷嘴阵列纵向遮蔽黑体炉目标,依次开启 1 个、2 个、3 个、4 个、5 个喷嘴,产生不同厚度的细水雾。根据前文计算,该种喷嘴在喷射射程 20cm 处产生的水雾厚度为 25.5cm,而由 5 个喷嘴组成的喷嘴阵列在平行方向（纵向）上产生的水雾厚度 100.1cm。依次开启 1~5 个喷嘴,则分别产生了 25.5cm、44.1cm、62.8cm、81.4cm、100.1cm 厚度的水雾。这 5 种厚度的细水雾对 70℃黑体炉目标的遮蔽效果如彩图 5-15（a）~（f）所示,其中图 5-15（a）为未加遮蔽红外热像图。

由图 5-15 可见,在不同细水雾遮蔽下,黑体炉的辐射温度分别下降了 38.4℃、38.8℃、40.3℃、42.6℃、43℃,4 层水雾（81.4cm）遮蔽下目标与背景的温

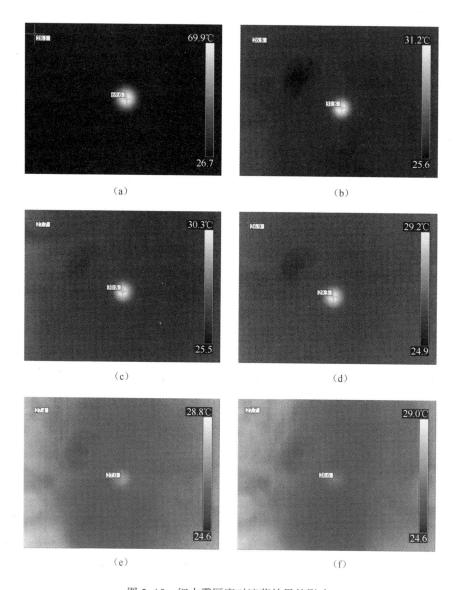

图 5-15　细水雾厚度对遮蔽效果的影响

（a）未加遮蔽；（b）25.5cm 厚度；（c）44.1cm 厚度；（d）62.8cm 厚度；（e）81.4cm 厚度；（f）100.1cm 厚度。

差仅为 0.4℃，由此可见，细水雾的热遮蔽效果非常好。

　　将图 5-16 中各图的谱带半球透射率和辐射对比度变化情况表示为图 5-16 和图 5-17。由图 5-16 可知，细水雾厚度的加大对目标辐射透射率的影响不大，这主要是由于大气辐射的存在，辐射透射率存在极限，水雾厚度为 80cm 时已基本达到辐射透射率的极限值。由图 5-17 所示可知，辐射对比度并不随水雾厚度的增大而单调降低,在水雾厚度为 100.1cm 时目标相对于背景的辐射对比度反而大于 81.4cm 厚度时的辐射对比度。这是由于水的温度小于空气温度或由于雾滴蒸发降温,使得水雾区域温度低于背景温度,辐射对比度反而增大。这说明,水雾热遮蔽时并非厚度越大越好,应以目标与背景的最佳融合为目的。

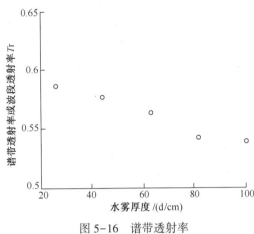

图 5-16　谱带透射率

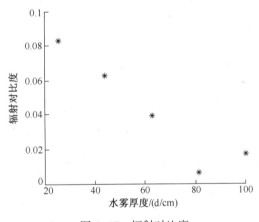

图 5-17　辐射对比度

3. 喷嘴阵列不同喷射方向的热遮蔽效果

细水雾经高压喷射产生雾状幕,一般可采用两种喷射方向,即向上喷射和向下喷射,如图 5-18 所示。两种喷雾方式的压力和流量变化相同,但热遮蔽效果是否相同有待研究。以单层 0.71mm 口径喷嘴阵列为例,采用向上喷射和向下喷射两种方式对 70℃ 的黑体炉进行热遮蔽,黑体炉位于细水雾 60cm 高度处,遮蔽效果如彩图 5-19(a)、(b)所示。

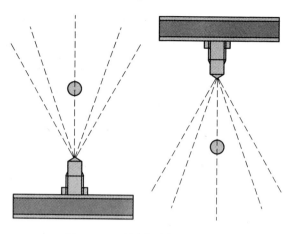

图 5-18　不同喷雾方向示意图

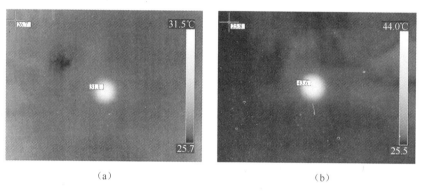

（a）　　　　　　　　　　　　　　　（b）

图 5-19　不同喷雾方向的遮蔽效果

（a）向上喷射；（b）向下喷射。

根据图示，向上喷射和向下喷射两种方式可以使 70℃ 黑体炉的辐射温度分别降为 31.1℃ 和 43.6℃。由此可见，向上喷射方式的热遮蔽效果要明显好于向下喷射。文献[42,43]通过数值仿真的方法获取了与本实验相同的结论，其对此现象的解释是，向上喷射的雾滴会由于重力作用产生沉降，利于雾化弥散，使得细水雾的浓度更大，因此消光系数也更大。本文实验结果可以支持文献[42,43]的结论。

4. 不同喷雾高度上的热遮蔽效果

高压高速水流从喷嘴喷孔处向上喷射雾化，其运动与蒸发过程如文献[44,45]所表述。然而，细水雾不同高度位置上的热遮蔽效果有何不同，却是一个值得探索的问题。分别选择在细水雾 30cm、60cm、90cm、120cm 高度处对 70℃ 黑体炉目标进行遮蔽，如图 5-20 所示。

细水雾不同高度处对黑体炉热辐射的遮蔽结果如彩图 5-21(a) ~ (d)所示。

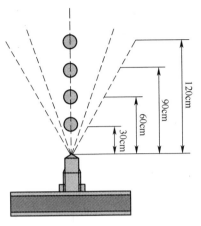

图 5-20 细水雾不同高度处热遮蔽示意图

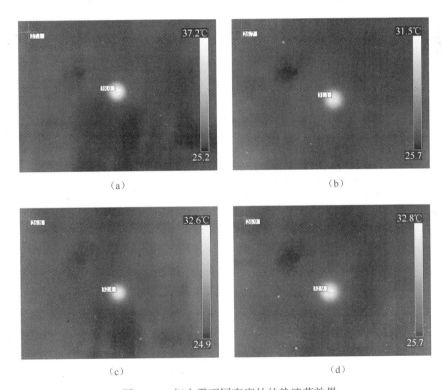

图 5-21 细水雾不同高度处的热遮蔽效果

(a) 30cm;(b) 60cm;(c) 90cm;(d) 120cm。

在细水雾的遮蔽下,黑体炉的辐射温度由 70℃(图 5-14(a)和图 5-15(a))降为 38.0℃、31.1℃、32.4℃和 32.9℃。直观分析可见,细水雾 4 个所选位置中 30cm

高度处的遮蔽效果最差;而60cm高度处遮蔽效果最好;60cm、90cm、120cm 3 个高度位置的热遮蔽效果依次下降。

对以上现象究其原因,主要是细水雾粒径和浓度大小的变化导致的。雾滴向上运动过程中,粒径和数密度由于蒸发而不断变化,较小粒径的雾滴在向上运动过程中会蒸发殆尽,但对于较大粒径的雾滴则可能会在重力作用下产生沉降,从而增大了某高度上的细水雾浓度。雾滴粒径在喷嘴出口处最大,但此时粒径远大于"光学最佳消光粒径",雾滴的消光效率并不大,虽然单个雾滴的消光能力(即消光截面)较大,但所有由于雾滴数密度较小而导致总的消光能力较小;随着雾滴不断运动蒸发,粒径逐渐接近"光学最佳消光粒径",就单个雾滴而言,消光效率增大,同时,由于雾滴沉降,数密度有所增加,因此出现了细水雾热遮蔽效果随着喷射高度先增大后减小的现象。

5. 风干扰下细水雾的热遮蔽效果

选择在有风的环境下做实验,观察风的扰动对热遮蔽的影响。以 0.71mm 口径喷嘴阵列为例,水雾单层喷射,横向遮蔽黑体炉,实验时间为无太阳辐射的晚上,通过热线式风速仪测定风速为 4.3m/s。

彩图 5-22 为无风和有风工况下细水雾热遮蔽效果,无风工况使得70℃黑体炉的辐射温度下降了 31.6℃,而有风工况只使得黑体炉辐射温度下降了 26.1℃。对比分析可见,风的扰动对细水雾的热遮蔽能力破坏较为严重。

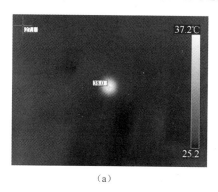 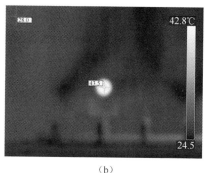

(a)　　　　　　　　　　　　(b)

图 5-22　风扰动下细水雾的热遮蔽效果

(a) 无风环境;(b) 有风环境。

由于风的存在,雾滴被大量吹散,破坏了细水雾的弥散状态,细水雾喷射后难以形成完整的雾状幕,其产生的有效遮蔽面积减小;同时,由于空气流动的加大,使得雾滴蒸发加速,不利于形成弥散状雾状幕。因此,舰船上的细水雾红外抑制系统要充分考虑风速或由于舰船行进产生的相对空气流动,同时需通过增加水雾厚度抵消风的影响。

6. 细水雾遮蔽的冷热目标效应

实验中采用了黑体炉代替实际舰船目标,设定的温度为 30~80℃,一般比环境温度高 10~50℃,而喷雾工质为水,其在环境中充分放置后温度与环境温度相当。当太阳辐照不强时,水的温度一般小于环境温度;当太阳辐照强烈时,其温度又往往会高于环境温度。当采用与环境温度不同的细水雾遮蔽目标时,会由于水雾自身温度及雾滴蒸发降温产生不同的遮蔽效果。

在白天有太阳辐照的环境下实验,目标在未遮蔽前的辐射温度为 70℃。在细水雾的遮蔽下,目标的辐射温度都在一定程度上得到了抑制,彩图 5-23(a)、(b)中目标的辐射温度分别降为 23.5℃ 和 24.7℃。但在图 5-23(a)中细水雾喷射之后造成了低温区,细水雾遮蔽区域的辐射温度明显低于环境辐射温度,此时,细水雾本身成为了冷目标;图 5-23(b)中可以看出,细水雾喷射之后辐射温度高于环境辐射温度,细水雾本身成为了热目标。本文在第 4 章通过设定环境温度、湿度、目标辐射等条件,分析了细水雾热遮蔽过程可能出现的冷、热目标现象。在数值分析中,出现冷、热目标现象的原因是目标辐射加热与对流降温的相对强弱对细水雾温度场产生的作用;实际的细水雾热遮蔽过程,目标热辐射强度一般较弱(扩展源目标的温度一般低于 100℃,与环境温度相差不大),而由于细水雾喷射速度较大,对流和蒸发作用很强,产生的降温作用很强。因此,细水雾遮蔽热辐射的过程容易出现冷目标现象,图 5-23(a)中热目标现象是由于水的温度高于环境温度造成,而非由目标热辐射的加热作用。

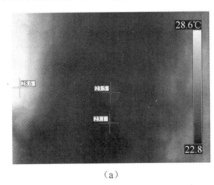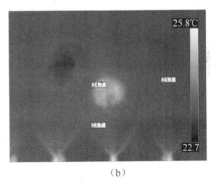

图 5-23　细水雾产生的冷、热目标效应
(a) 冷目标;(b) 热目标。

7. 细水雾热遮蔽的弛豫现象

细水雾直接喷射在船体上可以实现对船体更好的冷却效果。然而,直接喷雾降温却同时存在两个缺点[46,47]:一是考虑到舰船的正常工作及腐蚀等因素,不可能持续对舰船进行喷射,而由于导热、对流等传热速度的限制,直接喷雾冷却需要相对较长的降温时间,在瞬息万变的现代战场上,这种相对较长时间的红外抑制

过程往往会导致红外隐身效果大打折扣；二是喷雾用水来自海水，其温度往往低于环境温度，加之雾滴及液膜的蒸发降温，很容易导致船体温度低于背景温度，虽然达到了红外抑制的作用，但却使舰船形成冷目标，不能起到红外隐身的目的。

细水雾对目标热辐射的遮蔽衰减虽然也存在冷目标现象，但由于雾滴与船体不直接接触，而是直接在空气中弥散或蒸发，因此冷目标效应要弱于喷雾降温；即使喷雾遮蔽形成冷目标，由于雾滴是弥散无序状态，冷目标区不会具有船体的热图像特征。因此，从某种意义上讲，细水雾热遮蔽技术弥补了直接喷雾降温的第二个缺点。热辐射在细水雾中的传输衰减等于光的传播速度，因此细水雾热遮蔽是即时性的。然而，采用高压喷嘴对水进行雾化的过程仍然需要短暂的时间，在此称其为弛豫时间(Relaxation Time)。安全状态下，安装于舰船的水雾红外抑制系统也是不宜喷雾的，只有当预警系统发现来袭导弹或进入危险海域才会启动喷雾系统。然而，完成压力储备、传播及水的雾化弥散需要一段时间，即弛豫时间。虽然这段时间小于直接喷雾降温所需时间，但却不容忽略。产生弛豫时间的原因主要与管路长度、雾化压力和雾化弥散有关。管路越长，则需要的压力储备时间越长；雾化压力决定了水雾的喷射高度，不同喷射高度的细水雾，其雾滴弥散时间也不同。由于管路长度已固定，而雾化弥散过程是源于雾滴漂移、沉降等不可控因素，取决于雾化压力和喷嘴口径等因素，因此本节只研究雾化压力、喷嘴口径与弛豫时间的关系。

将红外热像仪连接到计算机上，从启动喷雾开关开始，以目标辐射温度产生跃变并稳定在某温度值正负 1℃ 作为判定细水雾完成热遮蔽红外抑制耗时判据，采用视频采集卡实时记录消光过程的，并采用秒表计量弛豫时间。图 5-24 为两种口径喷嘴进行细水雾热遮蔽时弛豫时间与雾化压力的关系。由图可见，弛豫时间与雾化压力之间近似成正比；在雾化压力范围内，0.71mm 口径喷嘴的弛豫时间为

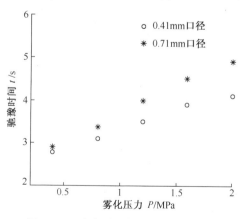

图 5-24　弛豫时间与雾化压力的关系

2.9~5s 之间,0.41mm 口径喷嘴的弛豫时间为 2.8~4.1s,说明大口径喷嘴进行喷雾热遮蔽的弛豫时间要大于小口径喷嘴。

思　考　题

1. 试根据实际物体辐射力的计算公式(斯蒂芬-玻尔兹曼定律及其修正)定性分析舰船红外隐身的可行的技术手段。

2. 试分析过冷降膜除了通过降温途径达到舰船红外抑制作用外,还有什么物理作用也可有效降低舰船红外辐射强度?

3. 试分析提高水雾遮蔽红外隐身技术效果的主要途径。

4. 试分析过冷降膜、细水雾等红外隐身技术的优缺点。

5. 讨论:其他可行的舰船红外隐身技术措施。

参 考 文 献

[1] 叶玉堂,刘爽.红外与微光技术[M].北京:国防工业出版社,2010.

[2] 刘兴堂,戴革林.精确制导武器与精确制导控制技术[M].西安:西北工业大学出版社,2010.

[3] Vaitekunas D A,Lexan K A.SHIP IR /NTCS:a naval ship infrared signature countermeasure and threat engagement simulator[C].Proceeding SPIE,1996,2744:411-424.

[4] Fraedrich D,Stark E.Shirp IR model validation using NATO SMVEX experiment results[C].Proceeding SPIE,2003,5075:49-59.

[5] Thompson J,Vaitekunas D. IR signature suppression of modern naval ships [Z]. ASNE 21st Century Combatant Technology Symposium,1998,1:27-30.

[6] 侯振宁.舰艇的红外隐身技术[J].舰船电子对抗,2001,6:24-28.

[7] Schmidt R N. Infrared diffuse reflector coating[R]. AD-802201,1967.

[8] 胡传炘. 隐身涂层技术[M]. 北京:化学工业出版社,2004.

[9] Supcoe R F. Formulation for producing low infrared coating in the2-15 micron range[P]. U. S. patent:4289677,Sep. 15,1981.

[10] Supcoe R F. Blue-gray low infrared emitting coating [P]. U. S. patent:4311623,Jan. 19,1982.

[11] Sowell D A. Low solar absorbing nonskid composition and applied configuration for a flight deck [P]. U. S. patent:6779476B1,Aug. ,24,2004.

[12] Christoph J B,Christoph W. A low－bandgap semicon-ducting polymer for photovoltaic devices and infrared emitting diodes[J]. Advanced Functional Materials,2002,12(10):709-712.

[13] Tului M,Valle R. Composite with a low emissivity in the medium and far infrared,and with a low reflectivity in the visible and near infrared[P]. U. S. patent:7070857,Aug. , 12,2006.

[14] W R Davis Engineering Limited. Sea Water Injection (SWI) plume cooling system [EB/OL]. http://www.wrdavis.com/SWI_PCS.html,2008-06-15.

[15] 袁江涛.发动机排气喷雾降温技术的试验研究与数值模拟[D].武汉:海军工程大学,2009.

[16] 徐杲.水雾降温红外抑制机理数值计算研究[D].上海:上海交通大学,2007.

[17] 阎维平,叶学民,李洪涛.液体薄膜流的流动和传热特性[J].华北电力大学学报,2005,32(1):59-65.

[18] 师晋生,施明恒.下降液膜层流换热发展段中的积分分析[J].应用力学学报,2000,17(1):54-59.

[19] 钱焕群,胡志华,孙贺东,等.下降液膜流动模型及稳定性分析[J].热能动力工程,18(1):82-85.

[20] 师晋生,张巧珍,刘振义,等.下降液膜在逆向流动空气作用下的换热[J].应用力学学报,2003,20(4):55-60.

[21] Thompson J,Vaitekunas D A,Brooking G. Signtrue management-the pursuit of stealth lowering warship signtures:Electromagnetic and infrared[C]. London:Proceedings of SMi Conference - Puisuit of Stealth,2000.

[22] 杜永成,杨立,张士成.多分散细水雾遮蔽红外辐射的数值分析[J].红外与激光工程,2013,42(8):1967-1972.

[23] 高凯,沈卫东,宋思洪,等.水雾多光谱隐身实验研究[J].光电技术应用,2004,(1):35-38.

[24] 袁江涛,杨立,谢骏,等.基于Mie理论的水雾粒子多光谱消光特性研究[J].光学技术,2007,32(3):459-461.

[25] 许波,时家明,汪家春,等.水雾遮蔽性能的计算和分析[J].红外与激光工程,2005,34(1):38-41.

[26] 刘庆文,王宏亮.谈隐形技术在军舰上的应用[N].中国国防报,2003-03-25(3).

[27] 金伟其,张敬贤,高稚允,等.热成像系统对扩展源目标的视距估算[J].北京理工大学学报,1996,16(1):25-30.

[28] 金伟其,高稚允,胡士凌,等.热成像系统视距模型中景物辐射特性研究[J].北京理工大学学报,1995,15(4):393-398.

[29] 高稚允,高岳,张开华.军用光电系统[M].北京:北京理工大学出版社,1995.

[30] 崔万照,马伟,邱乐德,等.电磁超介质及其应用[M].北京:国防工业出版社,2008.

[31] 吴小平,周起勃,邬敏鸣,等.红外焦平面凝视热成像系统评估方法研究[J].红外与毫米波学报,1993,12(4):249-253.

[32] 裴旭,马东立.红外成像导引头发现与识别概率计算[J].红外与激光工程,2005,34(3):253-256.

[33] 王兵学,周昭明,张启衡,等.凝视型红外搜索跟踪系统探测能力的分析[J].光电工程,2004,31(6):52-55.

[34] 王兵学,张启衡,陈昌彬,等.凝视型红外搜索跟踪系统的作用距离模型[J].光电工程,2004,31(7):8-11.

［35］ 王兵学,张启衡,刘玉清,等 . CCD 探测器搜索跟踪系统的作用距离分析［J］. 光电工程,
2004,31(11):12-15.

［36］ 王兵学,张启衡,王敬儒,等 . 凝视型红外搜索跟踪系统作用距离模型中参数值的确定
［J］. 红外技术,2004,26(3):6-10.

［37］ 王秋旺.传热学重点难点及典型题精解［M］.西安:西安交通大学出版社,2001.

［38］ Nusselt W. Die Oberflachencondensation des Wasserdampfes［J］.VDI,1916,60:541-546.

［39］ 弗兰克 P. 英克鲁佩勒,大卫 P. 德维特,狄奥多尔 L. 伯格曼,等.传热和传质基本原理
［M］.北京:化学工业出版社,2007.

［40］ 贾力,方肇洪,钱兴华.高等传热学［M］.北京:高等教育出版社,2007.

［41］ Saouli S.Second law analysis of laminar falling liquid film along an inclined heated plate［J］.International Communications in Heat and Mass Transfer,2004,31(6):879-886.

［42］ Lechêne S,Acem Z,Parent G,et.al.Upward vs downward injection of droplets for the optimization of a radiative shield［J］.International Journal of Heat and Mass Transfer,2011(54):1689-1697.

［43］ Lechêne S,Acem Z,Parent G,et al.Radiative shielding by water mist : comparisons between downward, upward and impacting injection of droplets［J］.Journal of Physics:Conference Series,369(2012):012027.

［44］ Beck J C,Watkins A P.On the development of spray submodels based on droplet size moments
［J］.Journal of Computational Physics,2002,182:1-36.

［45］ Grant G,Brenton J,Drysdale D,et al.Fire suppression by water sprays［J］.Progress in Energy and Combustion Science,2000,26:79-130.

第6章　舰船尾流温度场与红外成像特征

6.1　概　　述

近年来,随着红外探测技术的不断进步,红外热像仪的最小可分辨温差已接近 0.001℃。因此,持续时间 1~6h、温差高达 0.05~0.5℃ 的舰艇和潜艇尾流(冷或热)能被安装于卫星或飞机上的红外热像仪探测出来。Peltzer 等[1]（1987）利用机载红外热像仪对 Hayes 号双体船的尾流进行红外遥感测量,尾迹呈现一条细长的黑线,可远至 5km。利用潜艇产生的水面冷热特征的红外反潜技术,由于其观测范围大、抗电子干扰强、隐蔽性好、被动工作、实时成像、成像分辨率高等优点,目前,已经成为美国等军事大国正在构筑的立体反潜作战体系的重点技术之一。据《亚洲时报》报道,美国目前正在大力发展"非声学探测猎潜"项目,主要着眼于用激光、红外以及卫星技术猎潜[2]。据报道,美国早在 1976 年 4 月发射的用于海洋监测的"白云"卫星上就装有红外传感器,此传感器的任务之一就是探测潜艇的热尾迹。在 1984 年,美国海军海洋学者保罗在乘"挑战者"号航天飞机上天时,就成功探测到其他国家潜艇的尾迹。1990 年 2 月 28 日,美军发射的"锁眼"KH-12 光学侦察卫星其红外探测的空间与温度分辨率分别为 0.6m 与 0.1℃,瞬时观察幅宽 40~50km,可对我港口驻泊、水面状态(潜望镜、通气管)航行的潜艇实施侦察。据报道,国外机载前视红外装置(FLIR)可以在几千米的高空探测水下 40m 的潜艇。例如,美军 P-3C 侦察机上配备了 AN/AAR-36A 型红外探测仪,当飞行高度为 150~300m 时,AAS-36 型红外探测仪能测出 0.001℃ 的海水温度变化(图 6-1 和图 6-2)。

常规潜艇在通气管航态时,高温废气在水下排放,形成的气泡羽流浮升至海面后,引起海面温度升高,形成明显的红外辐射特征。潜艇航行过程中由于反应堆产生的大量热量 80% 都通过冷却水带走排放到海洋环境中,在浮升力作用下,这些温热的海水将浮升到海洋表面形成明显的温度异常,称为热尾流。Wren（1997）、张键（2008、2009）等[3-5]研究表明排放冷却水将引起尾流区域与周围海区大面积的温差异常,这种温差有时高达 0.005~0.1℃,温差信号甚至可以持续数 km,很容易被高分辨率的红外探测系统发现。

在夏季,海洋表层在垂直方向上存在着一定温度分层,水面舰艇或潜艇航行后,由船体及螺旋桨产生的漩涡会将海面下的冷水翻滚至海面,使海面尾流区域中的温度较之周围海水温度低,形成"冷尾流",能形成更强的红外信号异常[6,7]。在 0~20m 水层温差为 0.2℃的条件下,采用制冷型的红外探测器可在高空探测出在通气管状态、潜望镜状态的潜艇尾迹,尾迹在 1h 后仍可测到,如图 6-3 所示。实验发现,潜艇尾迹都是"冷迹",因此,形成潜艇尾迹的主要原因是船体对水的扰动,将下层海水扰到水面而形成的。

图 6-1　P-3C 驾驶舱下方红外前视搜索装置

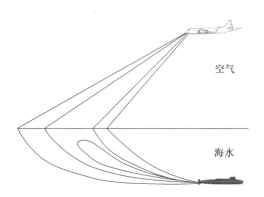

图 6-2　潜艇可探测热尾流形成过程

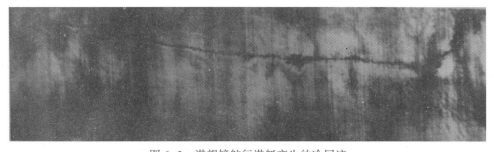

图 6-3　潜望镜航行潜艇产生的冷尾迹

潜艇在水下巡航过程中会造成水流扰动,形成尾流,这种尾流扩散到海面上就会形成特性波纹,如 Kelvin 波等。张士成等(2011)[8]研究发现由于尾流区海面的发射率、反射率与海洋背景不同,尾流区的红外辐射特征也将不同,特别是在天空和太阳等辐射的作用下,尾迹波纹对外界投射辐射将产生明显的反射和散射,也将形成不同于海洋背景波浪的红外特征。因此,开展水面舰艇和潜艇尾流温度场及其红外特征的成因、影响因素和控制技术研究,对遥感探潜和舰船尾流控制具有重要的军事应用价值。

水面舰船的尾流区主要分为三个区:Kelvin 波系、近场尾流区和远场尾流区,如图 6-4 和彩图 6-5 所示。其中在远场尾流区是湍流尾迹,它呈一条狭长的带状。在一般大风情况下,周围海面很不平静,而湍流尾迹表面相对于周围海面却显得十分平滑[5](图 6-6)。NASA 公布的普通高空照片显示该平滑区域最大可以远至船后 100km。由于湍流尾迹表面粗糙度与周围海面不同,可视为平静海面,由海面发射率的计算结果可知,平静海面的发射率随天顶角的变化趋势不同于周围粗糙海面,辐射特性因而会存在一定的差异,这一差异特性为从海面粗糙度方面对尾迹进行红外探测提供了新的思路。在这一方面,Schwartz 和 Priest 已做过初步的研究[9],但其仅限于红外探测器成像结果显示尾迹温度比周围粗糙海面温度高的一种情况。实际中,由于海面气象环境因素的变化,湍流尾迹的红外特征会出现多种变化。

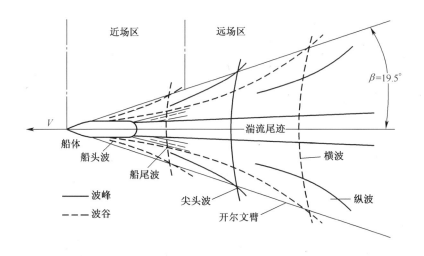

图 6-4　舰船尾流区示意图

图 6-5　典型的舰船尾流区

图 6-6　舰船湍流尾迹

6.2　舰船热尾流的数学模型

　　舰船航行及其排放冷却水涉及三维紊动射流、传热、传质、状态变化等多种复杂过程,其中每个过程都有基本的控制方程,将这些控制方程和物理过程进行有机结合,即可得到热尾流的数学模型。

6.2.1　基本控制方程

1. 连续性方程

将流体视为由流体质点组成的连续介质,根据质量守恒定律,得到连续性方程

$$\frac{\mathrm{d}\rho}{\mathrm{d}t} + \rho\,\frac{\partial u_i}{\partial x_i} = 0 \qquad (6-1)$$

2. 运动方程

流体粒子在运动中遵守动量守恒定律,即牛顿第二定律,其张量形式可写成

$$\frac{\partial u_i}{\partial t} + u_j\,\frac{\partial u_i}{\partial x_j} = f_i + \frac{1}{\rho}\,\frac{\partial \tau_{ij}}{\partial x_j} \qquad (6-2)$$

式中:f_i 为质量力;τ_{ij} 为表面应力,为二阶张量。根据黏性作用的应力张量和应变张量之间的关系,对于不可压缩流体,则有

$$\tau_{ij} = -p\delta_{ij} + 2\mu S_{ij} \qquad (6-3)$$

式中:p 为静压力;δ_{ij} 为克罗内克符号;μ 为动力黏性系数;S_{ij} 为应变变化率张量,其值为

$$S_{ij} = \frac{1}{2}\left(\frac{\partial u_i}{\partial x_j} + \frac{\partial u_j}{\partial x_i}\right)$$

将式(6-3)代入式(6-2)中,得到不可压缩黏性流体的运动方程(即 N-S 方程)

$$\frac{\partial u_i}{\partial t} + u_j\frac{\partial u_i}{\partial x_j} = f_i - \frac{1}{\rho}\frac{\partial p}{\partial x_j} + v\frac{\partial^2 u_i}{\partial x_j \partial x_j} \tag{6-4}$$

式中: $v = \mu/\rho$, v 为流体的运动黏性系数。

3. 能量方程

热尾流中浮力的产生主要是由于冷却水温度的变化引起的,流动中存在热交换问题,根据热力学第一定律,即能量守恒定律,可得到不可压缩流体的能量方程

$$\rho c_p\left(\frac{\partial T}{\partial t} + u_j\frac{\partial T}{\partial x_j}\right) = 2\mu S_{ij}^2 + \frac{\partial}{\partial x_j}\left(k\frac{\partial T}{\partial x_j}\right) + \rho q \tag{6-5}$$

式中: T 为温度; c_p 为流体定压比热; k 为流体传热系数; q 为流场中热源单位时间内为单位质量流体提供的热量。

6.2.2 湍流封闭模型

湍流是一种高度复杂的三维非稳态、带旋转的不规则流动。在湍流中流体的各种物理参数,如速度、温度、压力等都随时间与空间发生随机的变化。从物理结构上说,可以把湍流看成是由各种不同尺度的涡旋叠合而成的流动,这些涡旋的大小及其旋转轴的方向分布是随机的。大尺度的涡旋主要由流动的边界条件所决定,其尺寸可以与流场的大小相比拟,是引起低频脉动的原因;小尺度的涡旋主要是由黏性力所决定,其尺寸可能只有流场尺度的千分之一的量级,是引起高频脉动的原因。大尺度的涡旋破裂形成较小尺度的涡旋,较小尺度的涡旋破裂后形成更小尺度的涡旋。因而,在充分发展的湍流区域内,流体涡旋的尺寸可在相当宽的范围内连续地变化。大尺度的漩涡不断从主流获得能量,通过涡旋间的相互作用,能量逐渐向小尺度的涡旋传递。最后由于流体黏性的作用,小尺度的涡旋不断消失,机械能转化(或耗散)为流体的热能。同时,由于边界的作用、扰动及速度梯度的作用,新的涡旋又不断产生,这就构成了湍流运动。一般无论湍流多复杂,非稳态的 N-S 方程对于湍流的瞬时运动仍然是适应的,这是进行数值计算的前提。

关于湍流运动的数值计算,目前应用最普遍的是雷诺时均方程法[10]。将非稳态控制方程对时间作平均,在所得的关于时均物理量的控制方程中就包含了脉动量乘积的时均值等未知量,于是,所得方程的个数就小于未知量的个数,而且不可能依靠进一步的时均处理而是控制方程组封闭。要使方程组封闭,必须做出假设,即建立模型。这种模型把未知的、更高阶的时间平均值表示成较低阶的在计算中可以确定的量的函数。这就是目前工程湍流计算中所采用的基本方法。

为了使描述的湍流流动与传热的方程组得以封闭,必须找出确定湍流值脉动

附加项的关系式,并且在这些关系式中不能再引入新的未知量。所谓湍流模型,就是把湍流的脉动值附加项与时均值连续起来的一些特定关系式,也即湍流封闭模型。湍流模型一般可分为零方程模型、一方程模型以及两方程模型。其中,k-ε 两方程模型具有求解方程数目少、计算速度快、精度满足工程需要的特点,是目前工程计算中十分具有实用价值的湍流模型,应用最为广泛。该模型采用各向同性的 Boussinesq 假设,用湍动能 k 和其耗散率 ε 来表示湍流黏性系数 μ,即

$$\mu = \frac{C_{\mu}\rho k^2}{\varepsilon}$$

式中:C_{μ} 为模型系数,根据具体的湍流模型取值,如表 6-1 所列。最基本的两方程模型是标准 k-ε 模型。此外,还有各种改进的湍流模型,较为实用的有 RNG k-ε 模型和 Realizable k-ε 模型。

1. 标准 k-ε 湍流模型

标准 k-ε 模型是 Launder 和 Spalding[11]于 1974 年提出的,它把湍流黏度 μ_t 和湍动能 k 及其耗散率 ε 联系在一起,k 和 ε 是两个基本未知量,当流体不可压缩,且不考虑用户自定义源项时,与之相对应的输运方程为

$$\frac{\partial(\rho k)}{\partial t} + \frac{\partial(\rho k u_i)}{\partial x_i} = \frac{\partial}{\partial x_j}\left[\left(\mu + \frac{\mu_t}{\sigma_k}\right)\frac{\partial k}{\partial x_j}\right] + G_k - \rho\varepsilon \tag{6-6}$$

式中:$C_{1\varepsilon}$、$C_{2\varepsilon}$、σ_k、σ_ε 为模型系数,根据 Launder 等人的推荐及后来的实验验证取值,如表 6-1 所列;G_k 为平均速度梯度引起的湍流动能 k 的产生项,由下式计算,即

$$G_k = \mu_t\left(\frac{\partial u_i}{\partial x_j} + \frac{\partial u_j}{\partial x_i}\right)\frac{\partial u_i}{\partial x_j} \tag{6-7}$$

2. RNG k-ε 湍流模型

Yakhot 和 Orszag[12]基于重整化群理论(Renormalization Group,RNG),由瞬态 N-S 方程推导出 RNG k-ε 模型,所得到的 k 方程和 ε 方程在形式上与标准 k-ε 模型完全相同,但模型系数由理论分析得出,如表 6-1 所列,其中

$$\begin{cases} \eta = \sqrt{2E_{ij}E_{ij}}\,\dfrac{k}{\varepsilon} \\ E_{ij} = \dfrac{1}{2}\left(\dfrac{\partial u_i}{\partial x_j} + \dfrac{\partial u_j}{\partial x_i}\right) \end{cases} \tag{6-8}$$

式中:η 为湍流时间尺度与时均应变率之比;E_{ij} 为主流的时均应变率。

与标准 k-ε 模型相比,RNG k-ε 模型主要有两点变化:一是通过修正湍动黏度,考虑了平均流动中的旋转及旋流流动情况;二是在 ε 方程中增加了一项,从而反映了主流的时均应变率 E_{ij},这样,RNG k-ε 模型中的产生项不仅与流动情况有

关,而且在同一问题中也还是空间坐标的函数。从而,RNG k-ε 模型可以更好地处理高应变率及流线弯曲度较大的流动。

3. Realizable k-ε 湍流模型

Shih 等人[13]指出,标准 k-ε 模型对时均应变特别大的情形,有可能导致负的正应力,这种情况是不可能实现的。为了保证计算结果的可实现性(Realizability),湍流动力黏度计算式中的系数 C_μ 不应是常数,而应当与应变率联系起来,从而提出了 Realizable k-ε 湍流模型,其中使用了新的 ε 方程

$$\frac{\partial(\rho\varepsilon)}{\partial t} + \frac{\partial(\rho\varepsilon u_i)}{\partial x_i} = \frac{\partial}{\partial x_j}\left[\left(\mu + \frac{\mu_t}{\sigma_\varepsilon}\right)\frac{\partial\varepsilon}{\partial x_j}\right] + \rho C_1 E\varepsilon - \rho C_2\frac{\varepsilon^2}{k + \sqrt{\nu\varepsilon}} \quad (6-9)$$

模型系数取值如表 6-1 所列。

表 6-1 各湍流模型中的系数[10,14]

湍流模型	C_μ	$C_{1\varepsilon}$	$C_{2\varepsilon}$	σ_k	σ_ε
标准 k-ε 模型	0.09	1.44	1.92	1.0	1.3
RNGk-ε 模型	0.0845	$1.42 - \dfrac{\eta\left(1 - \dfrac{\eta}{4.38}\right)}{1 + 0.012\eta^3}$	1.68	0.7179	0.7179
Realizable k-ε 模型	$\dfrac{1}{A_0 + A_s U^* \dfrac{k}{\varepsilon}}$	$\max\left[0.43, \dfrac{\eta}{\eta + 5}\right]$	1.90	1.0	1.2

6.3 舰船热尾流的温度分布

由于太阳辐射和海水洋流等因素,海洋表层在一定的季节常存在垂直的温度梯度,这种温度梯度通常表现为海面温度高,水下温度低。因此,当水面舰船驶过温度分层的海区后,船体及螺旋桨产生的漩涡会将深处的冷水翻滚至海面,而海水表面的热水也会被翻滚至水下,导致舰船尾流区部分区域海水的温度与同一深度层中周围环境海水的温度不同,形成所谓的热尾流。从军事应用的角度来看,尾流中存在的这种热信号能够被高灵敏度和分辨率的温度传感器识别出来,可作为舰船遥感探测和鱼雷等水中兵器攻击舰船的一种有效特征信号。利用这种特征信号而形成的热尾流自导技术已成为鱼雷等水中兵器的一种新的自导方式。因此,研究热尾流的温度分布和扩展规律,对探测舰船、鱼雷尾流追踪等具有重要的军事意义和应用前景。

早在 1945 年,美国海军无线电和声学实验室就联合进行了水面舰船热尾流的探测,Garber[15]等人用 4 只热电偶同时测量了距水面 4 英尺、6 英尺、8 英尺、10 英尺处某驱逐舰的热尾流信号,其热电偶分辨率达到 0.01℃。大量的实验测量数据

表明,当海洋存在垂直温度梯度时,在任何情况下,都能获得尾流的热特征信号,而在等温水中,却测不到任何尾流的热特征信号。通过测量还发现尾流热效应保持最长时间是 65min,在风和海浪是中等情况下,尾流至少可存在 30min。在用热电偶测量尾流的热特征信号的同时,还用海水深度温度自动记录仪记录了当时海水的温度梯度。

图 6-7 是用 4 只热电偶测得的一条驱逐舰的典型尾流信号曲线及用海水深度温度自动记录仪记录的当时环境海区的海水温度梯度曲线。从图中可以看出:在 4 英尺深处的尾流信号由一个冷峰和边上两个小的热峰组成,冷信号的量级随深度增加而减小,到 10 英尺深仅由两个热峰组成。这是因为尾流与周围海水之间的温度结构差异是由于舰船航行时对水的搅动引起的,当环境水温具有负的垂直梯度时,则接近海表面的尾流将比周围的水冷些,且尾流与周围水的温度将会随着水深而降低,这是因为环境水温随水深而下降,从而接近尾流温度,到最后可能变得低于尾流温度。图 6-7 即说明了尾流温度信号随水深的变化情况。另外,尾流温度信号曲线的形状还会受到测量船横跨尾流的角度和穿越的速度以及检测系统的响应时间等因素所影响。

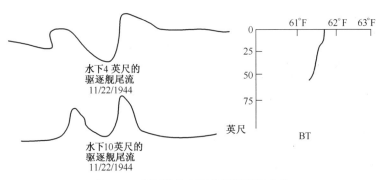

图 6-7　驱逐舰的典型热尾流信号曲线

20 世纪 60 年代,美国在检测尾流的实验研究中提出了热尾流和电导率尾流的差值检测装置。1973 年,Joseph P. Strapp 提出了"追踪尾流捕捉海上运动目标的自导系统"的专利。它提出通过安装的多对热电偶检测尾流的热特性来识别和追踪尾流。对以 10 节航行的潜艇来说,利用这种热尾流制导系统在潜艇通过 45min 后还能检测出该潜艇的热尾流。此时,潜艇已航行了大约 13km 远。

1982 年,美国海军研究实验室和美国国家航天技术实验室联合用装在海军研究实验室的一架 RP-3A 飞机上的热红外扫描器测量了水面舰船的热尾流,尾流的红外照片表明,热尾流可持续 6380m。

从 20 世纪 80 年代初期开始,海军工程大学工程热物理研究室就开展了舰船热尾流的研究,对舰船热尾流的成因和衰减规律特别是水下潜艇形成的热尾流的浮升扩展和衰减规律进行了大量的理论与实验研究。对有动量尾流和无动量尾流在均匀环境与线性分层的环境中的热尾流的浮升、扩展和衰减规律的研究取得了重要的进展,对实际舰船热尾流的探测和自导有重要指导作用。

6.3.1　海洋温度分层特征[16]

海洋中海水的温度、盐度和密度等参数是随季节、地理位置和深度等变化的。海洋水温大体上随深度的增加呈不均匀递减。低纬海域的暖水只限于薄薄的近表层之内,其下便是温度铅直梯度较大的水层,在不太厚的深度内,水温迅速递减,次层称为大洋主温跃层,或永久性跃层。在赤道海域,其深度大约为300m;在南大西洋海域,有600m;在北大西洋大约有800m;在亚极地可接近海面。大洋主温跃层以下,水温随深度的增加逐渐降低,但梯度很小。

以主温跃层为界,其上为水温较高的暖水区,其下是水温度梯度很小的冷水区。暖水区的表面,由于受动力及热力因素的作用,引起强烈的湍流混合,从而在其上部形成一个温度铅直梯度很小,几近均匀的水层,常称上均匀层或上混合层。在低纬度海区,上混合层的深度不超过100m,赤道附近只有50~70m,赤道东部更浅。冬季混合层加深,低纬度海区可达150~200m,中纬度地区甚至可伸展至大洋主温跃层。

在混合层的下界,特别是夏季,由于表层增温,可形成很强的跃层,称为季节性跃层。冬季,由于表层降温,对流过程发展,混合层向下扩展,导致季节性跃层的消失。一般来说,3月,跃层尚未生成,仍保持冬季水温的分布状态。随着表层的逐渐增温,跃层出现,且随时间的推移,其深度逐渐变浅,但强度逐渐加大,至8月达到全年最大时期;从9月开始,跃层强度又逐渐减弱,且随对流混合的发展,其深度也逐渐加大,至翌年1月已近消失,而后完全消失,恢复到冬季状态。

海洋中一年约有7个月时间存在着明显的垂直温度梯度,因而,船舶热尾流在大部分时间里都存在。图6-8所示温度分布是分别位于39°04′N、123°17′E、39°03′N(002站),123°08′E、39°32′N、123°06′E(043站)和39°06′E、39°03′N、122°45′E(045站)三个水文观测站所测得的四季海温(°C)随深度变化。

在夏季,由于太阳的加热,海洋表层温度升高,在海洋表面形成明显的温度梯度,图6-8(b)、(c)、(d)为关岛附近海域北纬16°、东经137°,5、7、11月份测量的海水温度和盐度随海水深度的变化情况。从图中可看出,5月和7月海面受到太阳加热温度升高,表层海水温度高于深层海水温度。2月和11月在100m左右深度的海水温度几乎一致,存在一个等温层。

6.3.2　舰艇热尾流特征

舰船对海水的扰动是热尾流形成的根本原因。舰船对海水的扰动主要有两个

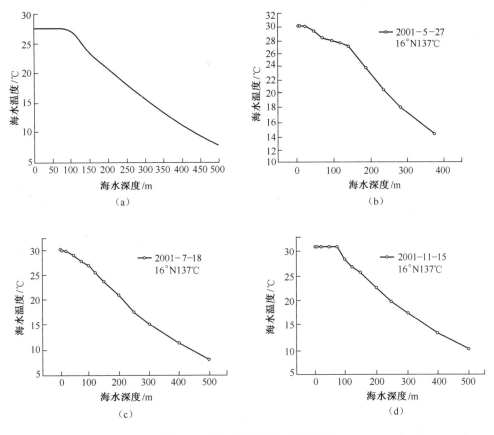

图 6-8　海水温度随海水深度变化

（a）2 月份海水温度随海水深度变化；（b）5 月份海水温度随海水深度变化；

（c）7 月份海水温度随海水深度变化；（d）11 月份海水温度随海水深度变化。

方面：一是船体的扰动，船体在海水中运动时要产生波浪和围绕舰船周围的黏性流场，其中包括船壳涡，这些流动都会对海水的温度场产生较大的扰动，使海水温度的分布发生显著的变化；二是舰船螺旋桨的扰动，当螺旋桨在海水中快速转动时，使海水产生旋转运动和向后的加速运动，进一步加强了黏性流场对海水的扰动。舰船热尾流的发展与衰减有关，还与海水的黏性扩散、耗散、紊动扩散与耗散有关，它们对热尾流的尺度与生存时间影响很大。由于尾流中船壳及螺旋桨形成的旋涡将下面的冷水翻滚至上面，使得同一水平层上尾流中的温度与周围海水温度不同，这是形成"冷尾流"的主要原因；舰船排放的冷却水是形成热尾流的原因之一，特别是核潜艇排放的冷却水是形成的热尾流的主要原因。这样在尾流区与周围海洋形成明显的温差或辐射率差，在空中利用红外探测仪或在水中利用温度传感器就

117

可检测出热尾流。

数值模拟表明[17]，水面舰船的热尾流存在一定的规律，在靠近水面附近是低温区，在水下某一深度处出现高温区，如彩图 6-9 所示。在某一水平面内，水面舰船热尾流的温度分布中间低，向两侧逐渐升高与环境温度一致，沿纵向尾流与环境的温差逐渐减少，如彩图 6-10 所示。螺旋桨的旋转方向和船的吃水深度对尾流内温度的分布有重要影响。

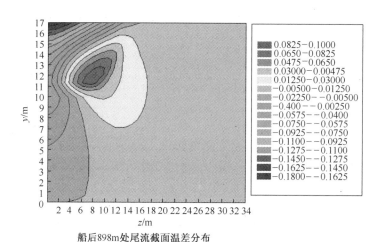

船后898m处尾流截面温差分布

图 6-9 水面舰船尾流区内的垂直温度分布

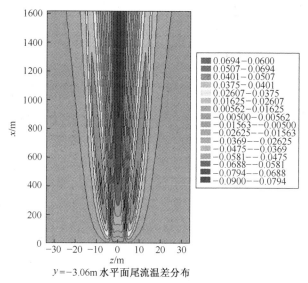

$y=-3.06\mathrm{m}$ 水平面尾流温差分布

图 6-10 水面舰船尾流区内的水平温度分布

数值计算时设定舰船的航速为 12 节，螺旋桨相对向内旋转。彩图 6-11 为水

下水深 $z=0$、$z=-0.5m$、$z=-1m$、$z=-2m$、$z=-3m$、$z=-4m$、$z=-6m$ 深度水平面内尾流区的温度分布云图[18]。

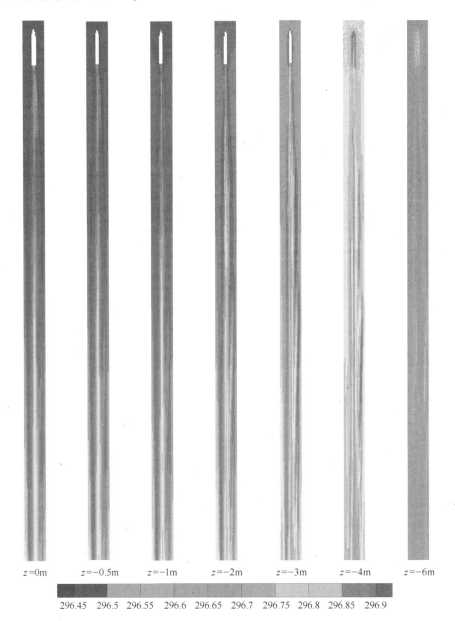

图 6-11　水下不同 x-y 水平面内的热尾流温度分布

从图中可以看出,由于舰船航行时船体形成的涡漩及螺旋桨的搅动使得下层温度较低的海水被搅至上层,尾流中心区的温度要明显低于周围非尾流区的海水温度,随着深度的增加,尾流中心区的温度与周围非尾流区的海水温度差降低,这种现象逐渐减弱。在 $z=-3m$、$-4m$、$-6m$ 时的温度分布云图中则可以发现,尾流中心区的温度略低于两侧的尾流温度,而两侧的温度又稍高于非尾流区海水的温度。这是因为尾流中的涡旋会将下层温度较低的海水沿着尾流中心区的方向向上搅动至上层尾流中心区,同时,上层温度较高的海水沿着尾流中心区两侧的方向向下搅动至下层尾流区,这也与文献[18]中的实验结果相吻合。

彩图 6-12 是距船尾 1 倍、5 倍、10 倍、15 倍船长处尾流横截面内不同深度的温度分布云图。由图中可见,在距离船尾 1 倍船长处,尾流横截面的扰动相较其他更远距离处较弱,这是因为短时间内船体及螺旋桨产生的扰动来不及将尾流区完全搅动起来。随着距离变远,热尾流的宽度增加,尾流区呈现中心温度低于两侧温度,同时两侧温度高于非尾流区海水温度的现象。

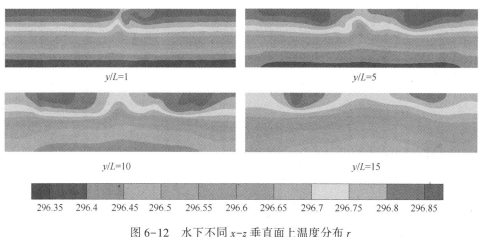

$y/L=1$ 　　　　　　　　　　　　　$y/L=5$

$y/L=10$ 　　　　　　　　　　　　$y/L=15$

296.35　296.4　296.45　296.5　296.55　296.6　296.65　296.7　296.75　296.8　296.85

图 6-12　水下不同 x-z 垂直面上温度分布 r

6.3.3　潜艇热尾流特征

1. 潜艇热尾流特征

常规潜艇在通气管航态时,高温废气在水下排放,形成的气泡羽流浮升至海面后,引起海面温度升高,形成明显的红外辐射特征。红外热成像探测系统就可以通过海水表面的这种红外辐射差异确定潜艇位置。

在温度均匀的海水中潜艇排气浮升时,气相的速度不断减小,气相浮升至水面时其速度已经降至 4.12m/s,基本上与海水的速度大小相等;在气相速度减小的过程中,其每一个纵截面都存在一个速度最大的中心区域,中心区域的形状由圆形慢慢发展成马蹄形。气相速度场的水平截面区域类似于"流星状",且可看出明显的速度梯度存在。在温度均匀的海水中潜艇排气浮升时,气相的温度在海水中不断降低,气相浮升至水面时其温度与海水的温差为 0.05k 左右。在温度降低的过程中,其每一个纵截面都存在一个速度最大的中心区域,中心区域的形状由圆形慢慢发展成为马蹄形。气相温度场的水平截面区域类似于"流星状",且可看出明显的温度梯度存在,如彩图 6-13 所示。相比气相的速度场,温度场发展的区域要明显比速度场发展的区域"窄"[19]。

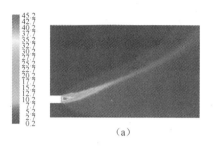
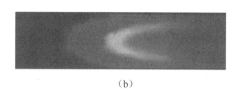

（a）　　　　　　　　　　　　　　　　（b）

图 6-13　常规潜艇水下排气形成的温度场
（a）水下温度场；（b）海面温度场。

在温度分层的海水中潜艇排气浮升时,气相速度场发展与在温度均匀的海水中浮升类似,与之相比,可发现潜艇排气在温度分层的海水中的扩散区域要比在温度均匀的海水中更小,且有明显的速度梯度存在。在气相速度减小的过程中,其每一个纵截面速度最大的中心区域基本与在温度均匀的海水中相同。在温度分层的海水中潜艇排气浮升时,气相的温度场发展与在温度均匀的海水中发展轨迹有类似之处;与之相比,可发现潜艇排气在温度分层的海水中温度降低要比温度均匀的海水中降低得更快;在温度分层的海水中,潜艇排气浮升至水面时,其温度与海水的温差仅有 0.03k 左右,比温度均匀的海水中的温差 0.05k 要小 40%[19]。

2. 潜艇水下排放冷却水形成的热尾流特征

潜艇在水下航行过程中,动力装置产生的大量废热需要通过冷却水排放出去,这些冷却水持续不断地被排放到周围海水中,在潜艇尾部产生热尾流。热尾流使周围海水温度升高,由于热尾流密度比较小,有可能逐渐浮升至海面,在海面出现温度异常,使海面红外辐射特征发生变化。

在水下某一深度航行的潜艇,在海洋表面形成的热尾流轨迹如彩图 6-14 所示,由图可以看出,热尾流中心温度最高,由中心向四周扩散,温度逐渐降低,在热尾流宽度方向上温度下降将较快,长度方向上温度下降较慢,这是由于在长度方向上水下热尾流不断向上浮升,使温度下降缓慢,而宽度方向上热尾流逐渐向两侧进行热扩散;热尾流在一个水平面上的变化过程是先出现最强温差信号,然后围绕着最强温差信号,向热尾流周围温差信号强度逐渐衰减。

距离潜艇尾部不同距离处 y-z 垂直面上的温度分布如彩图 6-15 所示。由图 6-15 可以看出,在潜艇尾部热尾流形状为近似扇形面,随着远离尾部,热尾流形状逐渐扩展为圆面,这是由于潜艇的冷却水向斜下方排放;随着潜艇的航行,在潜艇

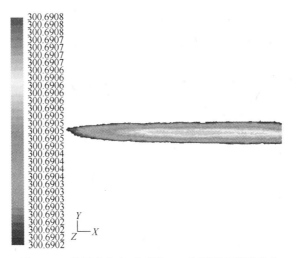

图 6-14　热尾流在水下不同 x-y 水平面上温度分布

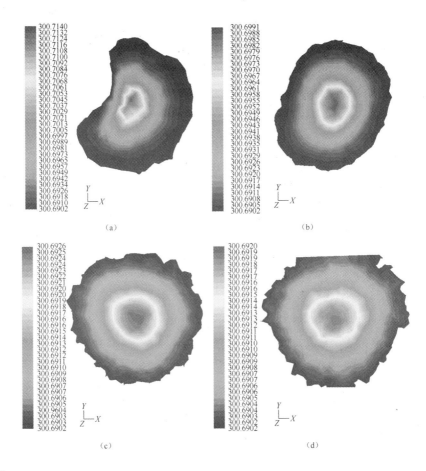

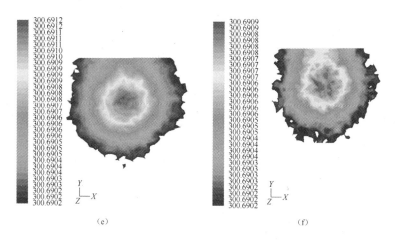

图 6-15 水下低速潜航时,潜艇尾部不同 y-z 垂直面上的温度分布

(a)潜艇尾部;(b)距离潜艇尾部 20m;(c)距离艇尾部 100m;(d)距离艇尾部 140m;

(e)距离艇尾部 240m;(f)距离艇尾部 320m。

后方热尾流轨迹被拖长,并且逐渐向海面浮升,在距离潜艇尾部一定距离后热尾流浮升到海面,在海面形成热尾流轨迹,在浮升的过程中热尾流进行热扩散,热尾流温度逐渐降低。

6.4 舰船热尾流的海上测试技术

海洋中一年约有 7 个月时间存在着明显的垂直温度梯度,因而,船舶尾流的热特征在大部分时间里都存在。数值模拟表明,水面舰船的热尾流存在一定的规律,在靠近水面附近是低温区,在水下某一深度处出现高温区,最高温度不在船的中剖面平面内。螺旋桨的旋转方向对尾流内温度的分布有影响。为了摸清舰船尾流温度分布的实际特征,开展舰船热尾流海上实测有重要的应用价值。

6.4.1 热尾流海上实验设备

热尾流电导尾流检测系统包括温度及电导率传感器及变送器、放大器、数据采集与分析仪,如图 6-16 和图 6-17 所示。

1. 温度传感器与变送器

热尾流检测敏感元件为直径 1.6mm 铂电阻,热尾流检测探头如图 6-16 所示。探头测温范围 0~40℃,标定精度为±0.1℃,分辨率可达 3‰℃。响应时间,在静止水中为 0.3s 左右。在 3m/s 的水流条件下大约为 0.02s。探头输出为 4~20mA 电流信号,引线采用防水屏蔽线。

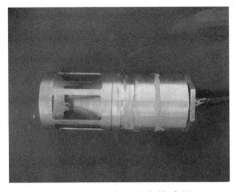 

图 6-16　温度电导率传感器　　　图 6-17　放大器和数据采集仪

2. 电导率传感器及其变送器

电导率探头两极为直径 0.5mm、长为 12mm 的铂丝,两极间距为 0.5cm。它具有分辨率、灵敏度高的特点,响应时间小于 0.01s。两针状电极被分别封装在陶瓷套管中,套管被胶封在钢筒中。电路采用 AD584 给电极和取样电阻供电。AD584 为精密电压参考源,它具有低噪声、较宽的电压调节范围的特点。为了便于信号的远距离传输,采用 AD693 将取样电阻的电压信号转换为电流信号。

3. 放大器

放大器采用差分放大电路,可扣出海洋环境平均温度产生的平衡电压,而将脉动温度产生的脉动压力放大到 $-5 \sim +5V$,输入到 A/D 采集器中,如图 6-17 所示。为保证测量精度和提高测量分辨率,放大器设置了 3 个放大倍数选择开关 $K_1 \sim K_3$,分别 25 倍、50 倍和 100 倍的放大倍数,通过这 3 个开关断、合的不同组合,可对应 6 种放大倍数,最高可达 175 倍。

4. 数据采集与分析仪

数据采集器采用的是美国 Nicolet 仪器公司生产的通用数据采集系统,如图 6-17 所示。采集板为 16 位,8 路双端输入,动态范围 25kHz,最大静态误差在 ± 2V、5V、10V 时小于 0.05% 满量程值。数据采集与分析软件用的是 Odyssey 软件,它可实时观察采集的数据,能对采集的数据进行时域和频域分析,使用十分方便。

6.4.2　实验结果与分析

利用研制的热尾流电导率尾流水下测量系统成功地测到了各种吨位目标船在不同航速留下的热尾流和电导率尾流信号。海洋背景表层的温度梯度如图 6-18 所示。实验海区水深大于 20m,实验海况 3 级,海水流速 3~4kn。海洋的温度梯度为在 10m 水深时有 2.9℃ 的温降,在 19m 水深时有 5.8℃ 的温降,海水表面温度为 21.6℃。

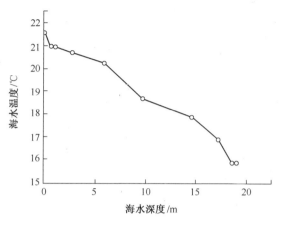

图 6-18　海水表层温度梯度

1. 目标船的热尾流特征

目标船低速直线航行,测量船垂直穿过尾流区,在距目标船 335m 和 500m 测到明显的尾流信号,如图可以 6-19 所示。由图可以看出,探测器在水下 2.5m 水深时尾流信号明显,有明显的冷水团出现,尾流最大温差为 0.1386℃。测量船与目标船 500m 时,热尾流宽度约为 53m。另一种典型的热尾流信号为在进出尾流时分别有一热峰,而在尾流中间为冷峰,如图 6-20 所示。热峰温差为 0.105℃,冷峰温差 0.07℃。上述特征说明尾流区中海洋表面较热的海水被翻滚至水下,而深层较冷的海水被翻滚到水面。

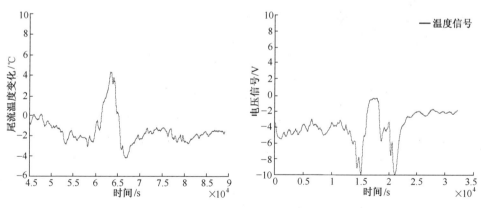

测量船与目标船距离约 500m

图 6-19　辽丹 157 热尾流信号　　　　图 6-20　工交拖轮热尾流信号
（目标船吨位约 2000t,水下 2.5m）　　（目标船吨位 1000t,水下 2.5m）

2. 测量船 S 形穿越尾流时的特征

目标船(海洋岛号,大约 15000t)以大约 12 节速度直线航行时,测量船 S 形穿过尾流区,测到了明显的热尾流特征信号,测量方式如图 6-21 所示。测量船 7 次穿越海洋岛号尾流区,在目标船经过 48s 时,第一次进入尾流,此时距目标船 370m,出尾流时距目标船 487m;热尾流宽度约 42m。在目标船经过 2min 4s 时,第二次进入尾流,此时距目标船 865m,出尾流时距目标船 998m;热尾流宽度约 59m。在目标船经过 3min 40s 时,第三次进入尾流,此时距目标船 1480m,出尾流时距目标船 1760m;热尾流宽度约 118m。在目标船经过 5min 36s 时,第四次进入尾流,此时距目标船 2680m,出尾流时距目标船 2895m;热尾流宽度约 130m。在目标船经过 7min 40s 时,第五次进入尾流,此时距目标船 2680m,出尾流时距目标船 2895m,热尾流宽度约 178m。在第七次穿越时,目标船已经过 11min 40s,距目标船约 4500m,热尾流信号还非常明显,如图 6-22 所示。可见,利用热尾流作为鱼雷的自导信号是可行的。

由实验测量结果可发现,热尾流的宽度随时间的增加而增加,如图 6-23 所示;尾流与环境的温差随时间减小;第一次穿越时,水下 1.5m,热尾流的温度差为 0.315℃,11min 40s 后尾流与环境的温差为 0.175℃,如图 6-24 所示。

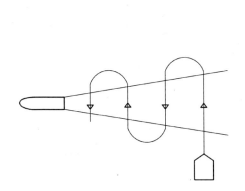

图 6-21　实验船穿越目标船尾流示意图

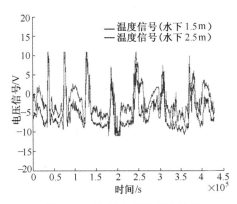

图 6-22　海洋岛号热尾流信号

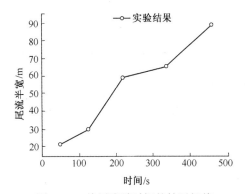

图 6-23　热尾流随时间的扩展规律

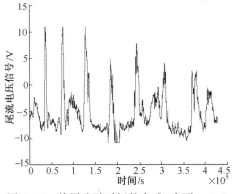

图 6-24　热尾流随时间的衰减(水下 1.5m)

3. 目标船的电导率尾流特征

目标船低速直线航行,测量船垂直穿过尾流区,在距目标船 480m 不仅测到明显的热尾流信号,还测到了明显的电导率尾流信号,如图 6-25 所示。热尾流信号为双冷峰,温差为 0.1225℃。电导率也存在明显的变化,与温度信号变化规律相似。这说明电导率信号受温度的影响也是明显的。

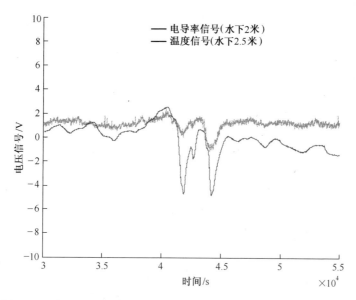

图 6-25　丰盛油轮 1 号热尾流和电导率尾流信号(目标船吨位 2000t)

实验表明,只要海洋存在一定的温度梯度,水面舰船通过后,由于螺旋桨的扰动和船体本身引起的旋涡将破坏尾流区中原有的温度梯度结构,将形成明显的冷的或热的温度变化,称为热尾流。由舰船运动产生的舰首兴波、舰船外壳的湍流边界层和螺旋桨扰动都要产生大量的气泡,在航行的舰船尾部将形成一条明显的气泡尾流区,称为气泡尾流。这些信号也有可能被高灵敏度和高分辨率的电导率传感器识别出来,有希望作为鱼雷等水中兵器攻击舰船的一种制导手段。

通过实验,我们可得到以下几点结论。

(1) 只要海洋存在温度梯度,舰船通过后将破坏舰船尾流区原有的温度梯度结构,形成一个明显的冷的或热的温度化,形成明显的热尾流信号。水面舰船热尾流的形成主要是由两个因素引起的:一是螺旋桨的扰动;二是船体本身运动引起的大尺度的旋涡运动。

(2) 海上实验证明,影响水面舰船热尾流信号强弱的主要因素是海洋本身的温度梯度的大小和目标船的吨位与吃水深度的大小。海洋表层温度梯度越大,热尾流信号就越强;目标船的吨位和吃水深度越大,越能将深层海水翻滚至海面,热尾流的信号也越强。

（3）海上实验检验了设计的热尾流和电导率尾流水下测量系统是可靠的,测试方法是可行的,证明设计的分辨率高于 0.01℃、时间常数小于 0.3s（在静水中）的温度传感器和电导率传感器能有效地将热尾流识别出来。

（4）由舰船运动产生的舰首兴波、舰船外壳的湍流边界层和螺旋桨扰动都要产生大量的气泡,在航行的舰船尾部将形成一条明显的气泡尾流区,利用高灵敏度和高分辨率的电导率传感器有可能将它识别出来,有希望作为鱼雷等水中兵器攻击舰船的一种自导手段。

6.5 舰船尾流的红外特征

6.5.1 舰船尾流的红外辐射模型[20]

海面在探测器上产生的 $8 \sim 14\mu m$ 波段的红外辐射总量 $N_{S(8 \sim 14)}$ 由下式决定,即

$$N_{S(8 \sim 14)} = \frac{\tau_{(8 \sim 14)}}{\sin\varphi} \iint [\varepsilon(\omega) N_{bb(8 \sim 14)}(T_{sea}) +$$

$$\rho(\omega) N_{sky(8 \sim 14)}] P(S_x, S_y) \frac{\cos\Phi}{\cos\beta} dS_x dS_y \qquad (6-10)$$

式中: $N_{bb(8 \sim 14)}(T_{sea})$ 为表面温度为海面平均温度 T_{sea} 的黑体在 $8 \sim 14\mu m$ 的辐射亮度; $\tau_{(8 \sim 14)}$ 为探测器至海面间的大气透射率; $\varepsilon(\omega)$ 为海面平均发射率;海面平均反射率为 $\rho(\omega) = 1 - \varepsilon(\omega)$; Φ 为反射角, $\Phi = \omega$; $\beta = \arctan\sqrt{S_x^2 + S_y^2}$ 。

考虑到阴影遮挡效应,探测器在 $8 \sim 14\mu m$ 接收的总辐射亮度 $N_{(8 \sim 14)}$ 为

$$N_{(8 \sim 14)} = S^* \cdot N_{S(8 \sim 14)} + N_{A(8 \sim 14)} \qquad (6-11)$$

式中: $N_{S(8 \sim 14)}$ 是来自海面 $8 \sim 14\mu m$ 的辐射亮度; $N_{A(8 \sim 14)}$ 是探测器至海面间 $8 \sim 14\mu m$ 的大气辐射亮度。

1. 海面发射率

海面平均发射率 $\varepsilon(\omega)$ 已由 Wilson 给出,即

$$\varepsilon(\omega) = 0.98 \cdot [1 - (1 - \cos\omega)^5] \qquad (6-12)$$

式中: ω 为探测器观测方向与海面法线方向的夹角。

2. 天空辐射

天空背景的辐射属于长波辐射,对于晴朗天空,天空对某表面的总辐照度可表示为

$$N_{sky} = g \cdot (a + b\sqrt{e}) \cdot \sigma T_a^4 \qquad (6-13)$$

式中: g 为与小波面法线方向有关的几何因子; e 为空气中水蒸气压力; a 、b 为实

验确定的常数,一般取其均值 $a = 0.58, b = 0.061$; T_a 为大气温度。

3. 海面至探测器间的大气辐射

可以认为,海面至探测器间的大气辐射 $N_{A(8\sim14)}$ 近似等于第 1 层大气辐射,即

$$N_{A(8\sim14)} = (1 - \tau^1_{(8\sim14)}) N_{B(8\sim14, T_1)} \tag{6-14}$$

式中: $\tau^1_{(8\sim14)}$ 为第 1 层大气的 $8\sim14\mu m$ 波段透射率; $N_{B(8\sim14, T_1)}$ 为表面温度为第 1 层大气的平均温度 T_1 的黑体辐射亮度。

6.5.2 舰船湍流尾迹红外特征

1. 湍流尾迹与粗糙海面的红外辐射对比[18]

舰船航行过海面后,由于海水中存在温度梯度,会形成热尾流,导致尾流中心区的湍流尾迹温度与周围粗糙海面存在差异。根据温度梯度的不同,主要会出现以下两种情形:一是海水中没有温度梯度,则湍流区的温度与周围海面一致;二是海水中存在垂直的正温度梯度,即海面温度高于下层海水温度,此时船尾后会形成热尾流。同时,环境因素也会对探测的结果产生比较大的影响。为了便于比较,设定某日气象参数如下:最低气温 $T_{min} = 16℃$,最高气温 $T_{max} = 28℃$,海面水温 $T_{sea} = 18℃$,天气状况良好。计算过程选取了不同的风速 U_{10} 和天顶角 θ_v,红外特征的计算波段为 $8\sim12\mu m$ 波段(图 6-26)。

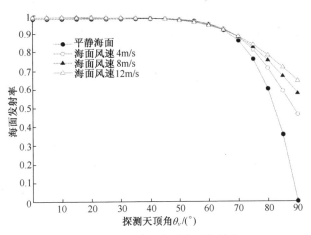

图 6-26 不同风速下海面发射率

图 6-27 表示的是尾迹与粗糙海面辐射亮度随天顶角的变化情况。由图中可以看出,天顶角为 $0°\sim40°$ 时,尾迹的辐射亮度与周围粗糙海面基本保持一致;天顶角为 $40°\sim65°$ 时,尾迹的辐射亮度要稍高于周围粗糙海面,随着风速增加,这种差别也会增大,但总体差值较小;天顶角大于 $70°$ 时,尾迹的辐射亮度明显低于周围粗糙海面,且两者之间的差值随着风速和探测天顶角的增加成递增趋势。

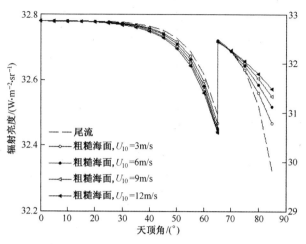

图 6-27　尾迹与粗糙海面的辐射亮度(θ_v)

　　在采用红外成像仪来观测海面上的尾迹时,尾迹为观测目标,而周围海面为背景。当目标和背景的温度近似相同或辐射度相差不大时,探测起来较为困难,为有效描述尾迹与周围海面之间的差别,引入辐射对比度[21]的概念进行对比,计算公式为

$$C_T = \frac{M_{\text{wake}}^{\Delta\lambda} - M_{\text{sea}}^{\Delta\lambda}}{M_{\text{sea}}^{\Delta\lambda}} \qquad (6-15)$$

式中：$M_{\text{wake}}^{\Delta\lambda}$ 为尾迹的波段辐射度；$M_{\text{sea}}^{\Delta\lambda}$ 为周围海面的波段辐射度。

　　图 6-28 为不同风速下湍流尾迹表面与周围海面辐射对比度随天顶角的变化。图中说明,在天顶角大于 70°后,尾迹与周围海面的辐射对比度才逐渐明显,此时,在红外探测器上可以分辨出尾迹的存在。随着风速的增加,两者之间对比度更加明显。

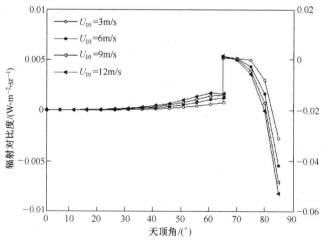

图 6-28　尾迹与粗糙海面的辐射对比度(θ_v)

通常情况下,热像仪显示的是温度的分布,为了理解方便,这里采用探测器的表观温度差[22]来描述尾迹与周围海面的辐射亮度差,并分别就天顶角和风速变化时的表观温度变化规律进行了比较。表观温度差的定义式可表示为

$$\begin{cases} M_{ap} = \overline{\eta}_{\Delta\lambda}^{8\sim14} \sigma T_{ap}^4 \\ M_{ap} = \pi L_{\text{sea}}^{\Delta\lambda} \end{cases} \tag{6-16}$$

式中: M_{ap} 为探测到的辐射度; T_{ap} 为表观温度。

由图 6-29、图 6-30 可以看出,在天顶角小于 70° 的时候,粗糙海面与尾迹的表观温度差很小,随着探测天顶角的进一步增加,表观温差最高接近 4℃,已经出现

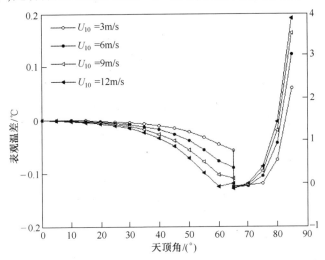

图 6-29　尾迹与粗糙海面表观温度差(θ_v)

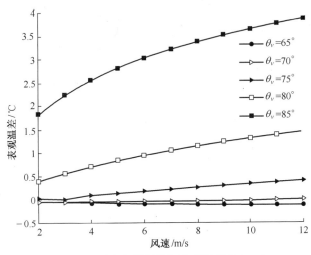

图 6-30　尾迹与粗糙海面表观温度差(U_{10})

非常明显的差别,这是因为此时两者之间的辐射亮度相差很大,对比度明显。高探测角时,随着风速的增加,表观温度差迅速增大。

2. 冷热尾流红外成像仿真

仿真中探测器的等效噪声温差为 0.01℃,瞬时视场为 0.1mrad,探测成像质量为 320×240 像素。当探测器距海面高度为 100m 时,在长波和中波波段舰船热尾流的红外成像特征如图 6-31 所示。由图可知,与海面背景有 0.2℃温差的舰船热尾流信号是可以有效识别的。长波波段的红外成像特征比中波波段更明显。

图 6-31 热尾流红外仿真图像

当探测器距海面高度为 100m 时,在长波和中波波段舰船冷尾流的红外成像特征如图 6-32 所示。由图可知,与海面背景有 0.2℃温差的舰船冷尾流信号是可以有效识别的。长波波段的红外成像特征比中波波段更明显。

图 6-32 冷尾流红外仿真图像

当探测器距海面高度为 1000m 时,在长波和中波波段的舰船热尾流红外成像特征如图 6-33 所示。由图可知,与海面背景有 0.2℃温差的舰船热尾流信号在中波波段形成的红外对比度比长波波段要弱,长波波段的红外成像特征能够有效识别,而中波波段的红外成像特征识别较困难。

3-5μm舰船尾流红外特征   8-14μm舰船尾流红外特征

图 6-33 热尾流红外仿真图像

当探测器距海面高度为 1000m 时,在长波和中波波段的舰船热尾流红外成像特征如图 6-34 所示。由图可知,与海面背景有 0.2℃温差的舰船热尾流信号在中波波段形成的红外对比度比长波波段要弱,但长波和中波波段的冷尾流红外成像特征都能够有效识别。

3-5μm舰船尾流红外特征   8-14μm舰船尾流红外特征

图 6-34 冷尾流红外仿真图像

6.5.3 舰船尾迹波红外特征

1. 舰船尾流模型

舰船尾流区由几种不同类型的波组成,尾迹波的建模主要涉及到 Kelvin 尾迹、湍流尾迹和海面形态三个部分。

1)湍流尾流模型

由于湍流尾迹表面波高的计算较为复杂,目前尚未有相关的波高分布结果。从观测结果看,一般大风条件下湍流尾迹表面受到抑制,显得较为平滑,因此可将湍流表面视为平静海面。由实验测量可得,在舰船后面距离船尾 x 处,湍流航迹的宽度 $W(x)$ 与 x 之间满足[23]

$$W(x) \sim x^{1/\alpha} \tag{6-17}$$

式中: α 值约为 5。

为了得到湍流宽度和船宽 B 之间的关系,通过量纲分析,引入

$$W(x) = (AxB^{\alpha-1})^{1/\alpha} \tag{6-18}$$

式中:系数 A 为比例常数。

又若已知在船后距离船尾 4 倍船只长度的地方,湍流宽度为船只宽度的 4 倍[24],即有

$$W(\bar{x}_0 L) = \overline{\omega}_0 B \tag{6-19}$$

式中: $\bar{x}_0 \approx 4$; $\overline{\omega}_0 \approx 4$ 。

将式(6-18)代入式(6-19)可得

$$A = \frac{\overline{\omega}_0^{\alpha}}{\bar{x}_0} \frac{B}{L} \tag{6-20}$$

这样,湍流尾迹宽度的表达式最终可由下式给出[23],即

$$W(x) = \frac{\overline{\omega}_0}{\left(\dfrac{\bar{x}_0 L}{B}\right)^{1/\alpha}} B^{(\alpha-1)/\alpha} x^{1/\alpha} \tag{6-21}$$

式中: L 为船长; B 为船宽; α 、 $\overline{\omega}_0$ 、 $\bar{x}_0$ 为定值。

对舰船尾迹区的几种波形建模后,即可得到尾迹区的仿真图像(见图6-35)。计算中的参数为:风速 $U_{10} = 5\mathrm{m/s}$,船长 $L = 150\mathrm{m}$,船宽 $B = 17\mathrm{m}$,吃水深度 $T = 6\mathrm{m}$,舰船航速 $U = 9\mathrm{m/s}$ 。在计算时,以船长 L 为特征长度,对整个计算区域进行了无量纲化处理。

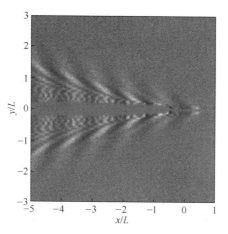

图 6-35　舰船尾迹波模拟图

2）基于射线跟踪算法的尾迹波红外成像模型

尾迹波红外成像仿真过程主要涉及目标表面辐射能束的发射、反射等,几何光

134

学领域中常用的射线跟踪算法[9]能够很好地模拟射线传播过程中的反射、折射及物体间的相互遮挡影响,具有原理简单、实现方便和能够生成各种逼真的效果等突出优点。本文采用改进的射线跟踪算法来计算 Kelvin 尾迹波的红外辐射值[18]。

射线跟踪算法的特点是沿着观测方向反向发射出一条射线逆溯至辐射源,进行跟踪,如图 6-36 所示。

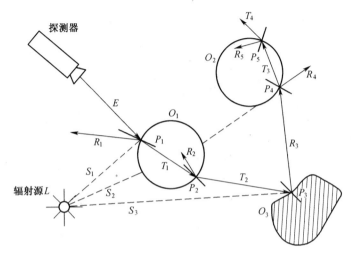

图 6-36　射线跟踪算法基本过程

(1) 从探测器方向发射出一条射线 E 传播至球体 O_1,两者交点为 P_1。从 P_1 向辐射源 L 作一条阴影测试线 S_1,可以发现两者之间没有遮挡的物体,这样就可以直接计算辐射源 L 经 P_1 点反射至探测器的辐射值。

(2) 跟踪该点处反射线 R_1 和折射线 T_1,它们也对 P_1 点处的辐射值有贡献。在反射线 R_1 方向上,没有再与其他物体相交,那么就设该方向的辐射值为零,并结束这条射线方向的跟踪。

(3) 对折射线 T_1 方向进行跟踪,计算该射线的辐射值贡献。折射线 T_1 在物体 O_1 内部传播,与 O_1 相交于点 P_2,由于该点在物体内部,假设它的辐射值为零,同时,产生了反射线 R_2 和折射线 T_2,在反射线 R_2 方向,可以继续递归跟踪下去计算它的辐射值。

(4) 继续对折射线 T_2 进行跟踪。T_2 与物体 O_3 交于点 P_3,作 P_3 与辐射源 L 的阴影测试线 S_3,没有物体遮挡,那么计算该处的辐射值,由于该物体是非透明的,那么可以继续跟踪反射光线 R_3 方向的辐射值,并得到 P_3 处的辐射值。

(5) 反射光线 R_3 的跟踪与前面的过程类似,算法可以递归地进行下去。重复上面的过程,直到射线满足跟踪终止条件。这样就可以得到探测器上一点的辐射值。

在射线逆溯时,针对各种可能的情况,对射线的跟踪采用以下的终止条件。

① 该射线未碰到任何物体。

② 该射线碰到了背景。

③ 射线在经过多次反射和折射衰减以后,射线对于观测点的辐射亮度贡献很小(小于某个设定值)。

④ 射线反射或折射次数及跟踪深度大于一定值。

2. 舰船尾迹波的红外成像特征[18]

在对舰船尾流区进行三维建模时,可将整个尾流区划分为一个个方向不同且近似平面的小波面,采用射线跟踪算法对海面每个小波面逐层扫描,即可得到尾迹波的红外成像特征。

对尾流区进行成像仿真时,计算参数选取风向东南,风程 $100km$,探测方位正南,船长 $L=150m$,船宽 $B=17m$,吃水深度 $T=6m$,舰船航速 U 分别为 $6m/s$ 、$9m/s$ 、$12m/s$ 、$15m/s$ 、$18m/s$,航向正东。气温为最高温 $T_{max}=28℃$ 、最低温 $T_{min}=18℃$,海面平均水温 $T_{sea}=20℃$ 。为了研究风速和探测俯仰角对成像结果的影响,分别选取风速为 $U_{10}=5m/s$, $U_{10}=10m/s$,俯仰角 $\varphi_d=10°$, $\varphi_d=45°$, $\varphi_d=85°$ 。

由图 6-37~图 6-41,可以观测到非常明显的 Kelvin 尾迹波形,海面背景偏暗,而在俯仰角增加至 85°后海面背景较亮,此时 Kelvin 尾迹特征反而较弱。这主要是因为气温比海水温度低时,$8~12μm$ 波段的海面红外辐射以自身辐射为主,海面由于本身各个小波面的方位不同,会出现明暗相间的变化,低俯仰角海面发射率较低,自身辐射能少,只有面向观测方位的小波面显得较亮,表现为图像上的白色小斑点,所以海面整体会显得较暗,反之亦然。Kelvin 尾迹相对周围海面而言波面较大,波面自身辐射特征比较明显,表现为大的亮斑,因而,从图像上比较容易分辨出尾迹的特征分布;在高俯仰角时,由于整个海面显得明亮,Kelvin 尾迹的波面特征表现较弱。湍流尾迹区域相当于平静海面,其表面发射率在低俯仰角时会小于周围海面,自身辐射亦会弱于周围海面,表现为图像上的一条暗带;随着俯仰角的增加,湍流表面的发射率与周围海面相差无几,在高俯仰角时由于海面整体较亮,已较难分辨出湍流尾迹。

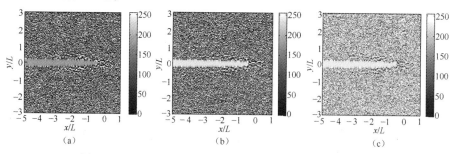

图 6-37　舰船尾迹波红外特征图像($U_{10}=5m/s$, $U=6m/s$)

(a) $\varphi_d=10°$;(b) $\varphi_d=45°$;(c) $\varphi_d=85°$ 。

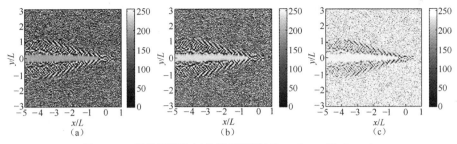

图 6-38　舰船尾迹波红外特征图像（$U_{10} = 5\text{m/s}$，$U = 9\text{m/s}$）

（a）$\varphi_d = 10°$；（b）$\varphi_d = 45°$；（c）$\varphi_d = 85°$。

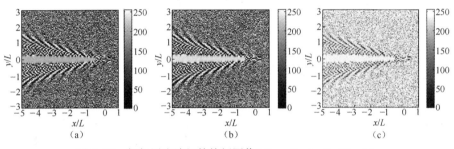

图 6-39　舰船尾迹波红外特征图像（$U_{10} = 5\text{m/s}$，$U = 12\text{m/s}$）

（a）$\varphi_d = 10°$；（b）$\varphi_d = 45°$；（c）$\varphi_d = 85°$。

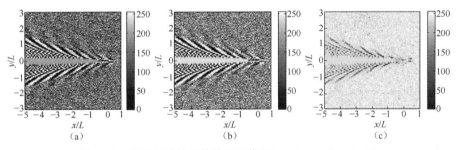

图 6-40　舰船尾迹波红外特征图像（$U_{10} = 5\text{m/s}$，$U = 15\text{m/s}$）

（a）$\varphi_d = 10°$；（b）$\varphi_d = 45°$；（c）$\varphi_d = 85°$。

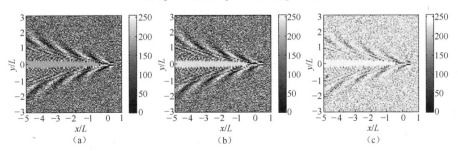

图 6-41　舰船尾迹波红外特征图像（$U_{10} = 5\text{m/s}$，$U = 18\text{m/s}$）

（a）$\varphi_d = 10°$；（b）$\varphi_d = 45°$；（c）$\varphi_d = 85°$。

图 6-42~图 6-46 为风速增加时舰船尾迹场的红外特征模拟图像。对比风速 $U_{10} = 5\mathrm{m/s}$ 和 $U_{10} = 10\mathrm{m/s}$ 的特征图像可知,风速增加时,对于相同参数的船型,高风速下的 Kelvin 尾迹特征明显减弱,在俯仰角较大时尾迹特征已经较难发现,原因主要在于,风速增加,周围海面的波高增大,调制了 Kelvin 尾迹,海面主要表现

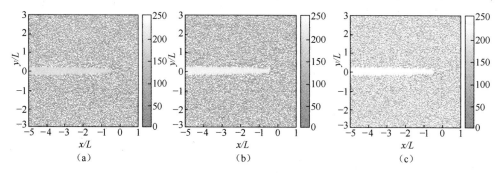

图 6-42　舰船尾迹波红外特征图像 ($U_{10} = 10\mathrm{m/s}, U = 6\mathrm{m/s}$)

(a) $\varphi_d = 10°$; (b) $\varphi_d = 45°$; (c) $\varphi_d = 85°$。

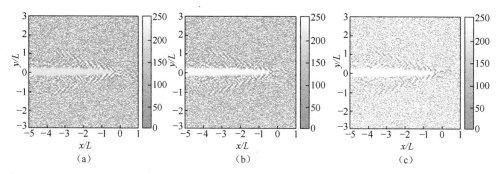

图 6-43　舰船尾迹波红外特征图像 ($U_{10} = 10\mathrm{m/s}, U = 9\mathrm{m/s}$)

(a) $\varphi_d = 10°$; (b) $\varphi_d = 45°$; (c) $\varphi_d = 85°$。

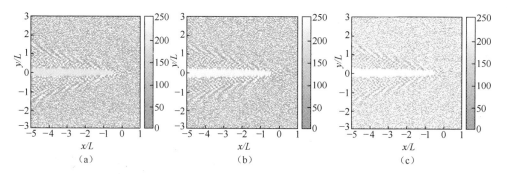

图 6-44　舰船尾迹波红外特征图像 ($U_{10} = 10\mathrm{m/s}, U = 12\mathrm{m/s}$)

(a) $\varphi_d = 10°$; (b) $\varphi_d = 45°$; (c) $\varphi_d = 85°$。

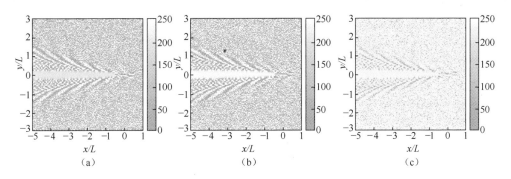

图 6-45   舰船尾迹波红外特征图像($U_{10} = 10\mathrm{m/s}, U = 15\mathrm{m/s}$)

(a) $\varphi_d = 10°$；(b) $\varphi_d = 45°$；(c) $\varphi_d = 85°$。

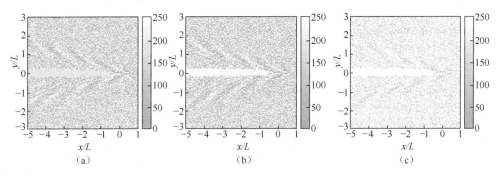

图 6-46   舰船尾迹波红外特征图像($U_{10} = 10\mathrm{m/s}, U = 18\mathrm{m/s}$)

(a) $\varphi_d = 10°$；(b) $\varphi_d = 45°$；(c) $\varphi_d = 85°$。

为随机海浪的特征。此时,湍流尾迹成为唯一可识别的舰船尾迹特征。因此,风速是个非常重要的因素,直接影响到尾迹探测的效果。

6.6   舰船尾流红外成像探测实验方法

6.6.1   实验设备

1. 温度分层流水槽

热尾流实验可在水槽、水池或海上进行。在水槽中开展舰船热尾流实验,方便易行,成本较低,可进行显示录像和水面及水下温度场的测量,是一种有效的开展舰船尾流研究的手段。

本节介绍海军工程大学热工实验室的温度盐度分层流水槽。水槽长、宽、高分别为 8m、1m、1m,水深 0.85m。水槽以三角铁为框架,壁面采用可视效果较好的钢化玻璃,并用玻璃胶进行密封黏接。温度分层流水槽如 6-47 所示。

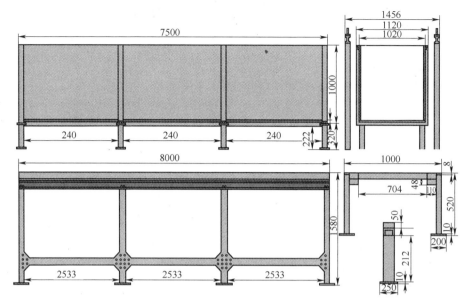

图 6-47　温度分层流水槽示意图

2. 实验模型

参照水滴型潜艇外形,制作了长 500mm、直径 65mm 的水下航行器模型,并在艇体尾部 1/3 处设置直径 6mm 的冷却水排放口,方向与艇体行进方向垂直并斜向下 45°。模型固定在深度可调的支架上,支架固定在由驱动电机推动的拖车平台上。驱动电机额定功率 250W,额定电压 220V,可使模型产生 0.05~0.65m/s 的连续可调速度。模型实体及拖车平台如图 6-48、图 6-49 所示。

图 6-48　水下航行器模型

图 6-49　拖车

3. 红外热像仪与黑体标定辐射源

对模型排放冷却水形成的热尾流浮升至水面所产生的红外特征,采用红外热像仪进行探测、热图采集与红外录像,并用数据采集卡及软件将录像视频保存在计算机硬盘中。本实验采用的红外热像仪为美国 FLIR 公司的 ThermaCAM™ E320

型焦平面热像仪。成像质量为 320×240 像素,温度分辨率为 0.07℃,具有 4 倍变焦功能,具有高分辨率 LCD 显示屏。该热像仪有 3 个可移动十字光标,并可随意移动测量图像上任意一点的温度。该热像仪具有非接触温度测量、热图拍摄、现场图像分析和存储等功能,并能够定量完成后处理分析和生成检测报告(表 6-2)。

表 6-2　E320 热像仪主要性能参数

测温范围/℃	−20~500℃
响应波段/μm	7.5~13μm
温度分辨率	0.07℃(30℃)
测温精度	±2℃或±2%
数码变焦	1 倍,2 倍,4 倍
视场	水平 20°×垂直 17°
最小焦距	30cm
操作环境温度	−15~50℃
尺寸(长×宽×高)	272mm×80mm×105mm
重量(含电池)	0.8kg

为了提高红外成像测温精度,利用英国爱松特 R 976-700 黑体炉作为标准热源,实时标定红外热像仪。R 976-700 黑体炉的发射率为 0.995,稳定性为 0.05℃/30min,腔口直径 65mm。参考探头为 935-14-94 N 型标准热电偶,在设定温度值 49.99,偏离值为 0.06,在设定温度值 217.0,偏离值为−0.74。利用 R 976-700 黑体炉对 E320 热像仪进行标定,由于整个实验过程中,温度基本在 25~50℃范围内,因此标定时,分别设定黑体炉腔的标准温度为 25℃、30℃、35℃、40℃、45℃、50℃共 6 个温度对热像仪进行标定,标定结果如图 6-50 所示。由图可知,红外热像仪测量的温度比黑体炉温度整体偏低 1~2℃。

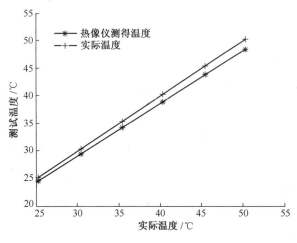

图 6-50　红外热像仪标定结果

4. 水下温度测量系统

由于水环境温差小,梯度也小,必须采用高灵敏度的温度采集与记录仪器。本实验采用热电偶传感器和信号采集处理器测量热尾流的温度,并用数据采集卡将温度结果记录保存在计算机硬盘中。其中,热电偶为铜—康铜 T 型热电偶,信号采集处理器为安杰伦(Agilent)34970A,数据采集卡具有 61/2 位的分辨率、0.004%的基本直流电压精度和极低的读数噪声、250 通道每秒的扫描速率。同时,水槽中安装了 16 支热电偶温度计,用于测量分层流水槽的温度分布。通过精度为 0.1℃的标准温度计校准热电偶输出结果。

根据实验需要,在模型沿着导轨移动过程中,需保证测量探头沿艇模尾流横向穿越,并给定探头在尾流横截面上的二维坐标。拖车上装有横向移动装置和横向标尺,在滑块横向移动过程中,通过改变电机的输入电压极性和大小来改变横向移动的方向和电机的转速,从而调节横向移动的速度;滑块上装有垂直方向的坐标架,其上的标尺能够给出探头沿垂直方向上的位置。这样,就可确定探头在尾流横截面中的横向和垂直方向的二维坐标。

6.6.2 水槽中温度分层的实现

1. 电热器加热实现温度分层

该方法采用盘面电热器对水槽进行加热,功率为 500W/支×7 支。将盘面电热器水平悬挂在水中,深度距水面约 50mm。加热完毕后,将电热器轻轻取走,以免破坏流体的温度梯度或影响艇模的运动。

表 6-3 为电热器加热后不同时间通过热电偶测得的温度。图 6-51 为加热前后的温度温度分布情况。

表 6-3　电热器加热后水槽温度分布

深度/m	初始温度/℃	开始加热后温度/℃			加热 120min 停止时温度/℃	加热停止后温度/℃	
		30min	60min	90min		30min	60min
10	20.8	27.8	32.7	35.4	37.9	34.7	31.1
60	20.8	25.9	29.5	31.2	34.1	32.8	30.2
110	20.8	21.7	22.9	24.2	25.1	25.7	26.9
160	20.8	21.0	21.1	21.3	21.4	21.9	22.9
210	20.8	20.9	21.1	21.2	21.3	21.5	21.7
260	20.8	20.8	21.1	21.1	21.2	21.2	21.3
310	20.8	20.8	21.1	21.1	21.1	21.2	21.2
360	20.8	20.8	21.1	21.1	21.1	21.1	21.1

（续）

深度/m	初始温度 /℃	开始加热后温度/℃			加热 120min 停止时温度/℃	加热停止后温度/℃	
		30min	60min	90min		30min	60min
410	20.8	20.8	21.1	21.1	21.1	21.1	21.1
460	20.8	20.8	21.0	21.1	21.1	21.1	21.1
510	20.8	20.8	21.0	21.0	21.1	21.1	21.1
560	20.8	20.8	21.0	21.0	21.0	21.0	21.0
610	20.8	20.8	20.9	21.0	21.0	21.0	21.0
660	20.8	20.8	20.9	20.9	20.9	20.9	20.9
710	20.8	20.8	20.8	20.8	20.8	20.8	20.8
760	20.8	20.8	20.8	20.8	20.8	20.8	20.8

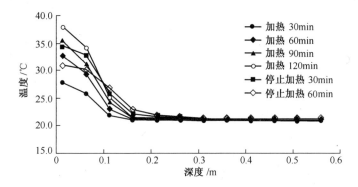

图 6-51　电热器加热不同时间后水槽温度分布

从图 6-51 可以看出,用电热器能对较厚的水层进行加热,且热效率较高。但由于电热器位于 50mm 深处加热,加热过程中形成的梯度在该位置温度偏高,且热力涡流导致该深度附近水层温差不大,分层效果不理想。停止加热后,水面与空气之间存在热辐射与对流,导致近表层水温下降得较快。取出电热器时对近表层水也存在一定的扰动,一定程度上造成了近表层水温分布较均匀。没有了热源后,热量向下传导困难,下层水温升高缓慢,梯度趋于平滑。总体来看,停止加热一定时间后,在近表层约 100mm 深度内存在一近似等温的水层,在 100~250mm 深度范围内存在较明显的温度梯度。

模型直径为 65mm,而表层存在近 100mm 厚的等温层,相对于模型尺度该等温层是不可忽略的。因此,该方法实现的温度分层并不理想。

2. 辐射灯照射实现温度分层

实际海水中的温度分层是由于太阳辐射造成的。为更加逼真模拟实际环境,实验采用 40 盏功率为 275W 的辐射灯分两排架设于离水面 0.3m 的高度处对水照射加热,如图 6-52 所示。

图 6-52　辐射灯照射加热水槽

初始水温为 27.3℃,辐射灯照射 2h 后停止,表 6-4 为通过热电偶测得温度分布情况。

表 6-4　辐射灯照射加热后水槽温度分布

深度/mm	0	5	10	15	20	25	30	35	40	45	50
温度/℃	37.3	37.3	37.2	37.0	36.8	36.2	35.8	35.2	34.8	33.7	33.3
深度/mm	60	70	80	100	120	150	200	250	300	350	400
温度/℃	32.5	31.3	30.6	29.4	28.5	27.7	27.4	27.3	27.3	27.3	27.3

从图 6-53 可以看出,利用辐射灯照射后 20~150mm 水深范围内存在明显的温度梯度,在 100mm 厚度水层中最大温差达 8℃。

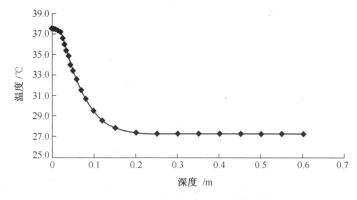

图 6-53　辐射灯照射加热后水槽温度分布

6.6.3　热尾流实验

1. 实验方法

1）热尾流温度场的直接测量

本实验利用水下热电偶温度传感器直接测量热尾流温度分布。通过研究模型在多种运行工况下热尾流的浮升特性,包括不同的航行速度、深度、排放流量等工况,分析上述诸因素对冷却水与环境水的热交换及运动浮升特点以及各种运行工况对热尾流热扩散和浮升的影响,用以研究控制热尾流红外特征的抑制方法。

2）尾迹热像显示法

利用 E320 红外热像仪对槽水表面的热尾迹 8～14μm 波段的红外成像特征进行红外摄像,研究模型在多种运行工况下热尾流的红外特性,包括不同的航行速度、深度、排放流量等工况对红外特征的影响,研究控制热尾流红外特征的抑制方法。

3）彩液示踪法

在冷却水中加入红墨水,显示热尾流浮升的轨迹和扩展规律,直观反映冷却水排放后的运动特征。利用 DV 记录热尾流的浮升扩散过程。

2. 实验准备

（1）将模型的输送热水管、流量计、流量泵、加热器连接好,使模型处于待运行状态。

（2）将水下温度分布测量系统的 14 个温度传感器和测量排水出口位置温度的 2 个传感器信号引线接入安杰伦（Agilent）34970A 高精度数据采集器,最后将数据采集器和计算机数据采集系统相连组成一套温度测量采集系统,并将驱动程序打开,对各个传感器的测温性能进行了调试,保证温度测量采集系统工作正常。

（3）将红外热像仪置于水槽顶端,用于采集水面热尾流成像。实验前对 E320 热像仪进行参数校正,设定准确的背景温度、发射率、温度范围、校准模式等,并打开录像驱动程序。

（4）对水槽注水或放水,使水槽水深为 0.85m。

（5）调整模型处于水中某一深度,向水箱中加入 65℃ 的热水。

（6）在水池拖车开始运动前,测量水池温度分布并记录测量数据。

3. 实验步骤

（1）当水池温度分布保持稳定时,由拖车拖动（某一恒定速度）模型（处于某一深度）直线匀速运动;当拖车速度稳定后,开启流量开关,将热水排出。可通过流量调节阀来调整排水出口的流量,同时通过排水出口的热电偶读出并记录排放水温度。

（2）温度传感器移动装置与数据采集系统同时计时,记录水下传感器的移动位置及相应位置的测量温度;在模型运动时,同时以稳定的速度拖动横向移动轨道

145

小车匀速穿越模型的热尾流区域,轨道小车牵引着水下温度传感器移动测量装置匀速穿越模型的热尾流区域,测量并记录水下热尾流的空间温度分布,从而获取整个流场的温度分布。

(3) 在进行水下温度测量的同时,利用红外热像仪对模型尾部浮升至水面的热尾流进行拍摄记录,获取水面尾流的红外特征,同时通过彩液示踪利用 DV 在水槽一侧对尾流进行录像,观察其浮升过程;在拖车运动停止后再延时拍摄录像一段时间,直至水面热尾流的红外图像特征变化不明显,且尾流基本停止浮升时,停止录像,至此完成一次航行工况下测量的全过程。

(4) 改变运行工况(深度、速度、流量),重复上述操作。

6.6.4 尾流红外成像结果与讨论

保持模型速度为 0.18m/s,冷却水排放流量为 1.05L/min,调整航行深度为 0、0.5 倍、1 倍、1.5 倍、2 倍、2.5 倍、3 倍、4 倍艇直径深度。

彩图 6-54 为通过红外热像仪录像截得的不同深度下尾流浮升至水面且出现最大温差信号时的红外图像。由图可知,航行深度越浅,在水面形成的红外特征越强。由于 FLIR E320 红外热像仪录像模式时所能显示的精度仅为 0.1℃,所记录的温差分辨率较低。当艇深为 4.5 倍艇直径时,基本无法拍摄到水面尾流信号。

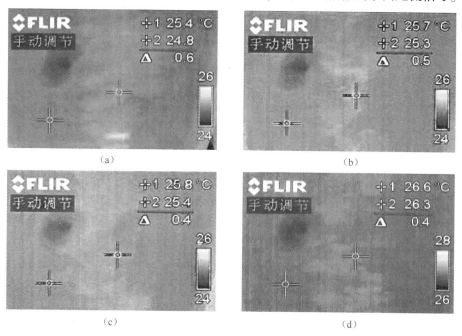

图 6-54 不同深度下尾流浮升至水面且出现最大温差信号时的红外图像
(a) 艇深为 0D;(b) 艇深为 0.5D;(c) 艇深为 1D;(d) 艇深为 1.5D。

图 6-55 为水面最大温差信号随艇深的变化规律。热尾流在浮升过程中,与环境水混合换热,随着深度的增加,浮升时间增长,混合越均匀,水面温差信号逐渐衰减(图 6-56)。因此,可以得出以下结论:浮升至水面的热尾流与环境水的最大温差与艇深基本呈线性关系,当艇深超过 5 倍艇径时尾流基本无法浮升至水面。

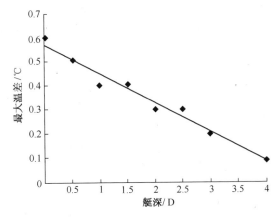

图 6-55　尾流浮升至水面的温差信号随深度的变化

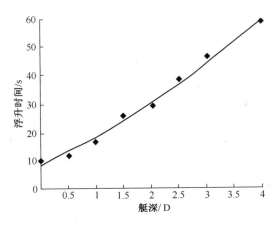

图 6-56　尾流浮升时间随深度的变化

6.7　小　　结

本章首先采用 RNG k-ε 湍流模型和 SIMPLEC 算法,在 Fluent 软件平台上对海洋环境下的舰船热尾流进行了三维数值模拟,得到了热尾流的温度分布特征;其次对湍流尾迹与周围粗糙海面的红外辐射特征进行了对比;最后针对海面舰船尾流场中尾迹波红外成像的特点,综合考虑环境参数的影响,采用射线跟踪算法,模

拟了不同观测条件下舰船尾迹波的红外成像特征,研究结果对利用舰船尾迹探测舰船目标具有重要的参考意义。其主要结论如下:

(1)当海面存在热尾流时,尾流中心区的温度要明显低于周围非尾流区的海水温度,随着深度的增加,尾流中心区的温度与周围非尾流区的海水温度差降低,这种现象逐渐减弱。由于尾流中的涡旋会将下层温度较低的海水沿着尾流中心区的方向向上搅动至上层尾流中心区,同时,上层温度较高的海水沿着尾流中心区两侧的方向向下搅动至下层尾流区,导致海水温度梯度截面的较深层尾流中心区的温度略低于两侧的尾流温度,而两侧的温度又稍高于非尾流区海水的温度。

(2)探测俯仰角的大小会影响到红外探测舰船尾迹波的结果。俯仰角较小时海面整体较暗,舰船尾迹波特征明显;俯仰角较大时海面整体较亮,舰船尾迹波特征减弱。

(3)气温的高低即白天和夜晚因素对红外成像结果有一定的影响。Kelvin 尾迹的成像特征受气温变化影响较小。气温较低时,湍流尾迹表面发射率在低俯仰角时会小于周围海面,自身辐射亦会弱于周围海面,表现为图像上的一条暗带;在高俯仰角时,湍流表面的发射率与周围海面相差无几,由于海面整体较亮,已较难分别出湍流尾迹。气温较高时,低俯仰角下天空背景辐射占据主导地位,湍流尾迹能够反射到更多的天空背景辐射,成像特征为一条亮带;湍流尾迹表面温度低于周围海面时,高俯仰角湍流尾迹区表现为一条暗带,而低俯仰角下湍流尾迹区较周围海面稍亮。

(4)海面风速是影响成像效果的重要因素。风速增加,海面对 Kelvin 尾迹的调制作用增强,最终会无法分辨,此时,湍流尾迹成为唯一可识别的舰船尾迹特征。

(5)只要海洋存在温度梯度,舰船通过后将破坏舰船尾流区原有的温度梯度结构,形成一个明显的冷的或热的温度化,形成明显的热尾流信号。舰艇冷尾流的形成主要是由两个因素引起的:一是螺旋桨的扰动;二是船体本身运动引起的大尺度的旋涡运动。潜艇热尾流的成因与水下排气和排放冷却水有关。

(6)影响舰艇冷热尾流信号强弱的主要因素是海洋本身的温度梯度的大小、目标船的吨位、吃水深度和水下废热排放的强度。海洋表层温度梯度越大,冷尾流信号就越强;目标船的吨位和吃水深度越大,越能将深层海水翻滚至海面,冷尾流的信号也越强。

思 考 题

1. 舰船尾流红外特征形成的原因是什么?

2. 在温度分层的海洋中航行的舰船为什么其尾流中的温度会低于周围海洋背景的温度?

3. 不同季节海洋表层中的温度会有什么变化规律？

4. 舰船尾流红外特征有几种主要形式？

5. 影响舰船尾流红外特征的因素有哪些？

6. 描述舰船热尾流的数学模型包含哪些方程？

7. 航速对舰船冷热尾流红外特征分别有什么影响？

8. 潜艇航行深度对尾流红外特征有什么影响？

参 考 文 献

[1] Peltzer R D, Garrett W D, Smith P M. A remote sensing study of a surface ship wake[J]. Int. J. Remote Sensing,1987, 8(5): 689-704.

[2]　BROWN P J. US satellites shadow China's submarines [N/OL]. Asia Times, http://www. atimes. com/atimes/ China/LE13Ad01. html, 2010-5-13.

[3] Wren G G, May D. Detection of Submerged Vessels Using Remote Sensing Techniques [J]. Auatralian Defence Force Journal,1997, 11: 9-15.

[4] 张健,杨立,袁江涛,等. 水下航行器热尾流实验研究[J]. 实验流体力学,2008, 22(3):7-13.

[5] 张健,陈翾,杨立,等. 水下航行器排放冷却水温度分布特性研究[J]. 船舶力学, 2009,13(4):533-539.

[6] 吴猛猛,陈伯义,张修峰,等. 温度分层水槽中水下航行体尾流水面热特征实验[J]. 红外与激光工程,2011,40(8):1425-1431.

[7] 陈伯义,雷渡民,吴猛猛,等. 水下运动体尾流的浮升规律及其水面冷热特征的数值模拟[J]. 红外与激光工程,2012,41(5):1140-1146.

[8] 张士成,杨桢,杨立. 海洋背景下 8~12μm Kelvin 尾迹红外探测 [J]. 红外与激光工程, 2011,40(10):1851-1855.

[9] Schwartz I B, Priest R G. Reflection driven ship wake contrasts in the infrared [R]. Washington D. C.: AD-A198991, 1988.

[10] 陶文铨. 数值传热学[M]. 西安:西安交通大学出版社,2001.

[11] Launder B E,Spalding D B. Lectures in mathematical models of turbulence[M]. London:Academic Press,1972.

[12] Yakhot V,Orzag S A. Renormalization group analysis of turbulence:I. Basic theory[J]. Journal of Scientific Computing,1986,1(1):1-51.

[13] Shih T H,Liou W W,Shabbir A,et al. A new k-ε eddy-viscosity model for high Reynolds turbulent flows-model development and validation[J]. Computers Fluids, 1995, 24(3):227-238.

[14] Fluent Inc. Fluent 6. 0 user's guide[Z]. Lebanon,USA:Fluent Inc,2003.

[15] Garber D H,Vrick R J,Cryden J. Thermal wake detection[R]. Navy Radio and Sound Labora-

tory Report S-20,AD-493809,1945.

[16] 冯士笮,李凤岐,李少箐. 海洋科学导论. 北京:高等教育出版社,1999:83-92.

[17] 顾建农,张志宏. 红外探测水面舰船远场热尾流的数学模型与计算[J]. 激光与红外,
2005,35(5):341-344.

[18] 张士诚. 舰船尾流红外特征与探测研究[D]. 武汉:海军工程大学,2012.

[19] 张劝华. 潜艇排气的浮升规律与热特性研究[D]. 武汉:海军工程大学,2009.

[20] 张晓怀,陈翾,杨立. 潜艇热尾流红外特征分析与计算[J]. 激光与红外, 2007,37(10):
1054-1057.

[21] 张建奇,方小平. 红外物理[M]. 西安:西安电子科技大学出版社, 2004:8-68,110.

[22] Jacobs P A. Thermal infrared characterization of ground target and backgrounds [M]. Washington UAS: SPIE Optical Engineering Press,1996: 8-15.

[23] Zilman G, Zapolski A, Marom M. The speed and beam of a ship from its wake's SAR images [J]. IEEE Transactions on Geoscience and Remote Sensing,2004, 42(10): 2335-2343.

[24] Milgram J H, Skop R A, Peltzer R D, et al. Modeling short sea wave energy distribution in the far wakes of ships[J]. J. Geophys. Res. ,1993, 98: 7115-7124.

第7章 潜艇水下排气控制与红外隐身

7.1 概　述

　　隐蔽性是潜艇的基本特征,但对于常规潜艇,柴油发电机动力装置必须在通气管状态下为蓄电池充电。此时柴油机排出的高温废气使潜艇周围的海水温度升高,使得这部分海水的红外热特征与海面背景产生明显的红外辐射差异。目前,舰载、机载高灵敏度的红外探测仪,可以捕捉到明显的红外辐射差异,以此对潜艇发动攻击。这就使得潜艇的隐蔽性大大降低,生存能力明显减弱。理论研究表明,在海面水温有 0.001℃ 的温差时所产生的辐射差异已可满足红外反潜探测的需要。当舰船尾流温度与周围海水的温差达到 0.02℃ 时,探测器对尾流目标的发现距离、识别距离、认清距离[1]分别为 8.84km、3.88km、2.74km。

　　红外隐身技术最早在军用飞机上得到应用,舰船的红外隐身起步较晚,但随着现代红外探测技术的发展和反潜技术的不断推进,机载前视红外装置能探测到水下 40m 深处的潜艇[2]。排气系统排出的高温烟气所带来的海面局部温度升高,对潜艇隐身提出了新的挑战,各国纷纷采用各种隐身技术,提高潜艇的隐身性能。

　　潜艇水下排气系统如图 7-1 所示。通气管航态下,水下排气口上方海面的局部范围内的明显突出的红外热特征是潜艇在此航态下暴露目标的原因之一,因此必须设法降低排出废气的温度,在废气排出艇体之前降到一定程度,减弱高温废气

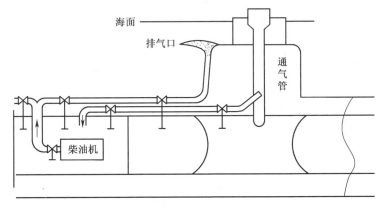

图 7-1　潜艇水下排气系统示意图

对海面温度的影响[2-4]。通过对潜艇排气系统冷却降温,降低高温烟气的出口温度,达到常规潜艇红外隐身的要求,增强潜艇隐蔽性,在红外对抗中能有效地保存自己,具有非常重要的现实意义。

7.2 国内外的研究概况

7.2.1 国外排气系统降温冷却措施

国外各型舰船都采取了一些具体的措施冷却排气系统管壁及废气,降低了排气系统高温烟气的温度,有效抑制了红外辐射,达到了一定的隐身效果[5]。

1. 空气冷却

空气冷却多应用于舰船水上排气系统。冷空气从不同的缝隙进入排气管段,被管内高温气体引射,为排气管壁内表面的金属提供了一个冷空气的薄膜冷却层,使排气管壁面与高温烟气隔离,减少了高温烟气与壁面的对流换热,降低了壁面温度,有效抑制了壁面的红外辐射。英国"支持者"(Upholder)级(2400型)常规潜艇柴油机排气管使用了这种空气冷却设备,大大降低了该艇的红外特征[6]。但是,空气冷却技术不适合用于潜艇水下发动机的排气降温,原因有两个:其一,采用空气冷却时,冷却空气流会引起额外的动力传输,加上摩擦损耗,会导致排气系统内的背压升高,这对于高背压的潜艇柴油机而言,非常不利;其二,空气冷却方法需要大量的冷空气,而潜艇水下工作时,艇内空气十分有限,不适合用来冷却高温废气。

2. 冷却水冷却

(1)对流水冷。它包括设置冷却水套、水夹层排气管、水浴式废气净化箱等常规冷却措施。通过冷却水与排气管壁的对流换热,达到冷却目的。几乎所有的舰船上都装备有一种或几种这类冷却设备。

(2)喷淋水冷。喷淋冷却水与排气直接接触,利用水的汽化潜热(高达2257kJ/kg),对排气进行大幅度温降。德国209级常规潜艇上使用了一种水冷却喷射消声器,这种系统通过喷射水雾,降低排气温度,抑制红外辐射,同时增大对排气噪声的衰减。日本海上自卫队"亲潮"(Oyashio)级常规潜艇柴油机排气系统上装备了一个海水喷射腔,采用海水直接喷射,能将排气温度由500℃降至60℃。

(3)水下排气。近年来,水面舰艇出于越来越严格的红外隐身性能的需要,也大量研究应用了水下排气的方式。Bolhm-Voss公司和MTU公司已经在研制舰艇柴油机的水下废气排放系统。美国洛克希德公司研制的"海影"号护卫舰采取将发动机排气管路安装在吃水线以下来降低排气系统热量的散发,避免在船体表面形成明显的红外热点。

除了空气冷却和对流冷却这两种基本的冷却方式外,各国还研究发展了其他方式的排气系统降温措施。

　　法国的"拉菲特"(laFayette)级护卫舰采取独特方法,排气烟囱等热点部位用增强玻璃钢制造,不易产生红外辐射,并涂以一种低发射率特殊涂料,对发动机排气口和玻璃钢排气管做了精细的隔热处理,有效抑制了红外辐射。德国MEKO舰改进了排气管出口的几何形状,使排气的扩散迅速均匀化,从而降低了总的红外辐射级。

　　由于核潜艇隐身技术的保密性,目前没有见到太多的研究工作。据报道,美国的"弗吉尼亚"级核潜艇(1998年建造)、英国的"机敏"(Asture)级核潜艇(2007年8月下水)、俄罗斯的"北风之神"级潜艇(1996年开始建造)在消除红外特征、尾流特征等方面都采取了一些独到的隐身措施。1990年,查到德国提出了一种潜艇冷却水排放控制的专利。

7.2.2　国内排气系统冷却技术研究

　　随着国防建设的需要,国内开展了若干关于红外对抗、红外特征模拟以及提高舰船红外隐身性能的研究,取得一系列的成果。

　　消声器是舰船排气系统重要的组成部分,不仅起到了降低噪声的作用,而且在降低排气温度方面也发挥了重要的功用。

　　2003年,哈尔滨工程大学柳贡民、黄亮、贺林等人设计研究了水喷淋型排气降温消声器[7-8],以抗性结构消声器为对象,在内部安装了多个喷头,喷入雾化冷却水,利用水的汽化潜热降低排出废气的温度。他们利用流体力学软件进行了消声器内部流场及温度场的分析计算,通过调节喷嘴的数量和压力,可以使排气温度由420℃降低到120~320℃。

　　在排气管内安装喷嘴,利用喷入雾化冷却水的方式进行降温冷却也得到了广泛的研究[9]。海军工程大学热工教研室袁江涛、杨立等针对动力机械排气系统内喷雾冷却的复杂过程,用Euler-Lagrange方法对气相和液相建立了模型[10],并在自行建立的排气系统喷雾降温实验台上进行了实验研究[11]。结果表明:当在烟道内布置18个喷嘴,水流量为0.486kg/s时,排气出口温度已从喷雾降温前的623K降至397K。可见,喷雾降温技术可显著降低动力排气系统的排气温度。同时,喷雾冷却不仅可以降低排气温度,还可降低排气压力损失。

　　水下排气也是一种很好的排气系统红外抑制方式,近年来已经在舰船上得到使用。

　　华中科技大学的孟清正等[12]分析比较了船用柴油机的各种排气方式后,认为水下排气是军用高速艇柴油机理想的排气方式,并通过实验研究了排气对螺旋桨的影响、艇底排气出口的位置选择和艇的阻力变化三个方面,结果表明,水下排气可作为高速艇可用的排气方式。

由华中科技大学和中船重工 701 所联合研究提出的负压区排气技术[13]，利用潜艇指挥台围壳附近流场的水动力效应所形成的"负压区"布置柴油机通气管排气口，并在同一类型艇上进行了新旧两种排气口（负压区排气口和原鸭嘴型排气口）的对比实验。结果表明，采用新的"负压区"排气口后，柴油机的排气背压在各工况下均有明显降低，降低幅度为 3.3381~8.610 kPa，排气温度在各工况下也均有明显降低，降温幅度可达 10~23℃。

排气系统是个复杂的系统，其最优化设计中要考虑到很多因素，如噪声的控制、排气温度的降低和力学性能的最大化等，越来越需要设计人员从总体上进行优化设计。

天津大学内燃机研究所的谷芳等进行了排气系统的数值模拟及优化设计[14]，建立了汽车排气系统的三维计算流体力学模型，对某排气系统的几款设计方案的排气背压进行了比较，找到了各款排气系统背压产生的主要原因，并且提出了进一步的改进措施，确定了排气系统的最佳方案。

7.2.3　一维分析方法的应用

潜艇的红外隐身已经成为一个重要的研究课题，国内对此研究颇少，也没有从整体上设计排气系统管路。排气系统的红外抑制应当从宏观上考虑高温烟气的排气噪声、阻力和温度降低等方面，以确保在温度降低的同时，不影响机械效率和噪声控制。国内外从宏观上对排气系统的研究还比较缺乏，排气系统宏观的研究具有一定的指导意义。

动力排气系统越来越需要从整体上对其进行设计研究，研究表明，FLOWMASTER 可以很好地实现这个功能。

FLOWMASTER 是 FLOWMASTER 公司基于流体网格基本原理开发的一维流体系统仿真软件，有强大的数据库管理能力。内含可压流体稳态和瞬态分析模块，可获得模型各处压力、温度、噪声等的数据，是车船排气系统仿真建模的理想工具。

2002 年，美国汽车工程师协会 SAE（Society of Automotive Engineers）利用 FLOWMASTER 软件，对汽车的排气系统整体建立模型[15]，包括排气净化器、消声器、弯管和排气尾管等部件，如图 7-2 所示。分析研究时既考虑到降低排气阻力损失，最大限度地降低排气噪声，降低废气出口温度，又确保良好的力学性能，从整体上对排气系统进行优化设计。

用一维方法建模[16]，不同于三维数值模拟方法[17-18]，FLOWMASTER 不需要建立数百万个网格，只需要根据经验公式进行计算，简化了计算方法，节省了计算时间，便于设计人员综合考虑各个因素，实现最优化方案设计。在美国 ArvinMeritor's Columbus 技术中心和华盛顿技术中心的实验研究表明，软件模拟与实际测量结果吻合较好。

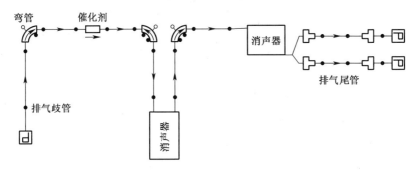

图 7-2 FLOWMASTER 建立的汽车排气系统模型

7.3 潜艇排气系统概述

排气系统是潜艇动力装置的重要组成部分,将主机产生的废气排出艇外,同时利用排气系统中的一系列设备还可以起到防止海水倒灌、降低排气噪声以及降低烟气的温度等功能。本节重点介绍常规潜艇水下排气系统的组成,对排气管路进行了传热学分析和管路阻力分析。

7.3.1 常规动力潜艇的排气系统

常规动力潜艇排出的废气可经由三个出口排出艇外[19],排气系统布置如图 7-3 所示。第一个是水下排气出口,潜艇在通气管航行状态下使用,布置在驾驶台围壳后方的水面以下约 2m 的鸭嘴形排气装置。鸭嘴形排气口上有许多排气小孔,将来自排气管的废气分散成多股细小的气流,然后排入海水中。第二个是水面航行工况下的排气出口,布置在艇艉水线附近。第三个是潜艇在迅速上浮时使用废气作为低压气源。

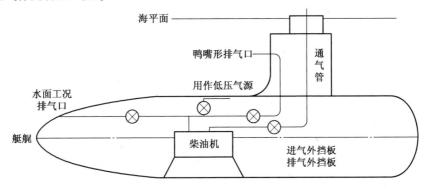

图 7-3 常规动力潜艇排气系统组成简图

1. 水下排气系统

从柴油机主机到第二个排气口之间的管路、阀门、冷却水套等设施组成了潜艇的水下排气系统。柴油机在通气管状态航行时,正是利用水下排气系统将主机产生的废气排出艇外。通过水下排气系统,可以起到降低排气噪声和排气温度的作用。在通气管航态时,除通气管暴露在水面(雷达、潜望镜根据需要而定),其他设备都处于海平面以下,通常俗称"柴油机水下工作"。此时,主机工作时会进行启动、运行或停车,因此可能会发生舷外海水经过水下排气管路倒灌入柴油机引发"液压冲击",对柴油机造成严重的损坏。

为了防止倒灌事故的发生,20 世纪 80 年代中期以来,在水下排气系统的设计中增加了一个大容积的多功能排气集水箱。某型装有多功能集水箱的常规动力潜艇自 80 年代中期以来,尚未发生过一起海水倒灌入柴油机汽缸的事故。

2. 水下排气管路

从柴油机主机排气口到潜艇鸭嘴形排气出口之间的管路有 15~20m,排气管路主要由两部分组成:无冷却水套部分和有冷却水套部分。在耐压壳与非耐压壳之间的排气管路部分是直接浸泡在海水中的。在潜艇耐压壳内的管路使用冷却水套对高温烟气进行冷却降温,如图 7-4 所示,由于受到潜艇内安装限制,管路是由多段连接而成的,因此排气管路是分多段进行冷却的。

为了防止海水倒灌,排气管路中还设置了多个排气挡板,如排气内挡板、排气外挡板和低压气挡板,使得柴油机废气能通过挡板排出艇外,而弦外海水不能通过挡板进入柴油机。

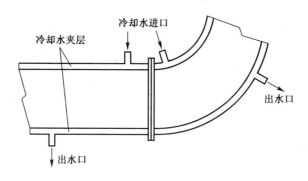

图 7-4 排气管路冷却水套结构示意图

3. 水下排气背压

为保证柴油机水下排气不易被探测到,一般水下排气口设置在距海平面 2m 深度处。众所周知,潜艇柴油机的排气背压通常由三部分组成[13],即

$$P_b = P_0 + \Delta P_f + \rho_s g H_0 \tag{7-1}$$

式中: P_b 为柴油机排气背压,Pa; P_0 为海面的环境大气压,Pa; ΔP_f 为排气管路阻

力,Pa;$\rho_s g H_0$ 为海水在通气管排气口处产生的静水压头,Pa。H_0 为海面到排气口中心的距离,m。

7.3.2　排气管路传热学分析

1. 传热过程

柴油机排出的高温烟气在排气管内的流动是高速流动,排气管路外侧的情况可能有以下几种情况。当排气管路位于室内,排气管路管外侧传热类型是自然对流传热。当潜艇通气管状态航行时,柴油机处于水下工作状态,水下排气管路中有冷却水套的管段外侧传热类型可认为是流体纵掠单管时的强迫对流传热。排气管路无冷却水套的管段可近似看作是处于静水中,因此外侧传热类型可作为自然对流传热处理。

以排气管路管外是无风的室内环境为例,分析管路传热过程。传热过程由以下几个过程组成:高温烟气在管内的强迫对流传热和辐射传热、经过管壁的导热、管外的自然对流传热和管壁的辐射传热。

设有长为 l 的一段圆管,如图 7-5 所示,圆管内外半径分别为 r_1、r_2,内外径分别为 d_1、d_2,A_1、A_2 分别为圆管内外表面积。圆管导热系数为 λ,圆管内外侧表面传热系数分别为 h_1、h_2,内外壁面温度分别为 t_{w1}、t_{w2},管内烟气温度为 t_{f1},认为管外空气为恒温 t_{f2}。假设传热处于稳定状态,这样从管内烟气经过管壁传到管外空气的每个环节的热流量 Φ 是不变的。

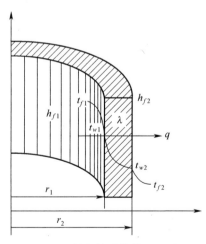

图 7-5　排气管路传热过程图

在管内,流动以湍流为主,辐射传热与对流传热相比量级小,可以忽略不计。当管外流动以层流为主时,辐射传热与对流传热量级相当,因此在计算时应同时考虑。

圆管壁的传热热阻为

$$R = \frac{1}{h_1 A_1} + \frac{1}{2\pi\lambda l}\ln\frac{d_2}{d_1} + \frac{1}{h_2 A} = \frac{1}{\pi h_1 d_1 l} + \frac{1}{2\pi\lambda l}\ln\frac{d_2}{d_1} + \frac{1}{\pi h_2 d_2 l} \quad (7\text{-}2)$$

圆管壁传热的热流量为

$$\Phi = \frac{\Delta t}{\dfrac{1}{h_1}\dfrac{d_2}{d_1} + \dfrac{d_2}{2\lambda}\ln\dfrac{d_2}{d_1} + \dfrac{1}{h_2 d_2}} = \frac{\pi l(t_{f1} - t_{f2})}{\dfrac{1}{h_1}\dfrac{d_2}{d_1} + \dfrac{d_2}{2\lambda}\ln\dfrac{d_2}{d_1} + \dfrac{1}{h_2 d_2}} \quad (7\text{-}3)$$

牛顿冷却公式为

$$\Phi = KA_2\Delta t = \frac{\Delta t}{R} \quad (7\text{-}4)$$

工程计算中,通常以圆管外表面积为基准计算传热系数,由上述三个式子可得管路总传热系数为

$$K = \frac{1}{RA_2} = \frac{1}{\dfrac{d_2}{h_1 d_1} + \dfrac{d_2}{2\lambda}\ln\dfrac{d_2}{d_1} + \dfrac{1}{h_2}} \quad (7\text{-}5)$$

式中:内表面传热系数 h_1 即内表面对流传热系数; h_2 为外表面传热系数,由外表面对流传热系数 h_{2c} 和管外辐射传热系数 h_{2r} 决定,即 $h_2 = h_{2c} + h_{2r}$。

2. 传热系数的确定

1) 管内强迫流动对流传热系数

管内强迫对流时平均对流传热系数特征关联式为[20]

$$Nu = 0.023\,(Re)^{0.8}\,Pr^n \quad (7\text{-}6)$$

式中: Re 为雷诺数, $Re = \dfrac{vd_1}{v}$,其中 v 为烟气流速, v 为运动黏度; Pr 为普朗特数; n 为流体被加热时值为 0.4,被冷却时值为 0.3。

内表面对流传热系数为

$$h_{1c} = Nu\frac{\lambda_{f1}}{d_1} \quad (7\text{-}7)$$

2) 管外自然对流传热系数[21]

当管路处于室内无风环境或浸泡于静水中时,这时的对流传热称为自然对流传热。

管外自然平均对流传热系数特征关联式为

$$Nu_2 = 0.53\,(Gr_m\,Pr_m)^{1/4} \quad (7\text{-}8)$$

式中: Gr_m 为特征温度下的格拉晓夫数, $Gr = \dfrac{g\alpha_v \Delta t_2 d_2^{\,3}}{v^2}$,其中 g 为当地重力加速

度,取 $g = 9.8 \text{m/s}^2$, α_V 为体积膨胀系数, $\alpha_V = 1/T_m$, T_m 为特征温度, $T_m = \frac{1}{2}(t_{w2} + t_{f2}) + 273$, Δt_2 为对流传热温差, $\Delta t_2 = t_{w2} - t_{f2}$。

同式(7-7),可得管外自然对流传热系数 h_{2c}。

3) 管外强迫对流传热系数

当管路处于流动中的水中,如管外有冷却水套时,此时的传热类型为管外环形通道内的强迫对流传热。由于环形通道高度 $\frac{1}{2}(d_1 - d_2)$ 远大于热边界层厚度 δ,因此可近似用纵掠平壁计算式计算。

流体纵掠平壁,流动为层流时的平均对流传热系数特征关联式为

$$Nu_3 = 0.664 \, Re_m^{1/2} \, Pr_m^{1/3} \tag{7-9}$$

同式(7-7),可得管外强迫对流传热系数 h'_{2c}。

4) 表面辐射传热系数

表面辐射传热系数可由下式确定,即

$$h_r = \frac{\varepsilon \sigma (T_{w2}{}^4 - T_{f2}{}^4)}{T_{w2} - T_{f2}} \tag{7-10}$$

式中: σ 为斯忒藩-玻耳兹曼(Stefan-Boltzmann)常量。

排气管表面发射率的确定是利用红外测温仪在排气管路上进行了实际测量。如图 7-6 所示,在排气管路表面黏贴发射率为 0.95 的胶带,用红外测温仪分别测量胶带表面和附近一点的温度。利用测得的两点温度用下述公式可以计算出排气管外表面的发射率[22],即

$$\varepsilon = \varepsilon_r \frac{T_{s1}{}^4 - T_{s2}{}^4}{T_{r1}{}^4 - T_{r2}{}^4} \tag{7-11}$$

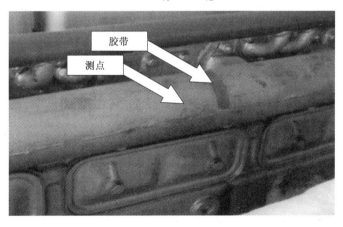

图 7-6　表面辐射传热系数的测量

式中：ε_r 为胶带发射率，$\varepsilon_r = 0.95$；T_{s1}、T_{s2} 为被测点前后两次测得温度；T_{r1}、T_{r2} 为胶带上前后两次测得温度。

5）总传热系数随管径的变化规律

发动机排气管内的高温烟气在排气管内的流速较高,流动为激烈的湍流流动,只考虑流动激烈程度对对流传热系数的影响。假定发动机运行在排气流量一定,且排气温度不变的稳定状态。随着管径的增加,气流湍动程度降低,烟气与管壁接触不够充分,对流换热程度降低,管内强迫对流传热系数减小。由于管外室内环境温度可认为基本保持不变,管外自然对流传热变化不大,则排气管路总传热系数随管径的增大而减小,计算结果如图 7-7 所示。

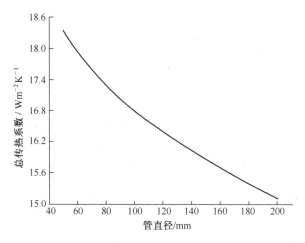

图 7-7　总传热系数随管径的变化规律

7.3.3　排气管路阻力计算

在工程设计中计算中,根据流体流出的边界沿程是否变化,把能量损失分为两类:沿程损失 h_f 和局部损失 h_j[23]。

1. 沿程损失的确定

在边界不变的缓变流整个流程中,流动阻力沿程也基本不变,克服沿程阻力所引起的能量损失称为沿程损失。沿程损失通常可用达西-维斯巴赫(Darcy-Weisbach)公式表示,即

$$h_f = \xi \frac{l}{d} \frac{v^2}{2g} \tag{7-12}$$

式中：ξ 为沿程阻力系数,它与流体的黏度、流速、管道的内径以及管壁粗糙度等有关,是一个无因次的系数,由实验确定；l 为管道长度；d 为管道内径；$\dfrac{v^2}{2g}$ 为重力下

流体的速度压头。

管壁绝对粗糙度 Δ 是指管壁的粗糙凸出部分的平均高度;相对粗糙度 Δ/d 是绝对粗糙度 Δ 与管径 d 的比值。

对于确定的管道流动,只需要确定公式中的沿程阻力系数 ξ,就可得到沿程损失 h_f。

2. 局部损失的确定

实际管道系统由于运行和安装的需要,要安装一些变径管、阀门、弯管和三通等。流体流经这些管道配件时,在边界急剧变化的区域,流体的流动状态也是急剧变化的,流动阻力主要集中在该区域及其附近,这种集中分布的流动阻力称为局部阻力,克服局部阻力所引起的能量损失称为局部损失。通常可用下式确定,即

$$h_j = \zeta \frac{v^2}{2g} \tag{7-13}$$

式中: ζ 为局部阻力系数,是一个无因次的系数,根据不同的管件由实验确定。

7.4　发动机高温排气喷雾降温实验

为了研究排气冷却装置和其他相关产品的性能,Davis 公司专门搭建了高温废气风洞实验台(Hot Gas Wind Tunnel),其中高温气流由燃烧器燃烧液体燃料产生。为了更加真实地反映细水雾蒸发冷却器对发动机高温排气的喷雾降温效果,袁江涛等人(2009)直接将设计的冷却器装配到实际发动机,进行了喷雾降温实验研究[25]。实验结果有助于深入了解发动机排气喷雾降温过程,有助于指导喷雾降温装置的设计,也为后续验证数值模拟计算的有效性提供了必要的实验数据。

7.4.1　喷雾降温实验台架

1. 实验台架总体布置

为了检验细水雾蒸发冷却器对发动机高温排气的喷雾降温性能,在现有 6-135 柴油机性能实验台的基础上,建立了发动机排气喷雾降温实验台架。实验装置主要由高温排气系统、细水雾蒸发冷却器、高压供水系统及数据采集系统组成,实验台架的总体布置如图 7-8 所示。6-135 柴油机是本实验的高温气源,其主要性能参数如表 7-1 所列,调整水力测功器进水阀的开度可以获得不同的柴油机负荷,从而改变柴油机的排气温度。发动机产生的高温排气经排气总管和一个变径管进入喷雾降温实验段,实验段安装有细水雾蒸发冷却器,冷却器由高压供水系统提供高压冷却水。冷却器上游布置有 1 个烟气温度测量点 O,用来测量喷雾前的烟气温度;冷却器下游布置有 7 个烟气温度测量点 $A \sim G$,测量喷雾后不同位置处的烟气温度;冷却器上游和下游各布置 1 个烟气压力取样点 P_1 和 P_2,用来测量两

点之间的压力损失,这些参数测量点全部位于排气总管的中心线上。$W_1 \sim W_4$ 为 4 个壁面温度测量点,用来测量排气总管不同位置处的内壁面温度。实验段尾部的下端安装有 1 个排污阀,以备喷雾量较大时将实验段存留的积水排出。实验系统末端安装有背压调节阀,可通过调整阀的开度,调整发动机排气背压,以便分析排气背压对排气喷雾降温的影响。喷雾降温后的烟气最终排入室外大气环境。

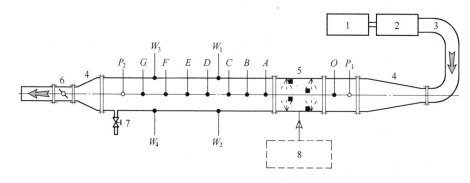

图 7-8　发动机排气喷雾降温实验系统示意图

1—水力测功器;2—柴油机;3—排气总管;4—变径管;
5—细水雾蒸发冷却器;6—背压调节阀;7—排污阀;8—高压供水系统。

表 7-1　6-135 柴油机主要性能参数

汽缸数	6
汽缸排列方式	单列立式
缸径	135mm
冲程	150mm
额定转速	1500r/min
额定功率	110.3kW
活塞总排量	12.9L
启动方式	24V 电启动
燃烧系统	直接喷射式
外形尺寸	1435mm×797mm×1190mm
柴油机净重	1280kg
排气总管温度	≤550℃

2. 高温排气系统

细水雾蒸发冷却器的设计是着眼于为将来研发大型发动机高温排气喷雾降温装置提供参考的。实际的大型发动机排气流量很大,排气总管的直径也比较大,而

6-135 柴油机原排气总管直径仅为 68mm。排气总管尺寸相差过大,主要对冷却器上喷嘴的布置形式会产生较大的影响,如排气总管直径较大时,喷嘴布置可以采用多喷嘴圆周对称的形式布置排列,而排气总管直径较小时,就难以采用这种布置方式。为了在实验段最大程度地接近实际大型发动机排气系统的结构,本文对 6-135 柴油机原排气系统进行了结构改造。采用一变径管将柴油机原排气管内径从 68mm 扩大到 197mm,为了利用柴油机原排气管路系统将喷雾降温后的烟气排往室外,在实验段的尾部再用一变径管将排气总管从内径 197mm 缩小至原来的 68mm,方便与原来排气管路的连接。改造后的柴油机排气系统如图 7-9 所示。与原排气系统相比,改造后的排气系统增大了实验段的排气管直径,烟气流过时,由于实验段上流通截面的增加,烟气流速有所减小,但不影响柴油机的其他工作性能。

图 7-9　改造后的发动机排气系统

1—水力测功器;2—柴油机;3—排气总管;4—变径管;
5—细水雾蒸发冷却器;6—背压调节阀;7—排污阀;8—启动电源。

3. 细水雾蒸发冷却器

实验段安装有细水雾蒸发冷却器,通过法兰结构与发动机排气系统连接,拆装都比较方便,实际装配效果如图 7-10 所示。值得指出的是,该细水雾蒸发冷却器的结构与尺寸是在发动机排气系统改造后的基础上确定的,即首先改造了 6-135 柴油机的排气系统,然后在改造后排气管路尺寸及排气参数的基础上,确定了细水雾蒸发冷却器的结构形式与尺寸参数。

4. 数据采集系统

实验测得的温度电势信号和压力电流信号由图 7-11 所示的 Agilent 34970A 数据采集系统实时采集,采集后的数据直接输入计算机。该数据采集系统由美国 Agilent Technologies 公司生产,可作为独立的仪器使用,也可与计算机相连,实时采集和存储各种测量信号。高温排气喷雾降温实验时,设置各个测量数据的采样时

图 7-10　细水雾蒸发冷却器与排气总管的装配

间间隔为 10s。图 7-12 所示为本实验采用的数据采集系统和线路连接示意图,总共占用了 Agilent 34970A 数据采集系统的 13 个数据通道,其中 12 个温度电势通道、1 个压力电流通道。

图 7-11　数据采集系统

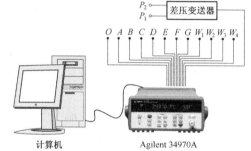

图 7-12　数据采集系统及线路连接示意图

5. 排气管壁保温处理

实验初期发现,由于排气总管壁面向环境传热,导致喷雾前烟气温度沿排气总管轴向有一定程度的温降。本实验的目的是检验细水雾蒸发冷却器对实际发动机高温排气的喷雾降温效果。为了突出冷却器的喷雾降温性能,后续实验均在排气总管外壁裹覆了一层保温材料,排气总管向环境的散热大大减少。在后续喷雾降温实验中,基本上可以认为,高温烟气温度的下降仅由冷却器向排气内喷雾所致。发动机排气喷雾降温实验的现场布置如图 7-13 所示,其中排气总管外壁包裹的一层白色物质为保温材料。

7.4.2　烟气温度测量装置

1. 测温装置的结构设计

排气总管内喷雾后,微细雾滴与高温烟气相互掺混,彼此交融,形成复杂的多

图 7-13　发动机排气喷雾降温实验现场布置

相流动。采用普通热电偶测量气雾混合流中的烟气温度,难免会有未蒸发的雾滴附着在测温探头上,导致测量结果失真。由于缺乏有效的测量手段,气体-液滴两相流动问题的温度测量,一直是离散型两相流动实验研究的难点之一。尽管国内外相继提出了一些测量手段和装置,但这些测量装置普遍针对性较强,测量精度高的,结构形式往往非常复杂,加工起来难度大,也不适合用于空间狭小的场合;结构形式简单的,测量精度又难以达到。为解决这一问题,本实验专门设计了如图 7-14 所示的屏蔽式气相温度测量装置。该装置主要由屏蔽罩、保护套管及套管内的热电偶组成。安装时,应保证屏蔽罩朝向混合流的迎风面,通过调整锁紧螺母调整

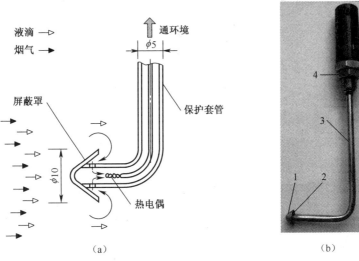

（a）　　　　　　　　　　（b）

图 7-14　屏蔽式气相温度测量装置

（a）结构示意图;（b）实物图。

1—屏蔽罩;2—进气孔;3—保护套管;4—锁紧螺母。

测温装置的安装高度,使屏蔽罩位于排气总管的轴线上。烟气-雾滴混合流经过屏蔽罩时,未蒸发的雾滴被屏蔽,保护套管与环境相通,少部分烟气可通过位于屏蔽罩内侧保护套管上的 4 个直径 0.40mm 的进气孔进入保护套管,这样就可以保证热电偶测温探头只与气相接触,而与雾滴不接触,达到真实反映烟气温度的目的。保护套管的直径 5mm,屏蔽罩的头部直径 10mm,测温装置整体尺寸较小,对排气流场的影响不大。进入保护套管的烟气量很小,对发动机排气的影响可忽略不计。

2. 测温装置的性能分析

采用图 7-14 所示的烟气温度测量装置测温之前,首先采用 CFD 数值模拟技术对该装置的测温性能进行了分析。CFD 模拟着眼于两个方面:一是测温装置对气体相和液滴相的分离效果;二是测温装置上有雾滴附着时对烟气温度测量结果的影响。数值模拟基于 Euler-Lagrange 方法在流体计算软件 Fluent 平台上进行。

1) 计算模型与网格划分

取一段长 200mm 的圆柱形区域作为 CFD 模拟的计算区域,其中测温装置位于中间位置。按照排气总管与测温装置的实际尺寸参数,采用 Gambit 软件建立了计算区域的三维几何模型,如图 7-15 所示。其中,排气总管直径 197mm,测温装置的 4 个微孔直径 0.4mm,这两个尺寸相差悬殊,给计算网格的划分带来较大难度。比较了多种网格划分方案之后,最终选用的是结构化-非结构化多块混合网格划分方法。首先将整个计算区域分成 4 块,如图 7-16 所示,然后对包含测温装置的 2 块复杂流域采用非结构化网格划分,进口和出口附近的 2 块流域几何形状比较规则,采用结构化网格划分,并在壁面和 4 个微孔附近区域的网格进行加密处理。结构化和非结构化网格在毗连边界上匹配对接,在毗连边界上的所有节点都是两种网格形式共有的节点,边界面两侧的网格形状分别为结构化和非结构化网格,从而保证了计算网格的连续性。当计算区域的网格数为 659543 时,计算收敛,

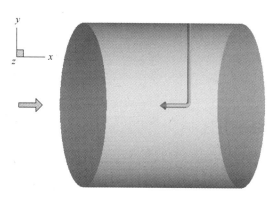

图 7-15　几何模型

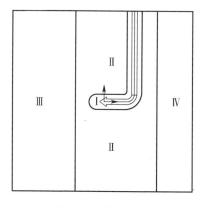

图 7-16　模型分块

且继续增加网格数量时,各变量的计算值没有明显变化,即认为得到与网格无关的解,网格划分效果如图 7-17 所示。

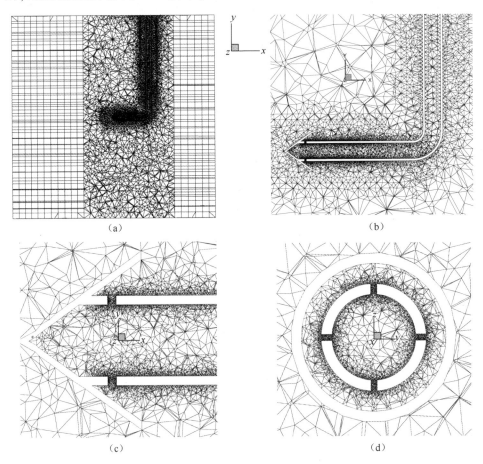

图 7-17　计算网格

(a) 网格全局图($z=0$ 平面);(b) x-y 截面网格局部图;
(c) 屏蔽罩附近的网格(x-y 平面);(d) 4 个微孔附近的网格(y-z 平面)。

2) 气体-液滴分离效果分析

为方便分析,研究测温装置对气体-液滴两相流动的分离效果时,不考虑雾滴的蒸发效应。CFD 模拟时,气相湍流采用 RNG k-ε 双方程描述,雾滴的运动采用随机轨道模型模拟,初始条件取自喷嘴雾化特性实测结果,气体进口设为速度入口边界条件,气体出口设为压力出口边界条件。

经数值模拟,得到流场收敛后的气相速度场和雾滴的运动轨迹,分别如彩图 7-18 和彩图 7-19 所示。如图 7-18 可见,由于屏蔽罩的遮挡,气相速度场在屏蔽罩后方边缘附近产生了较大的漩涡,大部分气体绕过测温装置继续向下游运动,少部分气体沿直径0.40mm的微孔进入测温装置的套管,并在套管内部形成大量小漩涡。图7-19所示的雾滴运动轨迹表明,粒径不同的雾滴运动过程中与测温装置相遇后,部分雾滴绕过屏蔽罩继续向下游运动,还有部分雾滴则直接附着于屏蔽罩,微孔内没有雾滴通过。数值模拟结果表明,设计的测温装置能够有效地分量气相与雾滴,气相可以从4个微孔进入套管,而雾滴不进入,这就保证了套管内部的测温探头只与气相接触,而与雾滴不接触。

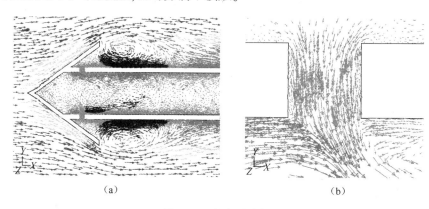

(a)　　　　　　　　　　　　　　　　(b)

图7-18　气相速度场

(a)屏蔽罩附近的速度场;(b)微孔附近的速度场。

图7-19　雾滴运动轨迹

3)雾滴附着对测温结果的影响

雾滴运动轨迹的计算结果表明,测温装置安装在气体-液滴两相流场内,部分雾滴运动过程中会附着于测温装置的迎风面,当附着的雾滴比较多时,屏蔽罩和套管竖直管段的迎风面会形成一层液膜。因此,虽然测温装置内部没有雾滴进入,但液膜的形成对烟气测温结果仍会产生一定影响,本节采CFD方法对此进行了定性分析。

液膜形成后,测温装置液膜覆盖区域的温度基本与水膜温度一致,其他区域在屏蔽罩阻挡作用下,无液膜产生,与高温烟气之间有热交换。根据这一特点,可以将测温装置整个边界分为两个区域,分别设定不同的热边界条件。屏蔽罩和套管竖直管段的迎风面有液膜附着,温度基本不变,故设为第 1 类边界条件,给定该边界的温度值 T_w;作为定性计算,测温装置的其他区域按照第 3 类边界条件处理,给定烟气的温度 $T_g = 500K$,表面传热系数 $h = 80W/(m^2 \cdot K)$。少量雾滴附着时,在屏蔽罩和套管竖直管段迎风面形成的液膜厚度小,边界温度相对较高;大量雾滴附着时,形成的液膜厚度大,边界温度相对较低;没有雾滴附着时,测温装置边界全部按照第 3 类边界条件处理。文献[8]的实验研究表明,高温烟气内未蒸发雾滴附着在热电偶测温探头上时,热电偶的指示值为 70℃左右,据此本研究认为测温装置上液膜覆盖的区域的温度在 70℃左右。雾滴附着量不同时给定的第 1 类热边界条件如表 7-2 所列。

表 7-2　热边界条件

雾滴附着情况	少量雾滴附着	较多雾滴附着	大量雾滴附着
边界温度 T_w/K	353	343	333

在不同热边界条件下的 CFD 计算结果如彩图 7-20 所示。没有雾滴附着时,金属套管内部气相温度与来流气相温度基本一致;有雾滴附着时,遮蔽罩附近区域和套管竖直管段迎风面附近区域的气相温度明显比气相来流气相温度低,且附着的雾滴越多,这两个区域的气相温度也越低,即气相温度的测量误差越大。值得指出的是,不论有多少雾滴在测温装置上附着,微孔至套管竖直管段之间的水平管段内的气相温度与来流气相温度偏差最小,亦即测温误差最小,热电偶测温探头布置在这一位置,测温装置的测温误差最小。

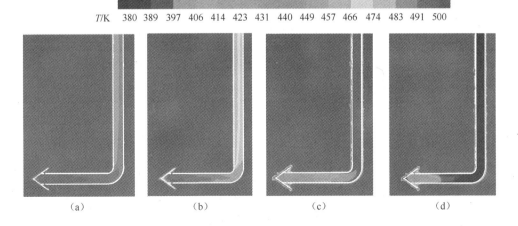

T/K　380　389　397　406　414　423　431　440　449　457　466　474　483　491　500

　(a)　　　　　　(b)　　　　　　(c)　　　　　　(d)

图 7-20　雾滴附着对气相温度场的影响

(a) 无雾滴附着;(b) 少量雾滴附着;(c) 较多雾滴附着;(d) 大量雾滴附着。

3. 壁面温度测量方法

喷入的雾滴在细长排气总管内运动时,在惯性力、烟气湍流脉动和重力的作用下,难免会有部分雾滴不可避免地与排气总管内壁发生碰撞,对排气喷雾降温效果产生一定影响。雾滴与壁面碰撞后的行为与壁面温度密切相关。因此,要描述雾滴碰壁行为,必须测量排气总管的内壁面温度。

壁面温度可采用埋设热电偶的方法进行测量。普通壁面的热电偶埋设方法比较简单,在壁面上打一个比热电偶结点稍小的微孔,然后将热电偶导线从微孔穿出,再将热电偶结点固定在壁面上即可。然而,在细长排气总管内壁面上进行上述操作是比较困难的。为此,采用了如图 7-21 所示的热电偶埋设方法。首先在排气总管壁温测点上打一个 M6 的小孔,然后在 M6 的螺母上打一个比热电偶结点稍小的通孔,再将热电偶导线从螺母上的通孔中穿出,将热电偶结点固定在螺母端部,最后将装有热电偶的螺母安装在排气总管壁面上,安装时注意使螺母的端面与排气总管内壁面基本取平。实验时,沿排气总管轴向取两个位置测量内壁温度,在同一轴向位置的上部和下部各布置一个测点,即共有 4 个内壁温测点。

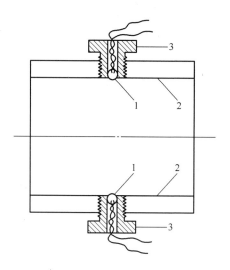

图 7-21 壁温测量热电偶的埋设
1—热电偶结点;2—内壁面;3—M6 螺母。

7.4.3 压力损失测量装置

烟气在排气总管内流动会产生压力损失,包括摩擦压力损失和局部压力损失。对直径不变的排气总管而言,压力损失主要是由烟气与排气总管壁面间的摩擦阻力导致,烟气流速越大,压力损失也越大。排气总管内喷雾会对排气压力损失产生一定影响。实验时,在细水雾蒸发冷却器上游 P_1 点和排气出口 P_2 点分别安装了取压装置,如图 7-22 所示,用差压变送器测量二者的压差,即 P_1 至 P_2 处的压力损失。差压变送器由香港上润精密仪器有限公司生产,型号为 WIDEPLUS-DP,配有三阀组,精度 0.5 级,量程 3000Pa,输出信号为 4～20mA 直流电流,如图 7-23 所示。为避免进入差压变送器的烟气温度过高损坏感压元件,在取压管与差压变送器之间装有冷凝器。

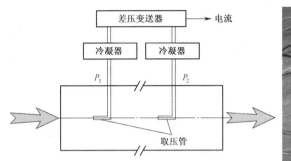

图 7-22　压力损失测量装置

图 7-23　差压变送器和三阀组

7.4.4　测量结果及其分析

实验时,柴油机转速为 1500r/min,负荷 62.5%,喷雾前排气温度的测量结果为 623K 左右,排气流量为 0.321m³/s。背压阀全开时,细水雾蒸发冷却器分别设置成单层和双层喷雾模式,雾化压力分别从 2.0MPa 以 0.5MPa 的幅度逐渐增至 5.0MPa,进行了 14 种工况的喷雾降温实验测量。此外,在双层喷雾模式下,将雾化压力调整为 4.0MPa,进行了不同排气背压下的排气喷雾降温实验。总共进行了 16 种工况的实验测量。

1. 排气温度测量结果

在发动机排气总管内单层喷雾后,测点 $A \sim G$ 的排气温度随时间变化的测量结果如图 7-24 所示。可见,排气总管内以不同雾化压力单层喷雾后,烟气温度迅速降低,喷雾后约 80s,烟气温度降至稳定值,之后基本保持不变。烟气的降温幅度随雾化压力的提高而增大,这是由于随着雾化压力的提高,雾滴尺寸减小,而且喷雾量增大,这都有利于烟气的喷雾降温。由测量结果看,不同雾化压力下,测点 A 处的测量值总是明显低于其他测点。这是因为测点 A 距离喷雾点仅有 350mm,当地的雾滴浓度特别大,大量雾滴附着在保护套管上,对进入套管的少量烟气有较强的冷却作用,导致测量结果偏低,实验数据处理时,应将该点的测量值舍弃。

发动机排气总管内双层喷雾后,测点 $A \sim G$ 的排气温度随时间变化的测量结果如图 7-25 所示。不同雾化压力下,排气总管内喷雾后烟气温度迅速降低,喷雾后 80s 左右,烟气温度降至稳定值。雾化压力越大,喷雾降温效果越明显。相同雾化压力下,双层喷雾较单层喷雾时的喷雾量增加 1 倍,因此烟气温度较单层喷雾时降

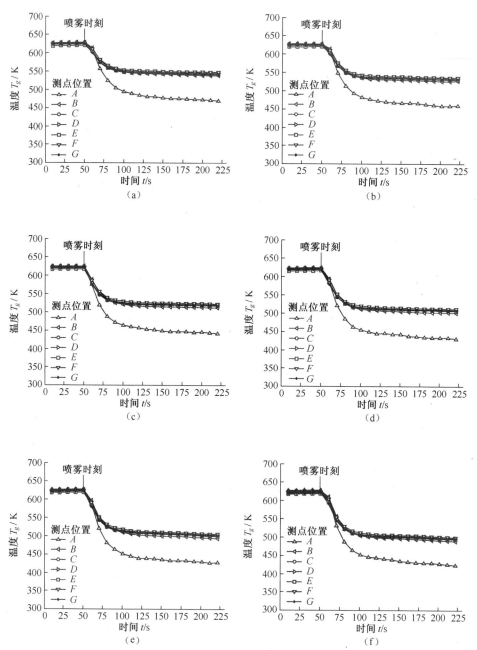

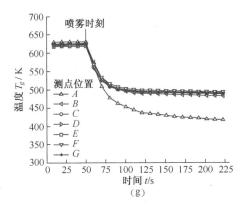

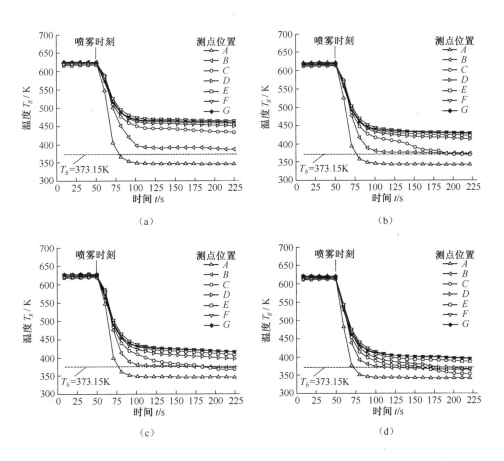

图 7-24　单层喷雾后排气温度随时间的瞬态变化

（a）$p=2.0$MPa；（b）$p=2.5$MPa；（c）$p=3.0$MPa；（d）$p=3.5$MPa；
（e）$p=4.0$MPa；（f）$p=4.5$MPa；（g）$p=5.0$ MPa。

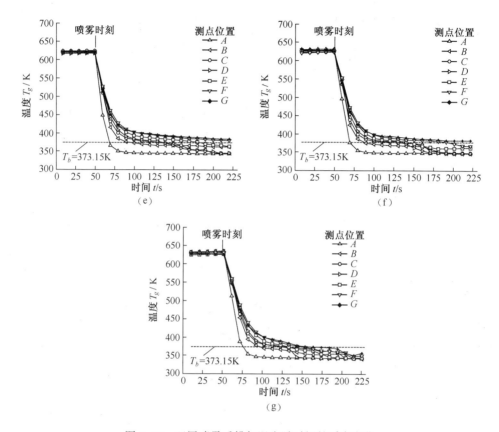

图 7-25 双层喷雾后排气温度随时间的瞬态变化

(a) $p=2.0MPa$；(b) $p=2.5MPa$；(c) $p=3.0MPa$；(d) $p=3.5MPa$；
(e) $p=4.0MPa$；(f) $p=4.5MPa$；(g) $p=5.0MPa$。

得更低。双层喷雾时,测点 $A \sim G$ 距离喷雾点分别为 150mm、350mm、550mm、850mm、1150mm、1500mm 和 1900mm,随着雾化压力的提高,喷雾量也增加,测量烟气温度时受雾滴影响的测点个数也增多。由测量结果看,$p=2.0MPa$ 时,A、B、C 3 个测点的测量值明显偏低,测点 A 处的测量值甚至低于液态水的饱和温度,这是由于当地的雾滴浓度太大导致,数据处理时应予以舍弃。基于同样的理由,$p=2.5 \sim 3.5MPa$时,舍弃 $A \sim D$ 4 个测点的测量值;$p=4.0MPa$ 时,仅保留 F、G 两个测点的测量值;$p=4.5MPa$ 时,仅保留测点 G 的测量值;$p=5.0MPa$ 时,由喷嘴流量特性可知,10 个喷嘴的流量为 91.7L/h,比理论喷水量多出 12%,喷出的水雾难以全部蒸发,$A \sim G$ 7 个测点受未蒸发雾滴的影响很大,测量值均在液态水饱和温度以下,测量结果显然不合理,实验数据处理时,应将该工况的所有测量值全部舍弃。

从测量结果看,排气总管内不论单层喷雾还是双层喷雾,喷雾点上游的烟气温度不受影响,喷雾点后,烟气温度迅速降低,80s 左右达到稳定值。图 7-26 所示为雾化压力对喷雾降温效果的影响,图中散点为排气出口温度测量值,实线为拟合值。由图可见,雾化压力越大,排气出口温度(即测点 G 的测量值)越低。单层喷雾时,喷雾量较小,烟气降温幅度也较小,$p=2.0$MPa 时,烟气温度可降至 541K,$p=5.0$MPa 时,烟气温度可降至 487K,烟气出口温度与雾化压力近似呈线性关系;双层喷雾时,喷雾量较大,烟气降温幅度也较大,$p=2.0$MPa 时,烟气温度可降至 459K,$p=4.5$MPa 时,烟气温度可降至 378K,烟气出口温度与雾化压力为非线性关系,当 $p>4.5$MPa 时,烟气温度基本降至液态水的饱和温度,继续增大雾化压力或喷雾量,烟气温度的变化不再明显。测量结果表明,高温排气喷雾降温,喷雾量并非越大越好,喷雾量较小时,喷入的雾滴可完全蒸发汽化,烟气温度随喷雾量的增大而明显降低;喷雾量过大时,喷入的雾滴难以完全蒸发汽化,继续增加喷雾量,烟气温度下降的幅度不再明显,未蒸发的雾滴还会在排气总管内形成积水,带来一些新的问题。就本研究而言,$p<4.5$MPa 时,喷入的细水雾可基本完全蒸发汽化;双层喷雾且 $p>4.5$MPa 时,喷入的部分雾滴难以完全蒸发汽化,排气总管内产生了少许积水。总体看来,排气出口压力对应的液态水饱和温度可视为烟气降温的极限温度。实验结果表明,在气体-液滴两相流条件下,设计的屏蔽式烟气温度测量装置可以有效分离烟气和雾滴,并在雾滴浓度不是特别大时准确测量烟气温度。

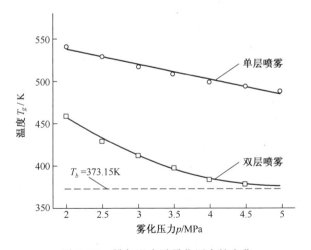

图 7-26　排气温度随雾化压力的变化

2. 壁面温度测量结果

单、双层喷雾前后,排气总管内壁面 4 个不同测点处的温度测量结果分别如表 7-3 和表 7-4 所列。可见,喷雾前,排气总管内壁温度基本保持在 538~548K,喷雾后,不同测点处的壁面温度均有不同程度的下降。单层喷雾后,由于烟气温度的降低,不同测点处的壁面温度降至 445~479K;双层喷雾时,由于烟气的降温幅度更大,相应的壁面温度降得更低,在 398~445K。

表 7-3 单层喷雾时壁面温度测量结果

p/MPa	喷雾前温度				喷雾后温度			
	T_{W1}/K	T_{W2}/K	T_{W3}/K	T_{W4}/K	T_{W1}/K	T_{W2}/K	T_{W3}/K	T_{W4}/K
2.0	542	540	543	538	476	472	477	465
2.5	543	545	540	543	478	470	469	467
3.0	542	546	543	545	479	473	470	460
3.5	547	543	541	540	472	466	468	458
4.0	543	541	545	543	474	468	465	454
4.5	546	547	543	551	467	464	462	448
5.0	547	542	541	543	477	465	458	445

表 7-4 双层喷雾时壁面温度测量结果

p/MPa	喷雾前温度				喷雾后温度			
	T_{W1}/K	T_{W2}/K	T_{W3}/K	T_{W4}/K	T_{W1}/K	T_{W2}/K	T_{W3}/K	T_{W4}/K
2.0	546	542	540	547	445	439	440	433
2.5	542	548	543	547	444	435	443	418
3.0	540	544	546	544	431	420	426	412
3.5	547	543	540	546	420	416	419	408
4.0	540	540	546	540	416	415	411	400
4.5	545	546	540	542	422	418	409	405
5.0	548	545	544	545	419	414	410	398

3. 压力损失测量结果

排气总管内喷雾后,排气压力损失随时间的瞬态变化如图 7-27 所示。由测量结果看,排气总管内喷雾前,排气压力损失约为 85Pa,喷雾后,压力损失迅速降低。单层喷雾时,不同雾化压力下的排气压力损失降至 21~34Pa。双层喷雾时,雾化压力越高,排气压力损失越小,$p=2.0MPa$ 时的压力损失降为 46Pa,$p=5.0MPa$ 时的压力损失降至 8Pa。排气压力损失随雾化压力的变化如图 7-28 所示,图中散点为实验值,实线为拟合值。单层喷雾时的排气压力损失随雾化压力的变化规律不够明显,双层喷雾时,排气压力损失随雾化压力的提高而非线性减小。

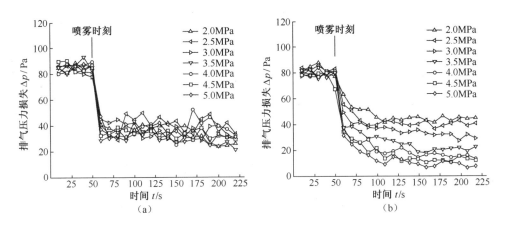

图 7-27　排气压力损失随时间的变化

（a）单层喷雾；（b）双层喷雾。

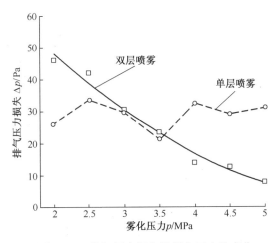

图 7-28　排气压力损失随雾化压力的变化

4. 排气背压的影响

发动机的排气背压对排气喷雾降温有一定影响。改变背压调节阀的开度可改变发动机的排气背压。在双层喷雾模式下,将雾化压力调整为 4.0MPa,分别将背压调节阀置于全开、关闭 1/4、关闭 1/3 的位置,测点 F、G 处的烟气温度随时间的测量结果如图 7-29 所示。背压调节阀全开时,排气的初始温度约为 623K,雾化压力为 4.0MPa 双层喷雾后,排气温度可降至 383K,降幅为 240K;背压阀关闭 1/4,排气背压增大,排气初始温度增至 655K,喷雾后,排气温度可降至 423K,降幅为 232K;背压阀关闭 1/3,排气初始温度增加至 713K,喷雾后,排气温度可降至 467K,降幅为 246K。测量结果表明,增大排气背压,排气初始温度上升,以同样的雾化压力和喷雾模式向排气总管喷雾后,排气温度随时间的瞬态变化规律基本一致,排气的降温幅度基本相同。

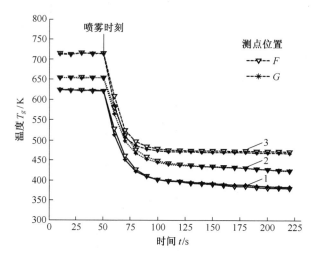

图 7-29　排气背压对烟气温度的影响（双层喷雾,$p = 4.0$ MPa）

1—背压阀全开;2—背压阀关闭 1/4;3—背压阀关闭 1/3。

图 7-30 所示为不同排气背压下向排气总管内以 4.0 MPa 双层喷雾后的压力损失测量结果。可见,排气背压越大,排气阻力越大,排气压力损失也越大。背压阀全开时,排气压力损失仅为 85Pa 左右;背压阀关闭 1/4 时,压力损失增大为 330 Pa 左右;背压阀关闭 1/3 时,压力损失增加至 450 Pa 左右。向高温排气内喷雾后,在不同排气背压条件下,排气压力损失均有一定程度的减小。背压阀全开时,排气压力损失为 15Pa 左右;背压阀关闭 1/4 时,压力损失为 220Pa 左右;背压阀关闭 1/3 时,压力损失增加至 350Pa 左右。

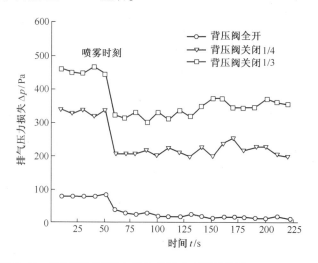

图 7-30　排气背压对压力损失的影响（双层喷雾,$p = 4.0$ MPa）

总体看来,排气背压增加,柴油机工作性能会发生较大变化,主要表现在排气温度升高,排气阻力增大。在不同排气背压下,排气总管内喷雾均会大幅降低排气温度,压力损失也均有不同程度的降低。

7.5 小　　结

本章针对某型柴油机排气系统管路进行了理论分析和实验研究,并分析了绝热层对烟气温降幅度的影响,同时在实验平台上对模拟结果进行了验证,得到了以下主要结论。

(1)对常规动力潜艇排气系统建立了一维模型,分析了原来排气系统和排气管路中安装喷雾冷却装置两种方案下柴油机排出高温烟气的温降幅度和阻力损失,并理论计算出了潜艇排气系统出口可以降低到的温度。

(2)通过柴油机排气降温实验台的测定,发现绝热层的覆盖使得排气管路导热系数减小,管路传热系数因此也有所降低,高温烟气通过整个管路的温度降低的幅度也变小。在约 8m 长的排气管路上覆盖绝热层可使温降幅度减少 30K。通过改变排气管路阀门开度来改变柴油机排气背压,柴油机排气温度随之变化。阀门开度越小,柴油机排气阻力越大,排气温度越高,沿管路的温降幅度也越大。

(3)通过改变排气管路阀门开度,改变柴油机排气背压,柴油机排气温度随之变化。阀门开度越小,柴油机排气阻力越大,排气温度越高,沿管路的温降幅度也越大。

(4)以现有的 6-135 柴油机性能实验台为基础,建立了发动机排气喷雾降温实验台架,将设计的细水雾蒸发冷却器装配到发动机排气总管,测量了喷雾后的排气温度和压力损失。设计了一种屏蔽式气相温度测量装置,用 CFD 方法分析了该装置的测温性能,结果发现,设计的屏蔽式测温装置可以有效分离气体和雾滴,在雾滴浓度不是很大的环境下可以准确测量气相温度,并得出测温探头布置在套管水平段测温误差最小的结论,较好地解决了两相流条件下气相温度测量难的问题。

(5)实验结果表明,发动机排气系统加装细水雾蒸发冷却器后,从高压供水系统开启,到烟气温度降至稳定值,整个过程仅需要 80s,喷雾降温后,排气压力损失较原来有所降低。喷雾量较小时,排气出口温度与雾化压力近似呈线性关系,喷雾量较大时,出口温度随雾化压力的提高而非线性减小,排气出口压力对应的液态水饱和温度可视为排气降温的极限温度。柴油机排气背压增加,其工作性能会发生较大变化,主要表现在排气温度升高,排气阻力增大。在不同排气背压下,排气总管内喷雾均会大幅降低排气温度,压力损失也均有不同程度的降低。

思 考 题

1. 潜艇排气系统的功能是什么？有几个排气出口,分别在什么情况下使用？
2. 潜艇排除的废气通过什么方式降温？
3. 影响排气对流传热降温的主要因素有哪些？
4. 排气喷雾降温有什么特点？
5. 影响喷雾降温的主要因素有哪些？
6. 喷雾降温对管道压降有什么影响？

参 考 文 献

[1] 张晓怀,陈翱,杨立. 潜艇热尾流红外特征分析与计算[J]. 激光与红外,2007,37(10): 1054-1057.

[2] 王小川,杨立. 潜艇排气系统的红外抑制[J]. 激光与红外. 2009,39(4):393-396.

[3] 贺林,柳贡民,黄亮. 降低柴油机排气系统的温度在舰船红外隐身中的应用[J]. 柴油机, 2005(增刊):351-353.

[4] 袁江涛,杨立. 现代舰船红外辐射及其控制策略分析[J]. 激光与红外,2006,36 (10):943-947.

[5] Ugur K. Study on the design of inlet and exhaust system of a stationary internal combustion engine [J]. Energy Conversion and Management,2005,46(12):2258 - 2287.

[6] 李海燕,何友金,朱敏. 水面舰艇红外隐身技术[J]. 红外技术,2004,26 (2):29-32

[7] 贺林. 水喷淋消声器设计与实验研究[D]. 哈尔滨:哈尔滨工程大学,2006.

[8] 黄亮. 水喷淋消声器排气冷却效果及阻力特性仿真研究[D]. 哈尔滨:哈尔滨工程大学,2006.

[9] Vandam D,Birk A M. 1/4 scale hot flow model test of a GE LM2500 exhaust system [C]. International gas turbine and aeroengine congress and exposition,Cologne German,1992(6).

[10] 袁江涛,杨立,孙嵘,等. 机动军事目标动力排气系统喷雾降温的三维仿真[J]. 系统仿真学报,2009,21(2):330-334.

[11] 袁江涛,杨立,王小川,等. 动力排气系统细水雾蒸发冷却试验研究[C]. 中国工程热物理学会传热传质分会论文集,青岛:中国工程热物理学会,2009(11).

[12] 孟清正,徐国华,李国佩. 军用高速艇主柴油机水下排气方式的试验研究[J]. 船海工程,2002(6):27-29.

[13] 李四娣,张建华,俞强,等. 潜艇负压区排气技术实艇应用对比试验研究[J]. 武汉造船,1999(5):16-18.

[14] 谷芳,刘伯谭,李洪亮,等. 基于CFD数值模拟的汽车排气系统结构分析[J]. 内燃机学报,2007,25(4):358-363.

[15]　Roger J,Stephen M,Paul S W. Modelling Exhaust Systems Using One-Dimensional Methods [C]. Michigan:Arbin Meritor SAE 2002 World Congress Detroit,2002(1).

[16]　Liege, Belgium. A quasi-one-dimensional CFD model for multistage turbomachines [J]. Journal of Thermal Science,2008,17(1):7-20.

[17]　Jianwang Shao,Aimin Du,Xiaoxiong Jin. Research of Automotive Exhaust System Hanger Location [C]. IEEE Vehicle Power and Propulsion Conference,Harbin,China,2008.

[18]　Wang Xiaofang,Jin Baosheng,Xiong Yuanquan. Flow Behaviors of Gas-Solid Injector by 3D Simulation with Kinetic Theory of Granular Flow [J]. Chinese Journal of Chemical Engineering,2008,16(6):823-831.

[19]　陈国钧,曾凡明. 现代轮机舰船轮机工程[M]. 长沙:国防科技大学出版社,2001(5):308-310.

[20]　俞佐平,陆煜. 传热学[M]. 第 3 版. 北京:高等教育出版社,1995.

[21]　戴锅生. 传热学[M]. 第 2 版. 北京:高等教育出版社,1999.

[22]　杨立,杨桢. 红外热像仪测温原理与技术[M]. 北京:科学出版社,2012.

[23]　靳智平. 流体力学 泵与风机[M]. 北京:中国电力出版社,2008.

[24]　王小川. 潜艇排气系统降温的数值模拟与实验研究[D]. 武汉:海军工程大学, 2009.

[25]　袁江涛. 发动机排气喷雾降温的试验研究与数值模拟[D]. 武汉:海军工程大学, 2009.

第8章 机电设备温度场与红外监测诊断

8.1 概　述

红外热像技术是一门通过非接触热成像进行数据采集和热信息分析的学科。红外成像技术有三大功能：一是将人眼的观察范围扩展到红外光谱区；二是极大地提高人眼观察的灵敏度；三是获得了客观世界与热运动和温度相关的信息。

红外热成像监测技术是伴随着红外热像仪的发明而产生和发展的。20世纪60年代早期，西方一些国家在红外前视系统的基础上增加了测温的功能研制成功了红外热像仪，并将其应用于军事，用来在黑夜或浓厚云雾中探测对方伪装的目标，获得了巨大成功；从20世纪60年代中期开始，红外热像仪应用到了电力行业，如瑞典国家电力局首次成功应用了红外热像仪进行了电力设备的故障诊断；近年来，随着半导体集成电路技术、热辐射探测器材料研究的进步，采用非致冷红外焦平面阵列探测器的热成像仪的成功研制，使得热像仪的体积更小、价格更低、使用更加方便、应用范围更为广泛。

目前，红外热像仪的应用已覆盖了从民用到国防的诸多领域，如传热研究、设备状态监测与诊断、材料无损检测、建筑节能评价、红外遥感、军事目标红外测量、大气红外检测、工业设备红外监控、自动测试、交通管理、医学热诊断、减灾防灾、产品研发、质量控制与过程监测等[1]。

8.2 红外辐射参数测量

8.2.1 温度

1. 红外测温原理

红外热像仪测温是靠接收被测物体表面发射的辐射来确定其温度的。测量时热像仪接收到的有效辐射包括三部分：目标自身辐射、目标反射的环境辐射和大气辐射[2]（图8-1）。因此，作用于热像仪的入瞳辐射照度为

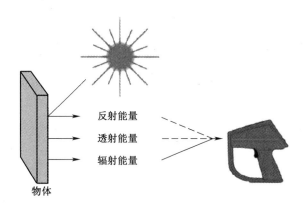

图 8-1　热像仪接收到的辐射量

$$E_\lambda = A_0 d^{-2} [\tau_{a\lambda} \varepsilon_\lambda L_{b\lambda}(T_o) + \tau_{a\lambda}(1 - \alpha_\lambda) L_{b\lambda}(T_u) + \varepsilon_{a\lambda} L_{b\lambda}(T_a)] \quad (8\text{-}1)$$

式(8-1)右边括号中第一部分为目标表面自身光谱辐亮度,第二部分为目标反射的环境光谱辐亮度,第三部分为大气辐射。其中,目标表面的辐射亮度为

$$L_\lambda = \varepsilon_\lambda L_{b\lambda}(T_o) + \rho_\lambda L_{b\lambda}(T_u) = \varepsilon_\lambda L_{b\lambda}(T_o) + (1 - \alpha_\lambda) L_{b\lambda}(T_u) \quad (8\text{-}2)$$

式中: T_u 为环境温度; T_o 为目标表面温度; ε_λ 为表面辐射率; ρ_λ 为表面反射率; α_λ 为表面对环境辐射的吸收率; A_0 为热像仪最小空间张角所对应的目标的可视面积; d 为该目标到测量仪器的距离;对同一台热像仪, $A_0 d^{-2}$ 为一个常值; $\tau_{a\lambda}$ 为大气的光谱透射率; $\varepsilon_{a\lambda}$ 为大气辐射率。

进入热像仪镜头某一波长的辐射功率为[3]

$$P_{i\lambda} = E_\lambda \times A_R \quad (8\text{-}3)$$

式中: A_R 为热像仪透镜的面积。

通过热像仪光学系统的辐射通量为

$$P_{t\lambda} = \tau_{op} P_{i\lambda} \quad (8\text{-}4)$$

式中: τ_{op} 为光学系统的透过率。

通常热像仪工作在 $2\sim5\mu m$ 或 $8\sim14\mu m$ 波段,探测器将工作波段上的入射辐射积分,并将它转化成一个与辐射能量成正比的电压信号。

由于红外热像仪的工作波段较窄,对大多数材料通常可近似认为 ε_λ 、 α_λ 、 $\tau_{a\lambda}$ 与 λ 无关;依据文献可知,热像仪与辐射功率相应的响应电压为

$$V_s = K\{[\tau_a[\varepsilon I(T_0) + (1 - \alpha)I(T_u)] + \varepsilon_a I(T_a)\} \quad (8\text{-}5)$$

$$K = A_r A_0 d^{-2} \tau_{op} \quad (8\text{-}6)$$

$$I(T) = \int_{\Delta\lambda} R_\lambda L_{b\lambda}(T) \mathrm{d}\lambda \quad (8\text{-}7)$$

式中: R_λ 为探测器的光谱响应度,对某台确定的热像仪为常值。

由于红外热像仪接收的是目标的自身辐射、环境的反射辐射和大气辐射的总

和,无法确定各自的份额。通常假定其接收的辐射为某一黑体发射的辐射,因此将红外热像仪指示的温度称为辐射温度[4]或表观温度[5]。

令

$$V_s/K = I(T_r) \tag{8-8}$$

式中:$I(T_r)$ 也称为红外辐射热像仪的刻度函数[3],通常通过标定得到 $I(T_r)$ 与黑体温度的关系,则式(8-5)变为

$$I(T_r) = \tau_a[\varepsilon I(T_o) + (1-\alpha)I(T_u)] + \varepsilon_a I(T_a) \tag{8-9}$$

由式(8-9)可知,当被测表面为黑体,即 $\varepsilon = 1$,$\alpha = 0$ 且大气透射率 $\tau_a = 1$,$\varepsilon_a = 0$ 时,$I(T_r) = I(T_o)$,热像仪测量的辐射温度就是物体表面的真实温度;当被测表面 $\varepsilon < 1$ 时,热像仪的辐射温度不等于物体的真实温度;当被测物体为灰体即 $\alpha = \varepsilon$,且 $\varepsilon_a = 1 - \tau_a$ 时,式(8-9)变成

$$I(T_r) = \tau_a[\varepsilon I(T_o) + (1-\varepsilon)I(T_u)] + (1-\tau_a)I(T_a) \tag{8-10}$$

这是热像仪测温修正计算常用的基本公式[6]。

对近距测量,可认为 $\tau_a = 1$,则

$$I(T_r) = \varepsilon[I(T_o) - I(T_u)] + I(T_u) \tag{8-11}$$

对灰体表面,已知环境温度和物体表面发射率就能准确测出物体表面的真实温度。图8-2为环境温度是300K时,不同发射率时红外热像仪的刻度函数与目标温度的关系曲线,也称为标定曲线。由图可知,只要知道了环境温度和目标发射率以及热像仪的输出刻度值,就能由该曲线确定目标的真实温度 T_o。一般情况下,对物体表面发射率 $\varepsilon < 1$ 的情况,当环境温度小于目标温度时,目标温度大于热像仪指示的辐射温度;当环境温度高于目标温度时,情况正相反。

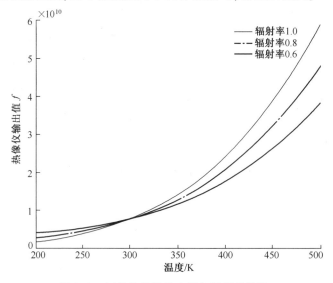

图8-2 红外热像仪输出值与温度的关系

当环境温度不同时,标定曲线就不同,利用该方法就比较复杂,且精度不高。所以最好的方法是给出一个多项式来近似计算函数 $I(T)$,利用式(8-11)计算求解真实温度 T_o 。

由普朗克辐射定律可知

$$I(T) = \int_{\Delta\lambda} R_\lambda L_{b\lambda}(T)\,\mathrm{d}\lambda = \int_{\Delta\lambda} R_\lambda \frac{C_1}{\pi}\lambda^{-5}\left[\exp\left(\frac{C_2}{\lambda T}\right) - 1\right]^{-1}\mathrm{d}\lambda \qquad (8\text{-}12)$$

式中:$C_1 = 3.7418\times10^{-4}(\mathrm{W\cdot cm^2})$ 和 $C_2 = 1.4388(\mathrm{cm\cdot K})$ 分别为第一、第二辐射常数。

当不考虑 R_λ 随波长的变化时,在接近环境温度条件下,对式(8-12)在 $2\sim5\mu m$ 和 $8\sim14\mu m$ 波段积分可分别得到 $I(T)$ 随温度的变化关系,如图 8-3 所示。它们近似满足如下关系[7],即

$$I(T) \approx CT^n \qquad (8\text{-}13)$$

式中:在 $2\sim5\mu m$ 时, $n_1 = 9.2554$;在 $8\sim14\mu m$ 时, $n_2 = 3.9889$ 。对于不同型号的热像仪,由于探测器的光谱响应 R_λ 不同,即使工作在同一波段,辐射能随温度的变化也会有所不同,n 值也有所不同,使用过程中应加以注意。

当测量温度范围较宽时,可采用文献[6]推荐的标定曲线,即

$$I(T) = \frac{A}{Ce^{B/T} - 1} \qquad (8\text{-}14)$$

式中:A、B、C 为取决于热像仪实际光圈、滤镜、摄像头型号等的常数,可通过对黑体测得的一系列不同温度下对应的仪器输出值,采用最小二乘法拟合得出。

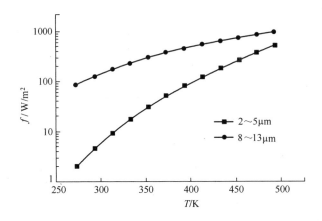

图 8-3　不同波段辐射能随温度的变化关系

将式(8-13)代入式(8-10),并且当被测表面满足灰体近似时, $\varepsilon = \alpha$,且认为大气 $\varepsilon_a = 1 - \tau_a$,则有

$$T_r^n = \tau_a \left[\varepsilon T_o^n + (1 - \varepsilon) T_u^n + \left(\frac{1}{\tau_a} - 1 \right) T_a^n \right] \tag{8-15}$$

$$T_0 = \left\{ \frac{1}{\varepsilon} \left[\frac{1}{\tau_a} T_r^n - (1 - \varepsilon) T_u^n - \left(\frac{1}{\tau_a} - 1 \right) T_a^n \right] \right\}^{1/n} \tag{8-16}$$

这就是灰体表面真实温度的计算公式。

对近距测量时,$\tau_a = 1$,则式(8-16)可变为

$$T_0 = \left\{ \frac{1}{\varepsilon} \left[T_r^n - (1 - \varepsilon) T_u^n \right] \right\}^{1/n} \tag{8-17}$$

当被测表面温度很高时,$T_u/T_0 \ll 1$,可忽略,则

$$T_0 = \frac{T_r}{\sqrt[n]{\varepsilon}} \tag{8-18}$$

对灰体,由式(8-17)和式(8-18)可知,当已知被测物体表面的发射率和环境温度,可由测量的辐射温度直接算出表面真实温度,也称为直接测量法[6](图8-4)。

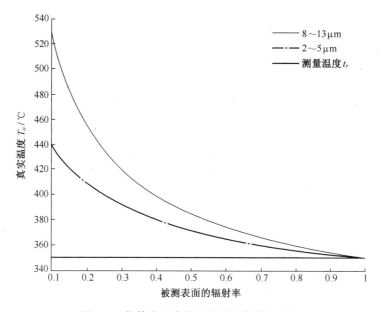

图8-4 物体表面真实温度随发射率的变化

2. 温度标定

红外热像仪接收外界的红外辐射信号,它是如何将这些信号转化为温度的呢?这就涉及红外热像仪的标定。对于新的或使用一段时间后的热像仪,需要对测量的物体温度信号与热像仪产生的电信号之间的关系进行标定,保证热像仪的示值误差满足准确度的要求。

热像仪的标定主要包括示值误差和测温一致性的测试,并应在标准实验室内

进行。如图 8-5 所示,实验室的环境温度应为 23℃±5℃,湿度应不大于 85%RH,室内无强的环境热辐射。

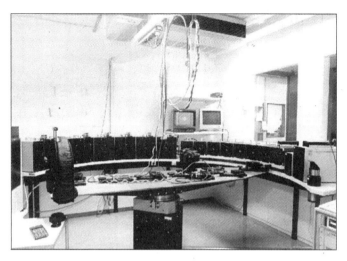

图 8-5　瑞典 FLIR 红外标定实验室

标定时采用许多不同温度的标准黑体参考辐射源,这些参考黑体具有极高的发射率,几乎接近于 1,其精度必须符合相关国际标准。如图 8-6 所示,参考黑体按半圆排列,热像仪固定在旋转台的中间,与标定台的自动控制系统相连。热像仪依次对准每一个参考源,后者将提供一个信号,其强度与温度相对应。将每一对输出信号和对应的温度画在图上,拟合成标定曲线后(图 8-7),保存在热像仪的内存

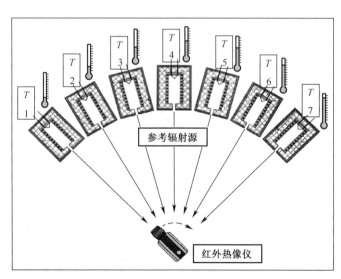

图 8-6　不同参考辐射源的标定

187

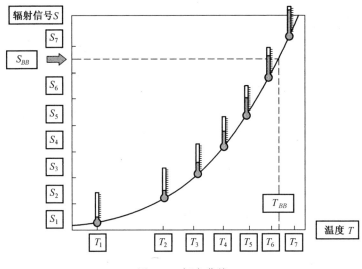

图 8-7 标定曲线

中。热像仪的探测器接收到一定量的红外辐射后,将产生对应的信号输出,根据标定曲线热像仪将输出信号转化为相应的温度。

通常应采用腔式黑体辐射源和面辐射源分别对热像仪的示值误差和测温一致性进行标定,黑体辐射源的温度范围应满足热像仪的校准要求和其他性能指标(表 8-1)[7],并可分为低温、中温和高温辐射源。黑体辐射源温度通常采用精密的接触温度计或辐射温度计测量,如热电偶和铂电阻温度计。

表 8-1 黑体辐射源的性能指标

辐射源种类	校准内容	温度范围	空腔有效发射率	温度稳定性	准确度
腔式黑体 辐射源	示值误差 测温一致性	100℃ 以下	0.99 ±0.01	±0.05℃	±0.2°
		100 ~ 1000℃	0.99 ±0.01	±0.1°	±0.6°或±0.2%
		1000 ~ 2000℃	0.99 ±0.01	±0.1%	±1%
面辐射源 (100mm × 100mm 面阵)	测温一致性	100℃ 以下	0.97 ±0.02	±0.05℃	±0.2℃

1) 准确度校准

将黑体置于规定的工作距离,使热像仪清晰成像、准确测温。黑体温度分别设置为热像仪测温范围每一量程的最高、最低和中点,并将待校准的热像仪置于点温度测量模式,测量黑体辐射源的中心温度。在每个校准温度点,测量次数不得少于4 次。测量时,应同时记录黑体辐射源参考温度的标准测量值 t_1、热像仪的示值 t_2

和热像仪当前的量程。

当 $t_2 < 100℃$ 时,热像仪的示值误差 θ 为

$$\theta = t_2 - t_1 \tag{8-19}$$

当 $t_2 \geq 100℃$ 时,热像仪的示值误差 θ 为

$$\theta = (t_2 - t_1)/t_2 \tag{8-20}$$

2) 测温一致性的校准

将被校热像仪的成像画面等分为 9 个区域,把黑体置于规定的工作距离,使热像仪能清晰成像,并使黑体的图像充满视场。设置黑体温度为热像仪测温范围内任一温度,分别选取 1~9 区域的中心位置为测温点,测量黑体的温度。

当 $t_5 < 100℃$ 时,热像仪的示值误差为

$$\Phi_n = t_5 - t_n \tag{8-21}$$

当 $t_5 \geq 100℃$ 时,热像仪的示值误差为

$$\Phi_n = (t_n - t_5)/t_5 \tag{8-22}$$

式中:n 为第 1 区域~第 9 区域;Φ_n 为测温一致性;t_n 为各区域的测温读数;t_5 为第 5 区域测温读数。

3) 简单标定检测

在没有黑体辐射源时仍可对热像仪进行简单标定[8],但不能过分依赖简单标定的结果,它不能代替正常的校验。

原则上,自己进行的标定无法保证热像仪的准确性,但能发现热像仪是否不准确。为了进行标定,需要用标定好的热像仪进行一个基准测量,以保证简易标定设备的系统误差符合要求,然后就可去校验其他热像仪。如果标定程序不能满足规定的精度,就需要改进标定程序。

简易标定设备需要用到金属容器,因为塑料容器热导率较低,内外温度相差较大。第一步,在容器上涂上一块足够大的、高发射率的材料,该材料可以是一块黑油漆或是已知发射率的电工胶带。第二步,将目标的温度处于高于环境的某一已知温度,并保持稳定。一个很好的参考点是冰的熔点,它在 0℃ 左右。注意:要保证它在熔化状态(有足够的冰块形成冰水混合物),冻结的冰块温度可能低于 0℃;冰的熔点随含盐量的不同而变化;保证容器外表面没有凝结,测量时保持表面干燥。

水的沸点温度大约 100℃。容器的表面温度会比内部温度略低,通过基准测试可发现这一点。测试时,要保证容器内的水完全沸腾,仅仅有部分气泡生成时,水的温度还没有达到 100℃。注意:要使热像仪远离蒸汽,防止在镜头上有水凝结。

可使用温度计(液体温度计或高性能的热电偶)作为温度测量的辅助仪器,这在不同的状态测温时是有参考作用的。

如果热像仪长期没有标定,可能测温误差会较大。利用两个点的温度进行校验,可得到较好的标定结果。参考热像仪的使用手册,查找热像仪的精度范围,通常为±2℃。例如,对沸腾的水读数为98~102℃都在热像仪精度范围内。

8.2.2 发射率

1. 影响发射率的因素[8]

影响目标表面发射率测量结果的主要因素有目标材料种类、表面结构、几何形状和温度以及热像仪的测量角度、工作波段。

1) 非金属材料

就发射率来说,金属与非金属是两种完全不同的材料。通常,非金属容易测量,而金属测量就较困难。

非金属通常具有相当高的发射率,且不同的非金属材料发射率之间差异较小,如砖头,即使是不同牌号的砖也一样。非金属的发射率随时间变化也很小,除非表面覆盖了其他污染物,引起表面材料发生变化;或是出现老化,引起表面结构发生变化。

2) 金属材料

纯的、光滑的、非氧化的金属具有很低的发射率,大约0.05。如果表面是高磨光,发射率还可能更低。对于低发射率的表面,是很难进行温度测量的。

应尽量避免直接测量高反射率(低发射率)表面的温度。一个解决办法是在表面涂上一层很薄的高发射率材料,如黑色电工胶带或黑色油漆。电工胶带的优点是方便粘贴和去除,使用时只需贴一小块就可以了。

测量时,不要使用容易蒸发的物质(如水),因为蒸发会改变物体表面温度,物体表面喷涂的材料也必须完全干燥后才能进行温度测量也是因为上述原因。

在金属表面自然产生的是氧化涂层,它通常是人们不需要的,但对红外测温来说是有利的。金属随着氧化程度不同,发射率变化较大。随着氧化层的建立,金属的发射率越来越高,最高可达0.95。根据材料和环境的不同,这一过程可持续几年甚至十几年。在室内,氧化有时可能会停滞从而影响到发射率的变化。例如,室内的高压开关,经过多年,它的发射率仍然很低。根据氧化的程度,金属表面的发射率可在0~1变化。

当没有测量金属表面发射率,也没在金属表面涂上高发射率材料时,估计金属表面的发射率就成了最大的难题。

3) 表面结构

表面越粗糙,表面发射率越高。磨光、光滑的表面发射率较低,表面斑点、粗糙面具有较高的发射率。另外,改变材料或氧化程度也能改变表面结构,使它更粗糙。

通常可通过观察目标表面的特性来判断其反射和吸收的能力：看起来较暗的表面可能有较高的发射率，而看起来光滑的表面发射率较低。这好像比较容易，但很大程度上与经验有关。

4）几何形状

几何形状是指目标的物理形状。它是平的、弯的还是圆的？它是否有孔或空腔？空腔、角或孔都具有黑体的性质，因为表面间的多次反射会增加吸收，从而增大发射率，如彩图 8-8 所示。

几何形状和表面结构有一定的相关。在不改变表面结构的情况下可以改变几何结构，反过来也一样。如彩图 8-9 所示，有一个固体的铝块，在上面钻有 5 个小孔，从左到右，小孔逐渐变深。除了深度，孔的其他尺寸都相同。可以发现，最右边的孔比其他的孔看起来更热一些，这是因为它的发射率更高一些。

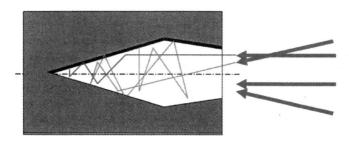

图 8-8　多次反射增强吸收

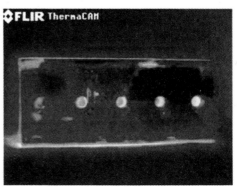

图 8-9　孔越深发射率越高

当材料的发射率较低时，如果不能用其他方式提高发射率，改变几何结构是方法之一。例如，在比较三个平坦的、表面磨光的汇流条时，可能看不出差别。但在螺栓周围，与汇流条连接的转角处，或其他几何结构变化明显的地方，发射率可能很高。发射率有多高是很难确定的，所以对测量温度不起实际的作用，但是它能帮助确定是否存在温差。

如彩图8-10所示,上面的箭头指示的部位表观温度低。由于发射率低,反射了热像后面墙壁的辐射。下面箭头指示的部位是两个柔性连接器,之间存在一个间隙。由于辐射在间隙内的多次反射,发射率较高,因此这个部位的表观温度与元件的真实温度很接近。

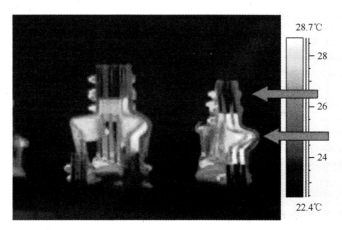

图8-10　几何结构对铜元件的影响

5）角度

对不同种类的材料角度不同引起发射率变化可能不同,但差别不是很大,在此不做深入的分析,仅给出一些简单的提示,避免出现一些常见的错误。

在0°角测量垂直目标时,目标将反射自身辐射。这不是发射率的影响,但应该指出,测量者不要站在目标正前方,以免将自己变成热像中的一个热源。

如果测量方向与目标接近90°角,发射率将降低。测量时热像仪在图8-11标出的扇形区间内有较高的测量精度。许多时候,可能在接近90°角度测量,而不满

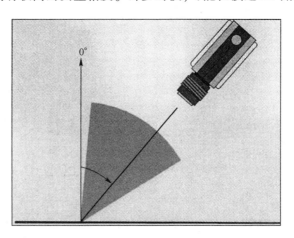

图8-11　推荐的测量角度

足推荐的角度。不要认为就不可能测量准确,因为推荐的角度也不一定精确,所以没有给出准确的角度值,而只给出一个区间。

如彩图 8-12 所示,烟囱看起来在中间更热一些,而在边沿较冷。图中螺旋形状的肋看起来较冷是其他原因。烟囱的排烟垂直向上,所以可以排除风引起的冷却。

烟囱中部看起来较平坦,在边沿角度是倾斜的。在测量烟囱整体温度时需要三四幅图像才能精确测量。两幅图像虽然能覆盖所有表面,但不能保证温度测量的准确性,甚至不能做到定性评估。

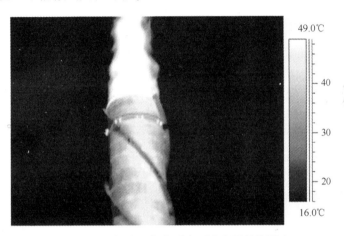

图 8-12　烟囱上角度对表面温度测量的影响

6）波长

将一台热像仪测量的发射率用于另一台热像仪时可能出错,原因是当两台热像仪的工作波长不同时,发射率是不同的,其他辐射特性也不同。即使是工作在相同的波段,由于探测器的类型不同,它的响应也是不同的,这样将显示出具有不同的表面性质。

一个典型的例子是 PVC 电工胶带。无论对什么热像仪,黑色的电工胶带具有 0.95 或接近于 1 的发射率,可是工作在中波波段的制冷型焦平面热像仪对一些电工胶带看起来是透明的,这将使发射率的参考值毫无意义。另一方面,彩色的电工胶带与黑色的电工胶带在长波波段有几乎相同的发射率。在中波波段,彩色胶带可能是透明的,而黑色胶带是不透明的。在使用它们之前,应测试一下,例如,将它们放在一个热源前面,调节热像仪,如果透过它能够看到热源,说明这种胶带不能用来进行红外测量。

必须注意,可见光颜色不是影响发射率的因素。可见光颜色的变化是由于表面反射和吸收可见光的特性发生了改变,而热像仪根本感受不到可见光的变化,也完全不受可见光的影响。

认为颜色影响发射率的原因可能是由于颜色可影响可见光的吸收引起的。在可见光波段,太阳光有比在其他波段更强的辐射能力,这意味着如果某一种颜色比其他颜色能吸收更多的太阳光,它就会变得更热。因此,黑色的轿车在太阳下比黄色的轿车更热,结果是黑色的也将辐射出更多的红外能量,在热像仪中看起来也更亮。但是这仅仅是因为它的温度更高,而不是它的发射率比其他颜色更大引起的。

有时人们也会因果颠倒。例如,有某种涂料,当添加某些物质后,颜色发生了改变,同时发射率也可能变化。但是发射率的变化不是因为颜色变化引起的,而是新添加的物质引起的,这是导致涂料在红外波段辐射特性变化的原因。有时添加某种材料会引起颜色变化,而不影响发射率。材料成分的变化是原因,颜色的改变、发射率的改变,或两者都发生变化是结果。

7) 温度

目标自身的温度对发射率是有影响的,但在多数情况下影响不大。当不知道目标的温度时,这个问题成为先有鸡还是先有蛋的问题。要测量发射率必须要知道温度,而知道发射率然后才能测量温度。

在高温时,金属的发射率通常随温度的增加而增加,例如,当测量一块砖的温度时,砖块发射率随温度的变化正代表了这种情况。当温度从环境温度升高至1000℃,发射率也将发生较大的改变。

这个时候需要考虑的是:在合理接近的目标温度下如何进行发射率测量。什么是合理接近呢? 这很难有一个通用的原则,如果测量温度在 $100 \sim 200℃$ 就是可以的。发射率随温度的变化大多数情况是随温度升高的。所以,如果一开始目标的发射率就很高,它就没有很大的变化空间了,因为它不能超过 1.0。

2. 物体发射率测量方法

对近距测量,$\tau_a = 1$,且 $\varepsilon_a = 0$,当被测表面满足灰体近似时,$\varepsilon = \alpha$,则式(8-17)变为

$$\varepsilon = \left[\left(\frac{T_r}{T_o} \right)^n - \left(\frac{T_u}{T_o} \right)^n \right] / \left[1 - \left(\frac{T_u}{T_o} \right)^n \right] \tag{8-23}$$

式中:T_r 为热像仪指示的辐射温度;T_u 为环境温度;T_o 为被测表面的真实温度。这是人们经常使用计算表面辐射率的公式[9]。

当被测表面温度很高时,T_u / T_o 很小,则式(8-23)简化为

$$\varepsilon \approx \left(\frac{T_r}{T_o} \right)^n \tag{8-24}$$

这就是类似文献[10]中的计算公式。但要注意公式中 n 的取值。文献[10]中,$n = 4$,它适合用长波($8 \sim 13 \mu m$)热像仪和全辐射高温计[11]进行的辐射率测量。

3. 发射率表[8]

发射率表似乎是长期经验积累得到的,无论查看哪一个表,它们都提供同样的

信息,本书的附录中也有发射率表,表中的数据是参考原始的材料得到的,但这并不能保证这些数据的准确性,只说明它们的出处。

对热像仪使用者来说,发射率表只有参考价值,因为对不同的材料类型,发射率是完全不同的。

对非金属,发射率表可以给出一个合理的估计值。如果看一下发射率表,会发现非金属都有相当高的值。在不同的试件之间,或同一试件在不同时刻,发射率的值不会有很大的变化。

对金属来说,发射率表就非常不可靠了,几乎达到完全不能用的程度。部分原因是由于对试件的描述带有主观性,解释准确是很困难的。例如,光亮的是指什么程度? 严重腐蚀是指什么? 粗糙的是什么含义? 使用的试件与其他人的不可能完全一样,甚至连接近都谈不上。即使是相同试件,采用的测量方法也有可能不同,使用的热像仪也可能完全不一样。即便使用的热像仪的波段是相同的,热像仪对相同表面的反应仍然可能不同。

发射率表能告诉人们的是根据金属氧化程度的不同,其发射率可能在 0~1 取值。原因是对纯的、非氧化的金属具有非常低的发射率,而具有较厚的金属氧化层是不透明的,具有很高的发射率。

对需要准确测温的物体,不要参考发射率表。对任何其他的结果也都要抱怀疑的态度。

4. 测量发射率[8]

下面介绍发射率的测量方法及其不足之处,并如何避免。

1) 准备

(1) 将试件放置在测试场所。

(2) 确定该地点的反射表观温度,并在热像仪上设置它们。

(3) 在试件上贴上一块已知发射率的电工胶带。

(4) 加热试件:确保试件温度高于环境温度 20K,且加热要均匀。

(5) 聚焦,自动调整,冻结图像。

(6) 调整热像。

2) 测量

(1) 设置胶带的发射率(通常为 0.95)。

(2) 测量胶带的温度:用等温线测量既可确定温度也可确定试件加热是否均匀;或采用更简单的方法——点测温;另外,对于变发射率表面,最好取测量区域结果的平均值。

(3) 记录测量的温度。

(4) 将测量点移到试件表面。

(5) 改变发射率设置,至到热像仪显示之前的测量温度为止。

（6）读出发射率，并记录。

在准备阶段，要选择一个合适的测量环境：无强迫对流，没有点反射源，并处于热稳定状态；尽量使用不透明的、高质量的电工胶带，其发射率已知。

本发射率测量方法要求胶带表面温度和试件表面温度相同。如果不相同，发射率测量就是错的。这就是说，在试件上不能存在热梯度。因此，使用等温线测量功能是合适的方法，它可以显示试件上是否存在梯度，也可以结合热调整和高对比度调色板，使用更简单易行的点测温工具测量。

测量时，试件要保证一定的温升或温降，这样可在不同发射率表面之间得到明显的对比度。反射也可能产生对比度。很难说需要多少温差合适，它随试件表面和环境的不同而不同，通常 20K 能得到较好的效果。

当试件加热后，下一步要做的事就是在离目标不太远处（越近越好），聚焦捕捉图像。不要放大图像，以保持热像仪的空间分辨率。当冻结图像后，调节电平和跨度，使目标在整个彩色标尺范围内，并去掉背景噪声。

当获得一幅好的图像后，就可以进行测量了。如果图像不清晰，应重新测量，而不要将时间浪费在差的图像上。

检测胶带时应保证上面没有温度梯度，并设置正确的发射率测量温度。将测量点移到与胶带尽可能近的地方测量试件温度。如果试件发射率不均匀，采用区域平均测温更好。改变发射率设置，直到热像仪显示的温度与刚才测量的胶带温度一样时为止。

现在已获得了一个表面发射率的精确估计值，应对这些数据（包括温度、发射率等）进行详细的记录。在以后测量相同的表面时，就有了自己的经验参考值，而进行了成百上千次测量后，就形成了一套自己的测量的发射率经验数据库。

8.2.3　反射温度[8]

理论上测量和估计反射表观温度和发射率很容易，但实际上相当困难，需要进行大量的发射率测量实验来获取经验。最可行的方法就是不断实践，获得经验和得到发射率的实际数据。

每一次测量，无论是在现场测量目标温度还是回办公室或车间测量样品发射率，首先应当测量或估计反射表观温度。

1. 控制反射温度

在开始测量指定目标的温度之前，应使热像仪面向测量的目标方向，看是否有任何引起反射的物体。通常希望反射温度是从一个平坦表面辐射到目标上的，而不是有许多热的或冷的辐射点源，它们将产生许多麻烦。

如果测量的环境是一个房间，四周墙壁有比较均匀的表观温度，那么，可用这个温度直接作为热像仪的反射表观温度输入参数；如果它是变化的，取一个合理的平均值。

许多时候,反射温度与空气温度具有相同的值,虽然这不是一回事。在室内这种情况经常发生,在室外就不同了。

2. 反射表观温度测量

在测量目标温度之前,用热像仪向四周观察一下以确认测量目标上没有点源反射辐射,而只有均匀的表观温度(图 8-13)。

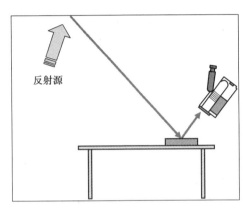

反射源

图 8-13　确定反射源

既然在测量者身后的是反射源形成的表观温度,可以不用做任何补偿,即测量反射表观温度时可将发射率设置为 1,距离设置为 0。

空气温度、相对湿度和自身的反射表观温度如何设置呢? 答案很简单,它们没有影响。因为已将距离设置为 0,空气温度和相对湿度不会产生任何影响。无论将它们设置为多少,它都不参与热像仪的计算。反射温度也一样。将发射率设置为 1,这意味着反射率为 0。无论设置反射温度为多少,都没有区别,因为在计算时反射温度都与 0 相乘。

可以用热像仪的点测温、等温线或面平均测温功能(不要用区域最大或最小值),读出背景的反射表观温度(图 8-14)并在热像仪上设置该结果后,就可以开始测量目标温度了。

一定要避免点源反射。如果确定在目标上没有任何反射,可忽略点源反射的影响。

3. 修正反射表观温度

如果很难确定是否存在反射源或存在多个反射源,就用屏蔽的方法,即可用一块纸板进行遮挡(图 8-15)。纸板就变成了新的反射源,它的反射温度很容易确定。注意:不要在纸板上形成热斑,也不要让纸板离反射热源太近或时间太长。它可能被热源加热,出现同样的反射问题,虽然影响没这么大。

图 8-14　测量反射表观温度

图 8-15　屏蔽点源反射

一个实际小技巧：当测量电气控制箱时，如存在反射问题，可用控制箱的盖子作为屏蔽，将它稍微关紧一点，只从一个较小的开口处测量，这样就可克服反射问题。当然，如果控制箱柜门上本身有热源，这个方法就失效了。注意：它可能只比房间温度高一点，但会产生明显影响。

4. 温度计算

热像仪是利用黑体进行标定的，所以只有黑体辐射才能直接转化为温度。对一个黑体，在测温时不需要补偿，探测器读出的信号可以直接转化为黑体的温度；对一个实际物体，探测器读出的信号强度要比黑体的弱，它与实际物体和黑体辐射强度之间的关系成正比，如图 8-16 所示。

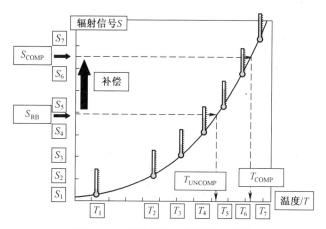

图 8-16　热像仪中目标信号的补偿

当热像仪知道了来自目标的辐射能量（或称实际物体辐射）和目标的发射率，就能算出实际物体的温度。S_{RB} 是热像仪接收到的、经过大气补偿和减去反射辐射后的目标辐射信号。如果不进行补偿就让热像仪计算温度，将得到低于实际温度

的结果 T_{UNCOMP}；如果将 S_{RB} 除以目标的发射率，这样目标信号就得到补偿并变成了同温度下黑体的信号，热像仪计算出的温度 T_{COMP} 才是真实值。

8.3　设备故障红外诊断方法

8.3.1　定性与定量分析[8]

1. 定性分析

大多数时间,热像仪测量的都是目标的表观温度,这不可避免地联系到定性检测。定性检测是通过分析热像来揭示设备是否存在异常以及确定它们的部位的一种方法[8],这也是为什么人们要花很多时间学会分析热像的原因。在红外检测中,首先做的就是定性分析,即使它只需要很少的时间。如果设备是正常的,就继续检测新的设备,如果对某一设备有怀疑,则将转入更为仔细的定量分析。

定性检测的侧重点是温差,理由是温差足以说明电气及机械设备中的重大异常。换句话说,定性检测的目的不是进行精确的温度测量,而是获取和确定给定温度场中不同的热像。热像可表明潜在的设备故障。

由于不用测量实际的热力学温度,不需要校正目标发射率(定性检测时,在热像仪中设置为"1")、来自环境的反射温度(定性检测仪器中不启用)或解决目标圆点尺寸及与目标的距离问题(所关心的目标通常与同一温度场中类似目标进行比较)。此外,不需要调整或解决大气衰减、入射角度及其他干扰因素。表 8-2 对定性分析和定量分析进行了比较。

表 8-2　定性分析与定量分析的比较

定性分析	定量分析
分析热像中的图案	
寻找是否存在异常	对异常的严重程度进行分类
寻找异常的部位	温度测量
用表观温度分析	补偿分析
首先使用	不常用

2. 定量分析

定量检测的目的是准确测量电气或机械设备具体部位的实际温度,并以此来判定设备故障的严重程度,为维修决策提供依据[8]。定量检测尽管不如定性检测常用,但有时是必需的。一个好的例子是测量电机的温度,这种情况下需要热力学温度值,因为该指标与电机使用寿命有密切联系。

要用红外测温技术进行精确测量,应了解可能对定量温度测量有重大影响的概念和因素。定量分析给出设备异常严重程度的准则,其他还包括负荷、设备、危险程度、安全性和环境因素等。

3. 定性分析和定量分析示例

例1 浴室地面漏水。

首先看一下浴室地面的例子(彩图8-17)。人们想要知道浴室地面存在漏水问题吗?如果存在,在哪里漏?通过分析热像,可寻找可疑的地方。热斑的位置与漏水是相关的,而温度的高低与漏水没有直接关系,所以不需要知道漏水部位的真实温度大小。在这个例子中,定性分析方法就足够了。

图8-17 怀疑浴室地面存在漏水

例2 变压器接线端子。

在这个例子中,定性与定量分析都是需要的。第一个问题是:变压器上是否存在过热接点? 如果存在,在哪里?

接线端子上的热斑与过热有关。彩图8-18中,接点过热,并且沿接触器存在热梯度,这种热斑是有问题的。

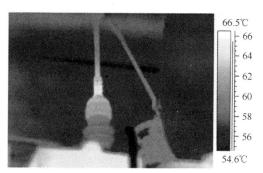

图8-18 存在热斑的变压器接线端子

为了进一步分析问题,可将它与邻近的相进行比较,此时,会发现这两个接点的热像是完全不同的(彩图8-19),这就更加加深了人们的怀疑。较冷的接点没有可疑热斑,它是正常的。它们的负荷接近100%。

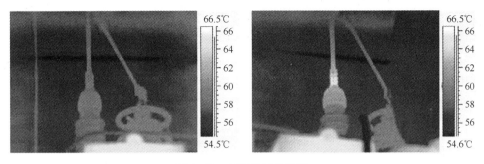

图 8-19　与正常元件比较

对有疑问的接点,则想知道故障有多严重? 什么时候需要维修? 而这些问题是需要通过定量分析后才能回答的。对正常与故障接点的温度进行测量,可以得到测量结果(彩图 8-20)。

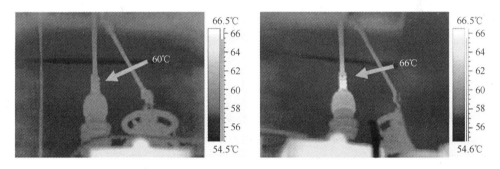

图 8-20　对两个元件进行温度测量

8.3.2　红外监测诊断方法

目前,红外测温并确定电气设备热故障的基本依据是应用较为广泛的 GB763—90《交流高压电器在长期工作时的发热》和 DL/T664—2008《带电设备红外诊断技术应用导则》[12]。对舰艇可参考海军标准《舰艇装备红外监测技术规程》和 GJB 42—2007《核潜艇机电设备检测技术要求》。

对电气设备的红外检测,可采取检修前定点测试,用以下方法来诊断电气设备的异常。

1. 表面温度判断法

参考 GB14048-1—2001《低压开关设备和控制设备》温升标准和 GB763—90《高压电器在长时期工作时的发热》所规定的各部分的最大发热允许温度的极限值。当被测设备温度达到规定的最大值时,应立即停止工作,进行检查处理。

根据红外测温仪测得的电气装置发热部位的表面温度,同时考虑负载率和连接部分接触电阻的情况,必要时,按照以下的公式将实际负载下的温度(或温升)

折合到满载情况下的温度(或温升)加以分析和判断。满载情况下温度 T_e 的理论值按下式计算,即

$$T_e = T\,(I_e/I)^2 \qquad (8-25)$$

式中: I_e 为额定负载电流,A; I 为实际负载电流,A; T_e 为额定负载电流下的最高温升标准,℃; T 为实际负载电流下的温升,℃。凡是温度(或温升)较高,接近甚至超过该类电气装置长期工作的最高允许温度(或温升)值规定的,应立即检修。

根据 GB763—90《高压电器在长时期工作时的发热》,热缺陷按温升的高低及对设备的危害程度可将其分为一般性热缺陷、严重性热缺陷和危险性热缺陷[13]。

(1)一般性热缺陷。其温升范围为 10~20℃,与相同运行条件下的设备相比,该接头有一定的温升,用红外成像仪测量仅有轻微的热像特征,此种情况应引起注意,检查是否系负荷电流超标引起,并加强跟踪,防止缺陷程度的加深。

(2)严重性热缺陷。发热点温升范围为 20~40℃,或实际温度为 60~80℃,或设备相间温差范围为 1.5~2.0 倍,热像特征明显,缺陷处已造成严重热损伤,对设备运行构成严重的威胁,此种缺陷应严加监视,条件允许时应尽快安排停运处理。

(3)危险性热缺陷。发热点温升超过 40℃,或者最高温度已超过 GB763—90 所规定的该材料最高允许值。热像非常清晰,外观检查可看到严重的烧伤痕迹。该种缺陷随时可能造成突发性事故,应立即退出运行,进行彻底检修。

应当提出,上述标准的划分只是一个基本原则,在应用时应注意设备的实际运行情况,区分缺陷的种类,找出产生的原因,以求取得准确的故障判据,为检修处理提供方便。

2. 相对温差判别法

此法是为排除负荷及环境温度不同时对红外判断结果的影响而提出的。当环境温度低,尤其是负荷电流小的情况下,设备的温度值并没有超过规范标准,但大量事实证明此时的温度值并不能说明该设备没有缺陷或故障存在,往往在负荷增长之后,或环境温度上升后,就会引发设备事故,形成电气火灾隐患。

因此,对电流型设备还可根据 DL/T664—2008《带电设备红外诊断技术应用导则》,采用"相对温差"法来判别隐患存在与否。"相对温差"是指设备状况相同或基本相同(指设备型号、安装地点、环境温度、表面状况和负荷电流等)的两个对应测点之间的温差,与其中较热测点温升的比值,其数学表达式为

$$\Delta T = \frac{T_1 - T_2}{T_1 - T_a} \times 100\% \qquad (8-26)$$

式中: T_1 为温度较高测点的温升,℃; T_2 为温度较低测点的温升,℃; T_a 为环境温度,℃。

判据通常可分为三挡,35% ≤ ΔT ≤ 80% 为一般热缺陷;80% < ΔT ≤ 95% 为严重热缺陷;95% < ΔT 为危险缺陷。

3. 相间比较法

绝大多数高压电气设备都是三相运行,在正常状态下,作用在每一相的相电压或通过三相电路与导线的电流大致相同。因此,每一相电路或导线相同部位的正常温升应该一样。

相间比较法是指对同一设备的三相间的温度进行比较,通常也称作"横向比较"。三相中不同相的相同设备同时出现故障的概率较小,运行中三相电流相等,因此三相温升也应相等。根据相间的温差,可以比较容易地判断出设备是否正常。在进行同类比较时,要注意不能排除有三相设备同时产生热故障的可能性,虽然这种情况出现的概率相当低。同类比较法适用范围广,包括电流型和电压型设备,也包括对内、外部故障的诊断。

4. 同相比较法

在进行故障诊断时,对同一设备的同一相、不同部位的温度作比较,对判定故障属性和定位也很有用处。例如,高压线路导线连接件故障就是通过与同相导线1m 外处温升来鉴别的。

5. 历史数据对比法

对同一设备在不同时间检测的热像数据进行对比,发现它们之间的温度差异,可对设备缺陷随时间的发展变化情况做出及时诊断,这对设备故障缺陷隐患的早期诊断有重要意义。

进行实测温度比较时,应换算到与前一次所测数据相同的条件下的温度进行对比,以便掌握缺陷的起因和发展情况,判断是新出现的缺陷,还是以前的缺陷或未发展的缺陷。

6. 内部缺陷判别法

电气设备内部发热缺陷的特点是故障点在设备外壳的内部,因而,不能直接测量故障部位的温度。由于内部发热缺陷不易受外界环境条件变化的影响,发热比较稳定,发热源可以通过热传导等热传递方式与发热部位周围的材料进行热量交换,引起周围材料的温度升高,特别是与发热点电气连接的金属导体,更会出现显著的温升。因此,对电气设备内部缺陷,可根据周围材料的温度变化和设备表面的微小温度分布异常进行综合分析来判断。

由于是间接检测,能测到的温升仅是内部实际温升的部分传热引起的温升,相应的判断发热程度的温度升高标准比外部缺陷要低。

7. 热像特征判别法

在无任何内外部故障的正常运行状态下,所有的电气设备及其各部位都有相应的稳定温升和表面热分布,其红外热像就是该设备在正常运行状态下的特征红外图谱。一旦设备出现某种内部或外部故障,则故障发热必然通过热传导等形式,改变设备相应表面部位的稳定温升或温度分布,其热像就是该设备某特定故障的特征红外图谱。

对比设备红外热像谱的异常,就可以判断出设备有无故障,根据表面温度场的空间分布还能判别故障的属性及位置。根据表面稳定温升的大小,还能判别故障的严重程度。

8.4　设备热故障产生机理

8.4.1　电气设备过热故障发热机理

正常运行的电气设备,由于电流、电压的作用将产生发热,这种发热主要包括电流效应引起的发热和电压效应引起的发热。当电气设备存在缺陷或发生故障时,缺陷或故障部位的温升将发生明显变化,导致温度状态发生异常,设备表面温度场分布也将发生变化。

电气设备不同性质、不同部位和严重程度不同的故障,在设备表面不仅会产生不同的温升值,而且会形成不同的空间温度场分布特征。因此,根据红外检测采集的电气设备外部红外热像(或热场分布)特征,直接提取设备状态的温度特征值,然后与允许值(即判据)相比较,从而判断设备技术状态是否正常(或有无故障、故障属性、故障严重程度、故障起因及故障定位)。通过分析处理红外检测到的电气设备运行状态信息,就能够对设备中潜伏的故障或事故隐患属性、严重程度、起因和位置做出定性或定量的判定,这是电气设备红外诊断的基本原理。

电气设备的热故障一般可分为外部热故障和内部热故障两种。外部热故障是指发生在裸露导体的接触部分、刀闸、触头和电气设备的进出线连接处的热故障。内部热故障是指发热异常的部位在电气设备内部,被绝缘外壳或金属外壳所密封。不同的电气设备造成内部热故障的原因不完全相同,其内部热故障的直接测量和判断比较困难。当接触器、空气开关和继电器等电气设备内部发生热故障时,通过传热在设备表面会产生异常温升,可利用外部温度场的变化定性或定量地分析判断设备内部热故障[14]。

电气设备外部和内部热故障的发热机理主要包括以下几种[15]。

(1)导电回路的接头、连接件和触头,因接触不良造成过度发热。

(2)绝缘介质老化、受潮后,其介质损耗增大,发热功率增大。

(3)铁芯和可导磁部位因绝缘不良、设计结构不当而造成短路和漏磁,形成局部涡流过热。

(4)电压型设备因内部元器件缺陷,引起电压分布异常,其相应的发热功率也将发生异常。

(5)设备内部缺油时会产生两种不同的热效应:一是缺油造成绝缘强度降低,

而引起局部放电,导致发热;二是缺油的油面处,由于上下介质不同,它们的导热系数相差很大而造成温度场分布存在差异,这为利用红外热像仪监测设备内部真实油面提供了依据。

(6) 在舰艇上,电缆投入运行后,由于受到电、热、机械、化学等因素的作用将发生老化,尤其是由于舱室温度过高、线排散热较差、或与开关、接触器等设备连接的接头附近的异常发热,使电缆长时间处于高温状态,加速了电缆的老化,导致电缆最终失效[16]。

8.4.2　动力装置的失效机理

动力装置,特别是蒸汽动力装置及其排气管路大多工作在高温高压的条件下,长期运行极易出现管道破损、阀门泄漏、炉膛耐火砖脱落等故障。热动力装置的工作状态与发热有着密切的联系,多数故障都会以发热升温的形式表现出来,若不及时发现,会造成巨大损失。红外诊断运用非接触测温技术可满足设备在高温、高电压、大电流、高速旋转等运行状态下监测温度的需求。红外监测与诊断技术能准确判断设备故障、有效降低维修费用和保障设备的安全运行,已广泛应用于动力、机械、电气设备的状态监测与故障诊断。

由于红外检测技术和设备的复杂性,在舰艇动力装置等领域的红外监测诊断工作还较少。动力装置及其排气管路发生故障时,相应的表面温度分布就会出现微弱的变化。如何根据微弱的温度分布差异信号来诊断动力装置故障是红外监测诊断技术领域的一个难题。

20 世纪 80 年代,比利时成立的红外热像检测部门对窑炉、石油化工设备中的高温高压设备和管道、炼钢炉耐火衬里进行检测,减少了能源消耗和维修费用,保证了设备安全[15]。法国工业部门成立的红外检测机构对热风炉冲天炉耐火砖衬里进行检测,有效防止了恶性事故的发生。2002 年,西班牙的 V. M. Martinez 等人用红外测温法监测柴油机排气管外表面温度来检测柴油机燃烧故障,通过多次测试,发现造成柴油机排气温度异常的主要原因是喷油量和进气量。他们认为红外测温法是检测柴油机燃烧和压力故障的有效技术,它比现用的其他技术更好[17]。

国内电力、石化和钢铁等行业从 20 世纪 80 年代中期开始开展红外检测技术研究,对石化系统催化裂解装置衬里损伤、工业窑炉的故障、管道保温隔热层的保温性能、压力容器内缺陷与故障、高炉、转炉、加热炉和回转炉等进行了红外检测诊断研究,取得了显著的经济效益,2004 年制定了《热力设备红外检测导则》[18],目前也正在把红外诊断技术推向定量分析和故障判别标准化的阶段。

1. 锅炉故障检测与诊断

锅炉是指利用各种燃料、电或者其他能源,将所盛装的液体加热到一定的参数,并对外输出热能的设备。顾名思义,也就是一种能量转换设备,向锅炉输入的能量有燃料中的化学能、电能、高温烟气的热能等形式,而经过锅炉转换,向外输出具有一定热能的蒸汽、高温水或有机热载体。锅的原义指在火上加热的盛水容器,炉指燃烧燃料的场所,锅炉包括锅和炉两大部分。锅炉中产生的热水或蒸汽可直接为工业生产和人民生活提供所需热能,也可通过蒸汽动力装置转换为机械能,或再通过发电机将机械能转换为电能。提供热水的锅炉称为热水锅炉,主要用于生活,工业生产中也有少量应用。产生蒸汽的锅炉称为蒸汽锅炉,常简称为锅炉,多用于火电站、船舶、机车和工矿企业。目前,在我国海军水面舰艇中,大部分锅炉是常压锅炉和增压锅炉。

锅炉炉墙是用耐火和保温材料等所砌筑或敷设的锅炉外壳,一般由耐火层、绝热层和隔热层组成,作用是保护炉壳和减少热损失。各层厚度应根据炉壳温度和所用耐火材料的界面温度确定。锅炉目前被广泛应用在动力、造纸、冶金和化工等领域,锅炉炉膛工作在高温、超高压、受烟气腐蚀及冲蚀的恶劣的环境中,极易产生高温腐蚀和磨损,致使耐火砖出现裂纹、剥落乃至变形,严重影响其保温效果,导致事故发生。所以,对锅炉故障的诊断检测具有重大深远的意义,特别是水面舰艇蒸汽锅炉的及时诊断将是保证我军水面舰艇战斗能力的重要一环。

早在 20 世纪 70 年代,我国科技工作者就已经将红外检测技术运用到了锅炉设备上,取得了良好的效果。文献[19]运用红外热像非接触性,检测锅炉初步改造后的炉膛运行情况,评价运行的安全性和稳定性,为进一步的改造提供监测数据。文献[20]运用红外热像仪和红外分析软件诊断衬里损伤以及评估热设备保温效果的方法,验证了在实际应用中具有可行性、科学性和可靠性高,对安全生产节能降耗增加经济效益起到了积极作用。文献[21]开展了利用红外热像检测技术对高炉热风炉炉衬缺陷检测和诊断,对保证检修质量,避免重大事故的发生起了关键作用。2006 年,李晓刚等人[13]系统研究了带衬里工业装置的红外热像检测与诊断技术,研制了衬里损伤红外热像诊断系统。2013 年,周国强运用传热反问题原理对锅炉炉墙缺陷进行了研究[22]。

2. 保温层损坏

高温蒸汽管道都包敷有保温层,当工作时间较长,保温层会出现损坏,会使管道的热损失加大,同时使机舱工作温度升高。保温层损坏或受潮后,表面温度会增高,利用红外热成像仪,可准确判定损坏部位,如彩图 8-21 和彩图 8-22 所示。利用红外热像仪还可对管线保温层保温效果进行评估[13]。

3. 管道与阀门

对高温蒸汽管道阀门,如包敷不好或保温层失效,也会出现局部过热,利用红外热成像仪可准确发现过热部位,如彩图 8-23 所示。

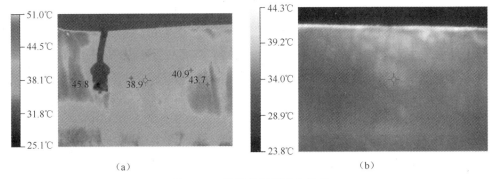

图 8-21 管路的保温层的热像
（a）保温层破损；（b）保温层受潮。

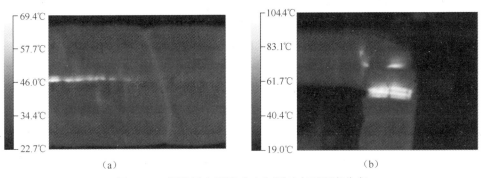

图 8-22 保温层有裂缝或未包覆时表面温度分布
（a）保温层裂缝；（b）保温层未包覆。

8.4.3 机械设备失效机理和模式

在设备使用过程中，由于设计、材料、工艺及装配等各种原因，丧失规定的功能，无法继续工作的现象称为失效。机械失效是指由弹性变形和塑性变形、翘曲、脆性断裂和形变断裂、疲劳断裂萌生和扩展、蠕变和蠕变断裂导致的失效。许多其他类型的失效机理会最终导致机械失效，同时机械失效（如线缆断裂）会导致电气失效。当机械设备的关键零部件失效时，就意味着设备处于故障状态。

机械零件失效的模式，即失效的外在表现形式，主要表现为磨损、变形、断裂等。失效机理是指失效的物理、化学、热学和机械等变化的过程，该过程是应力作用在部件上造成损伤，最终导致系统失效。

1. 磨损失效

磨损是造成元件失效，进而导致故障的普遍和主要形式。据统计，机械零件 75% 是磨损而失效的[23]。磨损是伴随摩擦而产生的现象，摩擦将机械能转化为热能，所以磨损严重的部位通常会因发热而导致温度升高。利用红外热像仪可有效

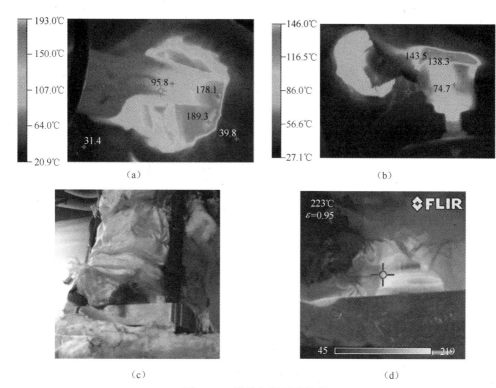

图 8-23　管路与阀门的热像

（a）进汽阀；（b）蒸汽分隔阀；（c）主发进气波纹管可见光图；（d）主发进气波纹管热像。

监测磨损引起的温度异常。通常将磨损分为磨料磨损、黏着磨损、疲劳磨损、微动磨损和腐蚀磨损五种形式[23]。

1）磨料磨损

磨料磨损又称磨粒磨损。它是当摩擦副的接触表面之间存在着硬质颗粒，或者当摩擦副材料一方的硬度比另一方的硬度大得多时，所产生的一种类似金属切削过程的磨损，其特征是在接触面上有明显的切削痕迹。磨料磨损是十分常见又是危害最严重的一种磨损。

2）黏着磨损

两个运动的接触表面，由于黏着作用，接触表面的材料从一个表面转移到另一个表面所引起的磨损称为黏着磨损。黏着磨损又称黏附磨损。

3）疲劳磨损

疲劳磨损循环接触压应力周期性地作用在摩擦表面上，使表面材料疲劳而发生微粒脱落的现象。

4）微动磨损

两个接触表面之间没有相对运动，在外界交变载荷作用下出现小振幅范围的相对运动而引起的磨损称为微动磨损。

5）腐蚀磨损

在摩擦过程中，金属同时与周围介质发生化学反应或电化学反应，使腐蚀和磨损共同作用而导致零件表面物质损失的现象称为腐蚀磨损。它是一种极为复杂的磨损过程，经常发生在高温或潮湿的环境，更容易发生在有酸、碱、盐等特殊介质条件下。

2. 断裂失效

断裂是零件在机械、热、磁、腐蚀等单独作用或者联合作用下，其本身连续性遭到破坏，发生局部开裂或分裂成几部分的现象。零件断裂后不仅完全丧失工作能力，而且还可能造成重大的经济损失或伤亡事故。因此，尽管与磨损、变形相比，断裂所占的比例很小，但它仍是一种最危险的失效形式。尤其是现代机械设备日益向着大功率、高转速的趋势发展，断裂失效的概率有所提高。断裂的分类方法很多，主要有延性断裂、脆性断裂、疲劳断裂和环境断裂四种，如压力容器的破坏形式主要有延性破坏、脆性破坏、疲劳破坏以及蠕变破坏等。

1）延性断裂

零件在外力作用下首先产生弹性变形，当外力引起的应力超过弹性极限时即发生塑性变形。外力继续增加，应力超过抗拉强度时发生塑性变形而后造成断裂就称为延性断裂。延性断裂的宏观特点是断裂前有明显的塑性变形，常出现缩颈，而从断口形貌微观特征上看，断面有大量微坑（也称韧窝）覆盖。延性断裂实际上是显微空洞形成、长大、连接以致最终导致断裂的一种破坏方式。

材料在弹性变形过程中的温度效应是由热弹性效应引起，这是一种可逆的热力学过程，材料的温度变化同材料弹性范围内的应力-应变状态联系起来。当材料在所受载荷作用下发生屈服后，变形过程的温度效应主要由热塑性效应产生，这是一个不可逆的热力学过程，材料的温度变化同材料塑性变形（塑性功）联系起来。在弹性范围内，由热弹性效应引起的材料温度变化较低，而由热塑性引起的温度变化却较高。利用高应力集中部位和疲劳损伤部位的温度效应可作为红外检测的依据[24]。

2）脆性断裂

金属零件或构件在断裂之前无明显的塑性变形，发展速度极快的一类断裂称为脆性断裂。它通常在没有预示信号的情况下突然发生，是一种极危险的断裂。

3）疲劳断裂

机械设备中的轴、齿轮、凸轮等许多零件，都是在交变应力作用下工作的。它们工作时所承受的应力一般都低于材料的屈服强度或抗拉强度，按静强度设计的标准应该是安全的。但实际中，在重复及交变载荷的长期作用下，机件或零件仍然会发生断裂,这种现象称为疲劳断裂,它是一种普通而严重的失效形式。在实际失效件中,疲劳断裂占了较大的比例,为80%～90%。

从能量角度讲,疲劳过程实质上是一个能量耗散过程,在宏观上则表现为热耗散,从而使得材料内部形成温度场。温度场的变化可作为材料形变过程中热耗散的标志和度量,因而,通过研究材料疲劳过程中温度变化规律,即可研究材料疲劳过程中的物理状态变化。

4)环境断裂

环境断裂是指材料与某种特殊环境相互作用而引起的具有一定环境特征的断裂方式。材料的断裂,除了与材料的特性、应力状态和应变速率有关外,还与周围的环境密切相关。环境断裂主要有应力腐蚀断裂、氢脆断裂、高温蠕变、腐蚀疲劳断裂和冷却断裂等。

8.4.4 设备故障严重程度与评估

电机定子、轴承和发电机的滑环过热故障也是经常发生的,如它们的热像彩图8-24～彩图8-27所示。

根据电机外表面的温度可大致确定电机内部定子的温度,绝缘等级不同电机外表面的最高允许温度和温升分别为 A 级 75℃ 和 35℃、E 级 90℃ 和 50℃、B 级 100℃ 和 60℃、F 级 125℃ 和 85℃、H 级 150℃ 和 110℃。

集电环的温度限值为120℃,温升为80℃。当温升和温度均未超过限值时,对温度分布不均匀,超过平均温升30K的碳刷应视为不合格。

轴承由于润滑失效,将出现干摩擦,引起局部过热。电机轴承的最高允许温升为:滑动轴承35℃,滚动轴承50℃。由图8-24可知主变冷却水泵轴承存在过热故障。

（a） （b）

图 8-24 轴承过热

（a）主变冷却水泵轴承；（b）主变冷却水泵轴承。

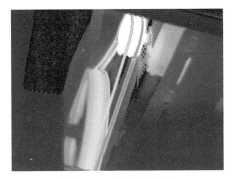

图 8-25　皮带及滑轮

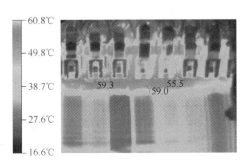

图 8-26　主变直流机滑环下

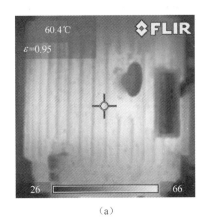

（a）

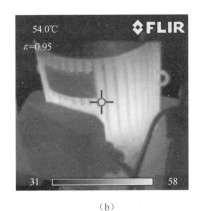

（b）

图 8-27　水泵电机外表面温度

（a）主变冷却水泵电机；（b）1#辅凝水泵电机。

　　舰艇上大量使用各种形式的泵，泵是一种旋转机械，当轴承、连轴器等部件由于润滑或密封失效，将出现干摩擦，引起局部过热。利用红外测温技术，可及时发现过热部位，防止轴承、连轴器过热烧毁，如彩图 8-28 所示。

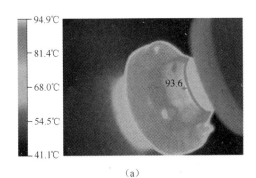

（a）

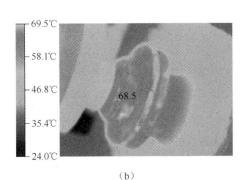

（b）

图 8-28　泵的机械密封

思 考 题

1. 温度与全波段辐射能关系的定律是什么？

2. 温度与辐射的关系是怎样变化的？

3. 标定的目的是什么？

4. 标定时,热像仪需要做什么？标定程序是怎样的？

5. 什么是标定曲线？它是怎样得到的？

6. 进行简单标定时需要什么设备？需要达到什么条件？

7. 没有实验室标定设备,如何进行简单的标定？

8. 影响目标发射率的因素有哪些？哪三个因素是最重要的？

9. 什么是发射率？

10. 在一个光滑表面喷砂后对发射率有什么影响？

11. 在一个光亮的汇流条上的螺纹孔对发射率有什么影响？

12. 蓝色或黄色涂料哪一种有更高的发射率？

13. 在一个崭新的开关装置中,认为金属部件的发射率是高还是低？

14. 什么是发射率表中的参考值？什么种类材料的发射率是有用的？

15. 在教室中发射率最高的是哪种材料？

16. 在教室中发射率最低的是哪种材料？

17. 如果设置的目标发射率过高,它对温度测量有什么影响？（假设目标的温度比环境温度高）

18. 如果设置的目标发射率过低,它对温度测量有什么影响？（假设目标的温度比环境温度高）

19. 与思考题17和思考题18相同,但是假设测量的是一个冷目标,结果有什么不同？

20. 在发射率测量时为什么要加热试件？

21. 在进行发射率测量之前,用热像仪首先要做什么事情？（在热像仪开机和取景聚焦后）

22. 发射率表的值通常代表身了什么？哪种材料的发射率是可用的？

23. 实际物体辐射的强度随温度的关系是什么？

参 考 文 献

[1] 杨立,等.红外热成像测温原理与技术[M].北京:科学出版社,2012.

[2] 杨立.红外热像仪测温计算与误差分析[J].红外技术,1999,21(4):20-24.

［3］斯达尔 K,缪斯卡 G.红外技术［M］.武汉：华中工学院出版社,1982.

［4］张建奇,方小平.红外物理［M］.西安：西安电子科技大学出版社,2004.

［5］Jacobs P.地面目标和背景的热红外特征［M］.吴文健,等译.北京：国防工业出版社,2004.

［6］Carr J.AGA Thermovision782 Operating Manual［M］.England：AGA Infrared Systems AB,1979.

［7］中华人民共和国国家计量技术规范.JJF 1187—2008 热像仪校准规范［S］.国家质量监督检验检疫总局,2008.

［8］ITC.Thermography level l-Course Manual［M］.Sweden：Infrared training center,S-18211 Danderyd,2002.

［9］Inagaki T,Okamoto Y.Surface Temperature Measurement Near Ambient Conditions Using Infrared Radiometers with Different Detection Wavelength Bands by Applying a Grey-Body Approximation Estimation of Radiative Properties for Non-Metal Surfaces［J］.NDT&E International,1996,29(6):363-369.

［10］虞和济,宋利明.故障诊断的热像技术［M］.北京：冶金工业出版社,1992.

［11］朱德忠,热物理测量技术［M］.北京：机械工业出版社,1998.

［12］中华人民共和国电力行业标准.DL/T 664—2008 带电设备红外诊断应用规范［S］.中华人民共和国国家发展和改革委员会,2008.

［13］李晓刚,付冬梅.红外热像检测与诊断技术［M］.北京：中国电力出版社,2006.

［14］张健.通断类电气设备故障红外诊断研究［D］.武汉：海军工程大学,2005.

［15］程玉兰.红外诊断现场实用技术［M］.北京：机械工业出版社,2002.

［16］杨宝东.电缆老化红外监测诊断研究［D］.武汉：海军工程大学,2004.

［17］Martinez V M,周贤全.用红外测温法对柴油机进行故障检测［J］.国外机车车辆工艺,2003(4):228-232.

［18］中华人民共和国电力行业标准.DL/T 907—2004 热力设备红外检测导则［S］.中华人民共和国国家发展和改革委员会,2004.

［19］张青,李光,佐晓燕,等.电站锅炉红外热像技术的应用［J］.新疆石油学院学报,2002,14(2):68-71.

［20］孙卉,丁有发,刘迪.红外技术在衬里损伤诊断和保温效果评估中的应用［J］.炼油设计.1999,29(2):43-44.

［21］李午.红外热像检测高炉热风炉炉衬缺陷方法的研究和应用［J］.武钢技术,1997,35(7):17-20.

［22］周国强.基于传热反问题的锅炉炉墙缺陷的红外诊断与定量识别［D］.武汉：海军工程大学,2013.

［23］徐敏.设备故障诊断手册-机械设备状态监测和故障诊断［M］.西安：西安交通大学出版社,1998.

［24］王为清.金属材料热弹塑性效应数值分析及在压力容器变形生热中的应用［D］.武汉：海军工程大学,2013.

第 9 章　定向能武器及其传热问题

定向能武器也称为束能武器,是利用激光束、粒子束、微波束、等离子束、声波束等各种束能,产生高温、电离辐射、声波等综合效应,能够实现激光、微波等电磁能或高能粒子束的定向发射、聚束和远距离传输,快速攻击并毁伤目标的武器系统[1,2]。

自 1983 年美国总统里根提出"战略防御倡议"计划以后,定向能武器便引起了许多国家的高度重视。美国战略与预算评估中心于 2012 年 4 月 19 日发布报告《改变游戏规则:定向能武器的前景》,指出定向能武器相比传统武器具有压倒性优势,美国应该关注发展定向能武器,以应对那些限制美军行动自由的活动。美国国防部也将定向能技术列为未来 10 年可能改变军事竞争态势和战争规则的五大技术领域之一。

传统武器大多依赖具有适当体积的投射物所产生的动能,对目标造成破坏,定向能武器则是通过亚原子、粒子或电磁波,将能量"转递"出去,将"能量"直接投放到目标上,产生毁伤效果。定向能武器作为一种隐身、"零"飞行时间的高精度武器,可打击多个目标、拥有无限量"弹药"。与常规武器相比,定向能武器具有射束快、精度高、反应灵活、杀伤效率高、附带毁伤小、无污染等特点,既可用于进攻,也可用于防御,能够大大提高部队和设施的防护能力,特别是可用于对抗精确制导武器和多种自主系统。根据发射能量的载体,定向能武器主要包括激光武器、高功率微波武器和粒子束武器等。定向能武器技术的不断发展成熟,将推动定向能武器在军事领域加快应用,使攻防双方的战略战术都面临新的挑战,将从根本上改变未来战争的作战样式,为未来战场提供全新的终极利刃。

本章对几类定向能武器的工作原理和特点等进行了介绍。由于大多数定向能武器对攻击目标的战斗效能都体现在热效应上,因此,本文以激光武器、高功率微波武器和粒子束武器为例,对其热效应进行了传热分析。同时,针对主动拒止系统,分析了毫米波对生物皮肤的热作用。该分析对读者进一步了解定向能武器的工作原理及设计等具有重要的参考价值。值得说明的是,在定向能武器的设计和应用中,传热问题远远不止于此,如太阳能武器中太阳能的传输,各类武器作用效果的红外评估等,具体读者可参考相关文献。

9.1　激　光　武　器

9.1.1　激光武器概述

激光武器是利用激光束的能量,在瞬间杀伤或使目标丧失作战效能的定向能武器。它利用强激光束照射目标,在目标表面上产生极高的功率密度,使其受热、燃烧、熔融、雾化或汽化,并产生 GPa 以上压力的超高压冲击波,从而毁坏目标。激光武器的出现和在未来的使用,被科学家们认为"具有使传统的武器系统发生革命性变化的潜力,并可能改变战争的概念和战术[1]。"

激光武器分为战术激光武器和战略激光武。

1）战术激光武器打击距离较近,一般在 20km 之内,主要用于破坏人的眼睛和武器装备的光电系统或直接烧毁目标,从而使被攻击的目标失去战斗力。

2）战略激光武器是以外层空间为基地的激光武器,主要通过干扰或破坏光电系统来摧毁敌方在空间轨道上运行的卫星和洲际导弹。战术型地基激光武器作战示意图如图 9-1 所示,该类武器通过与激光雷达的配合,可以精确打击空中目标,保护地面重要设施。

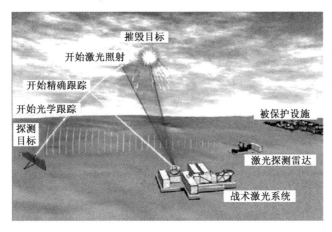

图 9-1　战术型地基激光武器作战示意图[2]

高能量激光武器系统可以机载、舰载、车载、地基、空间平台等多种形式的"平台"进行部署,除了与指挥控制系统等连接外,主要由高能量激光器和光束定向器两大硬件构成。其中光束定向器又由大口径发射系统及精密瞄准系统两部分构成。这两部分中,包含测量目标位置的测距、电视、红外传感器等探测系统及校正激光大气畸变的自适应光学系统等。

目前,激光武器主要研究方向包括以下几个方面。

1) 新型的精密瞄准跟踪系统。激光武器对目标的瞄准、跟踪精度要求非常高,否则,不能精确击中目标。由于现有的微波雷达无法满足要求,因此,目前国际上正在开展红外跟踪、电视跟踪和激光雷达等装备的研究,发展光学跟踪技术,重点是激光雷达跟踪系统的研究。

2) 新型的强激光产生技术。由于化学激光器战场机动性差,后勤负担重,美国已用大功率固体激光武器系统替代化学激光武器系统。

3) 高功率激光在空气中的传播特性研究。由于激光束在空气传输过程中会出现大气湍流和热晕①[3],对激光在大气中的传输造成不利影响。如何利用一些辅助措施减小激光在空气中的传播损失,是一个需要亟待解决的课题[1]。当然,要想实现高能激光的潜力,还需要解决其他一系列技术难题,包括动力生成和储存、热管理、武器效应评估,设备可靠性的提高,降低高能激光特别是战术应用激光的成本和体积等。

9.1.2 舰载激光武器

高能激光武器很早就受到美军的高度关注,其相关研究也一直处于世界领先地位。近年来,为了实施“空海一体战”概念,海军高级将领将激光武器项目作为最优先计划,以解决“反介入/局域拒止”关键能力上的不足。1971 年成立了海军高能激光计划管理办公室,2002 年 1 月建立了海军定向能武器项目办公室,2004年 7 月特许成立了定向能和电能武器项目办公室[4]。LaWS (Laser Weapon System)是美国海军第 1 套成功研制的舰载高能固体激光样机。

2007 年,LaWS 研制启动,进行任务分析:在理论上预计了威胁目标所需的杀伤力;执行关键零部件和子系统的工业调查;进行广泛的商业权衡分析;设计了一套系统样机;构建了舰载激光系统的定向发射器和装配底座。2008 年完成了系统集成,在实验室环境下对子系统和整体样机进行了多次测试[4]。

2009 年,在加州中国湖海军空战中心飞机分部开展了陆基试验。试验目的是验证 LaWS 概念的可行性。根据原定的反 RAM 和反无人机任务,系统被集成在一个静止不动的平台上,该系统成功地进行了 3 次共 9 个无人机目标打击试验[5],每个子系统均实现了预定的功能,并为后续技术升级工作提供了重要的试验数据。2009 年,美国的舰载激光武器 LaWS 如图 9-2 所示[4]。

2010 年,在美国海军水面作战中心达尔格伦分部的支持下,美国海军海上系统司令部于 2010 年 5 月在加州圣尼古拉斯岛的一处海岸陆地上进行的 LaWS 演

---

① 热晕:介质吸收激光能量加热产生密度(折射率)的变化,导致激光束横截面上能量分布发生改变,传播方向偏离预定方向(偏折)以及光束尺寸增大、畸变(散焦、扩展)等效应,这些效应统称为热畸变或简称为热晕[3]。

(a)　　　　　　　　　　　　　　　(b)

图 9-2　2009 年美国舰载激光武器系统[4]

(a) 独立平台上的 LaWS;(b) IPG 激光模块。

示试验中,在距离 3.2km 处摧毁了 2 架时速 482km 的无人机。这是在海洋环境下舰载激光武器系统首次对无人机的摧毁演示,如图 9-3 所示。本次试验的亮点是击落 4 架无人机、击毁 1 条小船目标和高能激光武器独有的反侦察能力的可行性验证。验证了系统运行的整体概念,表明以光纤激光器为作战光源的舰载激光武器关键技术取得重要突破[4]。

图 9-3　无人机摧毁试验中 LaWS 正烧毁无人机目标[4]

　　2012 年,LaWS 安装在 Dewey 号导弹驱逐舰(DDG-105)前方甲板上进行海上测试,如图 9-4[6] 所示。在 2012 年的试验中,取得了 12 次无人摧毁试验,12 架无人机全部被击落的骄人成绩[7]。Dewey 号导弹驱逐舰上的测试结果给予了美国海军加快部署激光武器计划的信心。值得说明的是,此次将 LaWS 安装在 Dewey 号导弹驱逐舰上是临时安装,供电来自于独立的发电机组,而不是 Dewey 号。通过对发电机组的分析判断,此时美国可能已经开始 100kW 的 LaWS 的研制与试验[8]。

图 9-4　临时安装在 Dewey 号导弹驱逐舰上进行测试的 LaWS[6]

　　2014 年 8 月,进一步完善的 LaWS 集成安装在部署在波斯湾的 Ponce 号两栖舰上正式服役,如图 9-5 所示。2014 年 9 月,该舰指挥官被授权使用该系统进行自我防御作战。人没有被列为攻击目标,主要目标包括无人机、直升机、巡逻快艇等。该系统可以通过调节功率,用于非杀伤性和杀伤性两个目的[9]。通过试验发现,即使在极端天气条件下,如大风、高热、高湿以及沙尘暴等条件下,该系统的使用仍非常完美,其可靠性和可维护性都远超预期。该系统可以通过类似游戏手柄的控制器,同时应对多目标包括攻击艇、无人机在内的“非对称威胁”[10]。非常值得说明的是,该系统与造价为几十万甚至上百万美元的导弹不同,LaWS 一次射击需要的费用仅为 59 美分,不足 1 美元[9]。尽管 LaWS 在 Ponce 号上的服役预计为 1 年,但鉴于其优越性能,第五舰队领导层已决定其将在 Ponce 号上长期服役,直至 Ponce 号退役(大约在 2017 年)[9]。目前,美军正在检验 LaWS 在其他舰船部署的可行性,预计在未来几年内很快得到部署。

图 9-5　集成安装在 Ponce 号两栖舰正式服役的 LaWS[11]

9.1.3　激光武器的热效应

激光武器对目标的破坏作用主要体现在其热效应上,其次是机械效应。

当激光束作用在目标表面上,激光能量被目标表面吸收,同时能量会通过对流换热和热辐射的方式扩散。由于激光能量相对较高,作用表面吸收的能量远大于通过其他方式的热量扩散,所以作用目标会产生温度升高。如图 9-6 所示。作用表面得到的激光的能量(忽略通过其他方式向环境的扩散)为

$$E = \pi w^2 \alpha St \tag{9-1}$$

式中:w 为激光作用半径;α 为表面对激光能量的吸收比;S 为激光能量;t 为脉冲宽度(激光作用时间)。受激光能量作用的目标区域的质量为

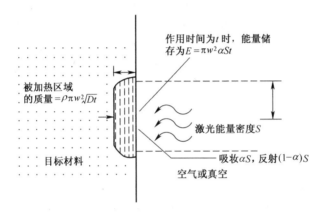

图 9-6　激光束对目标表面的加热作用原理[12]

$$M = \rho \pi w^2 \sqrt{Dt} \tag{9-2}$$

式中:ρ 为作用目标的密度;D 为目标材料的热扩散系数。据此,激光作用的目标区域的温度可通过下式进行计算,即

$$E = CM\Delta T \tag{9-3}$$

式中:ΔT 为温升;C 为材料的比热容。因此,受激光作用区域的平均温度为

$$T = T_0 + E/CM = T_0 + \frac{\alpha S\sqrt{t}}{\rho C \sqrt{D}} \tag{9-4}$$

式中:T_0 为目标表面初始温度(目标表面受激光束作用之前的温度)。

当激光束能量密度较小时,表面受热温度升高。当能量高过一定值时,也就是温度 T 超过材料的熔点 T_m 时,激光束作用区域将出现融化,从而会在表面形成一个融洞。当能量再高于一定值时,激光束的作用会使目标在激光作用区域内产生汽化,并随激光能量的进一步增大,汽化的气态物质会形成射流,对目标产生机械作用。此机械作用常常会和热作用一起,使目标产生变形和破坏。

据上述公式,在一个激光脉冲宽度 t_p 内,使作用目标材料开始融化的激光能量临界值为

$$S_m = \rho C(T_m - T_0)(D/t_p)^{1/2}/\alpha \qquad (9\text{-}5)$$

使作用目标材料开始发生汽化的激光能量临界值为

$$S_v = [\rho C(T_v - T_0) + \rho L_m](D/t_p)^{1/2}/\alpha \qquad (9\text{-}6)$$

式中:L_m 为汽化潜热;T_m 和 T_v 分别为作用目标材料的熔点和汽化点。

在一个脉冲宽度内,使目标材料开始融化和开始汽化所需的激光能量临界值、激光脉冲宽度和目标表面对激光能量的吸收比之间的关系分别如图 9-7 和图 9-8 所示。

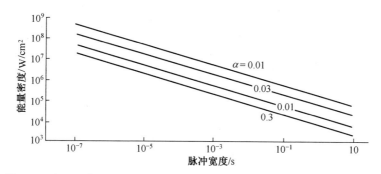

图 9-7　发生融化的激光能量临界值和脉冲宽度与能量吸收比之间的关系

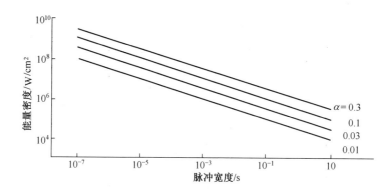

图 9-8　发生汽化的激光能量临界值和脉冲宽度与能量吸收比之间的关系

从图中可以看出,两个临界值均受材料表面对激光能量的吸收比的影响较大。吸收比越大,相同激光束作用下所吸收的能量越多,所需的临界激光能量密度就越小。对于脉冲宽度,也就是激光束作用时间,其值越大,在目标材料中积聚的能量就越多,温度也就越高,也越容易发生融化和汽化,所以所需临界激光能量密度也越小。

9.2 高能微波武器

高功率微波是指峰值功率在 100MW 以上,频率为 1~300GHz 的电磁波[13]。自从 1973 年第 1 台高功率微波源问世后,经过 40 多年的发展,高功率微波技术已逐渐走向成熟,微波功率从最初的几百 MW 发展到目前的上百 GW,频率从 1GHz 发展到 140GHz 以上。

图 9-9 为微波束武器的示意图。由高功率微波源产生的微波,经由高增益定向天线,向空间发射出功率高、能量集中、具有方向特征的微波射束,可使敌人的电子装备暂时失效,瓦解敌方武器的作战能力,破坏敌方的通信、指挥与控制系统,并造成人员的伤亡,是一种新的软杀伤破坏性武器。

图 9-9 微波束武器示意图

高能微波武器可分为进攻性和防御性两类。进攻性高能微波武器又分为机载型和精确制导型两类。机载型主要是以航行器作为高能微波系统的搭载平台,包括无人机、滑翔机等。无人作战飞机可携带能重复使用的高能微波系统,具有可深入敌方、无人员伤亡、可重复使用等特点,是定向能武器技术和无人机的巧妙结合。精确制导型高能微波武器是将高能微波系统安装在精确制导武器上实施攻击,与常规精确制导武器相比,具有更大的损伤范围。在目前以导弹攻击和空袭为主要攻击手段的局部战争中,高能微波防御武器通过破坏导弹的制导系统或飞机的导航系统,使其失去精确打击的能力,从而保护主要的军事设施,当微波功率足够高时,甚至可以直接摧毁来袭飞机和导弹[14]。

由于微波的传输容易发散、在大气中的扩散很难精确描述并且很容易引起大气的击穿等特点,微波武器不像激光武器和粒子束武器,能通过聚集足够的能量,直接通过融化和汽化毁伤目标(这种杀伤方式常称为硬杀伤)。因此,作为定量能武器的一种,微波武器主要通过软杀伤的方式来攻击"软"目标。在这样的目标中,存在微波可以直接作用的内部元件和结构。

微波进入目标并且破坏目标主要有两种方式。最简单的一种就是目标本身为微波的接收器,如雷达、通信系统等。这类目标本身的功能就是在一定特定的频率下,接收、放大、处理微波信号。如果微波攻击信号和目标信号频率相同,则目标的电路很容易被攻击微波信号所破坏,这种损伤称为"带内"损伤(in Band Damage);另一种则称为"带外"损伤(out Band Damage)。两者各有优缺点。

带内毁伤的主要攻击对象为目标的电路系统,它通过目标的天线进入目标内部并对目标进行破坏。以雷达为例,当雷达发出信号的亮度为 B,如果雷达距探测目标的距离为 z,则此处雷达信号亮度为 B/z^2。雷达接收的目标返回信号只是目标发出信号的一部分,其大小为 $S = B\sigma/4\pi z^4$,其中 σ 为雷达对目标的截面。当有微波束作用以后,雷达所接收的信号远大于目标的反射信号,从而可以扰乱和致盲敌方的雷达、通信系统等。一个形象的比喻:黑夜中一个人通过手电筒照射可以辨认出另外一个人,但是如果对方也拿一个手电筒在照射自己的眼睛,则这个人将无法辨认对方。

如果微波带内攻击的功率足够大,还会破会目标的电路。这是因为目标接收的信号功率过大,从而在电路中产生附加电流,当电流产生的热量无法全部散出时,电路中将产生温升。当温度超过其熔点,电路将会被烧毁。

对于带外毁伤,微波束主要通过不是专门设计的破损等形成的微孔、裂纹等进入目标内部。微波主要作用在比较细、对微波信号敏感的电子器件上。通过热作用将目标加热到一定的温度,从而破坏电路系统。

由于不能准确描述微波进入目标的具体途径以及计算微波能量在目标内部的具体分布,因此,对于微波武器来说,无法像激光束和粒子束那样建立准确的目标毁伤标准。

不同微波能量在人、武器和装备中的具体应用,读者可参考文献[1,15]。

高功率微波武器的主要研究方向包括以下几方面[1]。

(1)高功率微波武器小型化的研究。空军和陆军都要求高功率微波武器的尺寸尽量小,以安装在飞机或战车上。

(2)向毫米波扩展。因为工作在该波段内的高功率微波武器具有波束窄、发射能量集中、杀伤效果好、体积小、重量轻等优点,所以高功率微波武器有向毫米波扩展的趋势。

(3)优化高功率微波武器的结构。采用高功率的微波源,高性能的重复频率开关,重复运行的脉冲功率源,高增益、低旁瓣、轻质结构的定向发射天线,宽带微波源和宽带天线等。

(4)提高高功率微波武器的生存能力。高功率微波武器辐射强大的电磁信号,易受到敌方反辐射导弹的攻击,因此,提高高功率微波武器防反辐射导弹攻击的能力就显得尤为重要。

9.3 粒子束武器

粒子束武器是通过能源和储能器提供粒子加速器所需的能量,高能强流粒子加速器将注入的电子、质子、离子等粒子加速到接近光速,使其具有极高的动能,然后用电磁透镜将它们聚集成密集的高能束流,射向目标,通过它们与目标物质发生强烈的相互作用,达到毁伤目标的效果。其工作原理如图 9-10 所示。

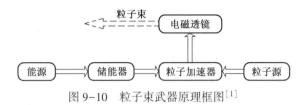

图 9-10　粒子束武器原理框图[1]

粒子束的毁伤作用表现在 3 个方面:使目标结构材料汽化或融化;提前引爆目标中的引信或破坏目标中的热核材料;破坏目标的电路,导致电子装置失效。

粒子束武器分为带电粒子束武器和中性粒子束武器两种。带电粒子束武器中研究较多的是高能电子束武器,该类武器产生的电子束具有极强的穿透能力,它发射出的束流是带电的质子、电子和离子等高能粒子,它可实施直接击穿目标的"硬杀伤",也可实施使目标局部失效的"软杀伤",因而,被认为是一种很有发展前途的高能电子束武器。中性粒子束武器除了具有杀伤能力外,还可使受照射的目标产生中子、γ 射线和 X 射线,通过对这些射线的遥测,可以实现对目标的识别,也可用于拦截助推段导弹[1]。

与传统武器相比,粒子束武器只要改变一下导向电磁透镜中的电流方向或强度,就能在极短的时间内改变射击方向,迅速转移火力,而且使用后不会对环境造成污染,不会对生态造成破坏,也不会给己方带来不利的影响,对弹着点以外的其他建筑、生物都不会毁伤。与光聚能激光武器相比,粒子束武器具有全天候的特点;同时,粒子束武器发射出去的粒子比光子具有更大的动能,而且能够穿云破雾,受气候条件影响小。粒子束武器也有很大的弱点:一是带电粒子在大气层内传输时要损失大量动能;二是由于束流扩散使粒子束武器只能打击近距离目标;三是地球磁场会使束流弯曲[1]。

粒子束武器的研究和发展重点主要如下。

(1)粒子加速器的基础研究。对于粒子束武器的基础研究,首先在于研究粒子加速器,以获得高能粒子束。产生粒子束的主要方法是利用线性感应加速器(LIA),但是这种加速器太笨重,难以投入战场使用。因此,目前许多国家正在加紧研制小体积的 LIA。

(2)高能转换技术的研究。高能量转换技术是形成高速粒子脉冲的必要手段。美国空军研究机构称,可控硅和火花放电的高能转换开关已研究成功,下一步将开展快速磁性开关的研究,这种开关基于饱和电磁感应原理,具有很高的重复率。

(3)粒子束武器的原理并不复杂,但要进入实战难度非常大。首先是能源问题,粒子束武器必须要有强大的脉冲电源,能源系统是粒子束武器各组成部分的动力源,它为武器系统提供动力,可以认为是粒子束武器的"弹药库"

无论是中性粒子还是带电粒子,从其对目标的毁伤作用角度来看,二者没有区别。粒子束对目标的作用与激光束的作用不同,如图 9-11 所示,激光束对目标的作用位置为目标被激光照射的表面;对于粒子束,其作用部位为粒子束穿过的作用目标的整个体积。因此,对于激光束来说,目标接收激光束的能量后,目标内部的最大温度梯度是沿着激光束的方向的。对于粒子束,整个作用区域同时得到粒子束的能量,从而使作用区域内温度差异很小,最大温度梯度方向为沿粒子束截面半径方向。

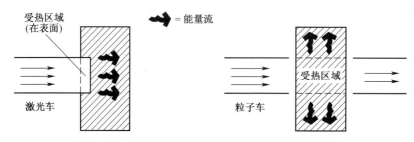

图 9-11　激光束和粒子束在目标上的能量积累对比

如图 9-12 所示,当粒子束作用于目标达到稳态时,目标所得到的能量来源于粒子束中粒子的动能损失,其计算式为

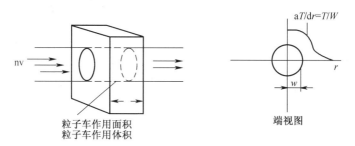

图 9-12　粒子束作用目标的稳态能量积累与损失

$$S_p = \pi w^2 dnv(dK/dz) \tag{9-7}$$

式中:w 为粒子束截面半径;n 为粒子束密度;v 为粒子束的速度;d 为粒子束作用目标的厚度;K 为粒子的动能;z 为沿粒子束的坐标。

见图 9-12,粒子束作用区域为圆柱形。在圆柱形的侧面上,热量通过导热的方式向周围扩散,其大小为

$$S_c = 2\pi wd(kdT/dw) \tag{9-8}$$

式中:T 为粒子束作用区域的温度;k 为目标材料的导热系数。圆柱体前后断面上,以辐射换热的方式向周围扩散,其能量大小为

$$S_r = 2\pi w^2 \sigma T^4 \tag{9-9}$$

如果粒子束带给目标的能量和导热散热量以及辐射散热量相当,则在计算目标温度时,导热和热辐射不能忽略。假设式(9-7)和式(9-8)以及式(9-9)分别相等,计算出来的粒子束作用区域的温度如图 9-13 所示。参数选取为 $q = 1.6 \times 10^{-19}$ C,$(dK/dz) = 7\text{MeV/cm}$,$w = 1\text{cm}$,$k = 2.4(\text{W/cm})\text{K}$($k$ 取铝的导热系数)。

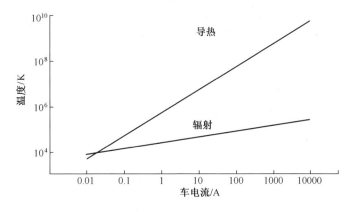

图 9-13　作用目标温度 vs 束电流

从图 9-13 可以看出,在不同的束电流情况下,所计算温度大都分布在 10000K 以上,而对于大多常用的材料,其汽化温度大多在 3000K 左右。所以对于图中常用束能量范围,无需考虑对流换热以及辐射换热的影响,除非束能量在 0.01A 以下的低能量范围。

9.4　声 能 武 器

声能武器是利用声波发生器产生超声波或次声波,向目标定向发射,刺激人体的大脑神经器官,使之产生强烈的不适感而丧失作战能力。还有一种是利用大振幅的水声信号或冲击波,对目标进行打击和毁伤。其原理框图如图 9-14 所示。

图 9-14　声能武器示意图

声能武器主要分为以下几种。

(1)超声武器。超声武器是利用高能超声波发生器产生的高频声波,形成强大的大气压力,在一定范围内对人体造成伤害,主要表现为使人视觉模糊、恶心、呕吐、失去平衡感和方向感,甚至意识丧失。这种强烈的不适导致参战人员无法正确操作武器,以致战斗意志减退或完全丧失作战能力。其具有两种明显的物理效应[16,17]。

① 机械效应。超声波能量容易集中,因而形成很大的强度,能使物质做激烈的强迫机械振动。

② 热效应。媒质对超声波的吸收会引起温度上升,一方面,频率越高,这种热效应就越显著;另一方面,在不同媒质的分界面上,超声波能量将大量转换成热能,往往造成分界面上的局部高温。

(2) 次声武器。次声武器是指功率很强的超低频声波,其频率范围一般在20Hz 以下,按作用方式主要有神经型和器官型两类。神经型次声武器的频率为8~12Hz,与人类大脑的 α 节律接近,产生共振时能强烈刺激大脑,使人神经错乱产生癫狂;内脏器官型次声武器的频率与人体内脏器官固有频率接近,为 4~8Hz,使人脏器产生强烈共振,破坏人的平衡感和方向感,产生恶心、呕吐及强烈不适感,失去战斗力,损伤人体内脏器官,甚至可引起死亡[1]。

(3) 水下声能武器。其基本原理就像用激光发生器发射激光拦截导弹那样,在瞬间触发声能发生器,向水中发射极短周期的高能电脉冲,产生强大的压缩冲击波,用电液效应摧毁鱼雷、水雷等水下目标,是一种反鱼雷和水下近程防御新技术[18]。

9.5　太阳能武器

太阳能武器是一个全新的作战概念,它是一个运行在地球同步轨道上的空间透镜或聚焦系统,可将太阳光聚焦到地面或空间目标上,使目标功能受到影响,甚至完全失效。太阳能武器还可将太阳能转化为电能存储起来,在作战时作为定向能武器的能源,以及为处于地球阴影区的近地轨道卫星提供能量。

太阳能武器由高度控制系统、导航系统、姿态控制系统、瞄准和识别系统以及激光通信系统组成,可在近地轨道组装后送入地球同步轨道。太阳能武器系统可以根据需要进行机动飞行,对关注目标实施空对地攻击。在实施攻击时,太阳光可聚焦到敌方飞行器上,使其内部温度升高。即便不能完全毁坏卫星,也会使卫星传感器的灵敏度降低或致盲,使敌方通过卫星收集信息和进行通信的能力瘫痪[1]。

太阳能武器的原理比较简单,但是要达到对目标的损伤,还有很多关键技术需要突破,如聚焦系统的设计、如何根据目标位置快速调节太阳能能束的指向性等。同时,太阳能武器体积大、非常脆弱,很容易遭到敌方动能武器或其他武器的袭击,敌方可以用"自杀式"卫星来撞击太阳能武器,破坏其光学系统。对此,可以采用主动防御系统来应对这种威胁,或是用很多小块薄膜、透镜构成组合型聚焦系统,提高系统的抗攻击能力[1]。

9.6 主动拒止系统

主动拒止系统(Active Denial System,ADS),如图 9-15 所示,是远距离使用毫米波①电磁能以阻止、延缓和挡回前进之敌的一项突破性非杀伤技术。ADS 主要用于控制人群,其优点是对人的攻击无声无息,且是非致命的,是"自原子弹研制成功以来最具革命性的新式武器",在杀伤性对抗出现之前,以非杀伤方法阻止士兵前进有望能拯救无数条生命。由于 ADS 非致命性的特点,以及一些相对于其他武器的优越性,越来越受到世界各国的高度关注,成为了当前最热门的研究之一。

图 9-15 主动拒止系统[19]

这种原本被认为不会致命的武器的有效射距可达 500m,发射的高能毫米波可罩住整个人的身体,并穿透人体皮肤的极薄皮表下,使目标感受到极度痛苦,暂时失去战斗力。实地测试显示,目标脱离射线范围痛苦立刻消失,不会产生永久性肉体伤害。

然而,这些实地测试志愿者都是行动自如的正常人,被照射后可立即逃离射线范围或呼痛喊停。但在战场上,若射线打到行动不便的敌方伤兵,目标在无法逃离的情况下,可能因灼伤致命。在测试时,就有一名空军受到二度灼伤。德国多特蒙德大学教授艾特曼指出,理论上这种射线足以造成二度或三度灼伤,若受伤面积超过人体皮肤面积 20%,将有致命危险。美国军方原本打算在阿富汗使用新型武器"主动拒止系统",但考虑到该武器还是可能造成致命灼伤,一旦如此将被拿来作为"反西方"的宣传,经过慎重考虑,美军高层决定从阿富汗撤回从未在战场使用

---

① 毫米波波长为 1~10mm。微波的波长范围为 1mm~1m,是分米波、厘米波、毫米波的统称。

的"主动拒止系统"。因此，为了实现"主动拒止系统"的非杀伤性的目的，需要深入研究毫米波对人体的热效应，为毫米波的损伤和防护研究提供一定的理论基础。

9.6.1 生物组织传热的基本模型

生命过程是一切生物存活的基础，生命最基本的特征之一就是生物体与环境之间的物质和能量的交换过程。构成生命过程的两个最基本的过程如下[20]。

（1）生化过程。生物通过生化过程，实现物质和能量以及物质与物质之间的转换，为生物的存活提供最关键的能源和养分。

（2）传递过程。它将生化过程中产生的能量和营养物质传递到生物机体的各个部分，同时将生化过程中产生的废弃物排出体外。在一切传递过程中，最重要的是能(热)量的传递。研究生物传热过程，建立机体内外的传热方程，对于弄清生命的本质，调节生命的进程，发展热诊断、热治疗等现代医疗技术以及提高生物食品的产量和质量均有重要的理论意义和巨大的应用前景。

要研究毫米波辐照对皮肤温度场的影响，首先就要建立皮肤的生物传热模型，生物组织不同于一般工程材料，它不仅是各向异性、非均匀介质，而且血液和体液的循环使其传热过程更加复杂。既有热量传递，又有传质的特点，与一般工程材料中仅有导热的特点极不相同，要确定由于生理原因特别是血液灌流所引起的能量传递很困难，因为这明显地较非生物系统的热量传递更加难以定量。从整体看，生物是高度有序的系统，单就热现象而言，每种生物都有复杂的温度感觉和控制系统，生物系统的传热还是不稳定的低传导热流情形[21]，人体温度从体核处的最大值37℃左右过渡到体表下的 34℃ 左右，是典型的小温差传热，其温度梯度仅为 0.1℃/cm 量级，而组织导热率也较低，约为 0.6W/(m·℃)，从而其热流量仅为 6W/m²，与单位生物表面积(1m²)的基础代谢率46.7W 相比显得微不足道，这就要求生物传热研究中的温度测量具有较高的精度和灵敏性，而这常常是很困难的。生物体还具有非同寻常的血液冷却系统，血液不仅充当器官和代谢终产物的携带者，也带走代谢产生的热，血液获得热量并由循环传递到皮肤，这就是说，生物具有独特的热循环机理。生物体与一般材料的不同之处还在于，其热物性随个体差异乃至年龄而变化，并且常常是高度各向异性的。因此，可以毫不夸张地说，生物系统的传热问题浓缩了自然界所有最为复杂的传热规律。总之，由于生物体的高度变化性、组织和功能的差异性、边界和初始条件的多样性，使不同的生物组织中能量平衡分析形式各种各样，因而，几乎排除了建立生物组织热行为的普适方程的可能性。不过，通过尽可能地对生物组织进行一些简化，学者们也提出了许多方程：Pennes 类方程；多孔体方程；基于生物组织细微解剖结构的生物传热方程等，详见文献[22]。

9.6.2　毫米波辐照分析

毫米波对生物的效应主要为热效应。对动物作用温升大于 1℃ 或对于细胞和生物大分子系统作用温升大于 0.1℃ 的效应称为热效应。毫米波对生物系统的作用,主要是通过对系统中水分子的作用,引起温度变化而产生热效应[23]。

活细胞的主要成分是水。每个生命体内部存在大量的水,大多数生物含水 80%~95%,人的胚胎在第一个月份内含水将近 93%。它们分布在生命体的各个部位,如在细胞的细胞膜、细胞质和细胞核内、细胞间、组织内和血液与淋巴液中[24-26]。一般来讲,大多数水是以游离态形式存在。在原生质中的水是以游离水和结合水方式存在,游离水是溶液中能参与物质代谢过程的水,而结合水是依靠氢键和蛋白质结合的水,因而,它成为原生质的一部分。原生质中的结合水约占全部水的 4.5%,绝大部分水处于游离状态,可作细胞当中代谢产物相互反应的溶剂。这两类水与细胞内其他成分组合在一起,构成了原生质的胶体物质。水分子紧密挤满在纤维状蛋白和球状蛋白之间,呈现非常整齐的状态,水分子的这种整齐状态的形成与破坏,与原生质的物理性质的改变密切相关。

当生命体中的液态水在吸收微波后,会引起水分子随外加电磁场而变化,具有偶极矩的水分子的这种状态变化相当于通过分子质量中心轴(它垂直于 HOH 平面)的转动。按分子物理学的知识,水分子的这种转动能谱是处在远红外区的微波段,由量子力学可求得这种转动是量子化的,可求出水分子能吸收的微波的波长为 5~9mm。但水分子结合成氢键后,这个波长稍有所改变。当水吸收了一定强度的微波能量后,使带有氢键的水分子的状态和构象随交变微波而变化,但由于这些游离水分子的个体性,在它们中并不存在能把这种振动能量转化为生物组织所需要的生物能的结构,因而,仅可使水分子的氢键断裂,变成单的水分子,并使每一个水分子的内能增加。于是,仅可将这部分能量转化为水分子无规运动的动能。这时它们之间的相互碰撞也增加,从而使液态水的温度增高,这就是说,液态水分子在吸收了微波的能量后,不是将这部分能量传送给其他生物分子去产生其他生物效应,而是用来断裂氢键,转化为无规运动的热能,使液态水的温度上升,这就是微波的热效应的机理。这种物理机制与平常微波炉加热水的原理类似[23]。

本章以大鼠的表层皮肤作为建模对象,根据大鼠表层皮肤的介电特性,计算所得毫米波的实际趋肤深度为 0.0008m,按其实际效果估算,当皮肤深度为 0.01m 时,毫米波对皮肤温度值的影响已经衰减为零,所以取模型厚度为 0.01m。参照 Weinbaum-Jiji 模型,模型设为三层模型,其中表皮厚度 0.00008m,真皮厚度 0.002m,剩余部分为皮下组织(0.00792mm)。又入射的毫米波光斑半径为 0.003m,所以整体模型取半径为 0.03m,厚度为 0.01m 的圆柱体。各层皮肤物性参数如表 9-1 所列[27]。

表 9-1　各层皮肤的物性参数

皮肤层	导热系数/(W/m·K)	密度/(kg/m³)	比热容/(J/(kg·K))
表皮	0.24	1200	3580
真皮	0.4	1200	3300
皮下组织	0.18	1000	3000

模型如图 9-16 所示。因为该模型是轴对称的,所以沿其半径上取一个剖面进行分析即可,在此分析剖面中,因为左边为辐射焦斑中轴线上,各向同性,可视为绝热;右边为模型边缘,此处辐射影响已可忽略不计,所以也可视为绝热;上沿为皮肤下 0.01m 处,已为皮下组织处,可视为定温条件,其温度为皮肤组织温度;下沿为皮肤表面,与大气进行自然对流换热。

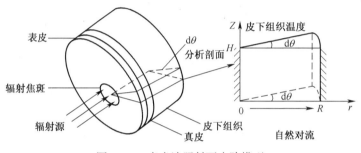

图 9-16　毫米波照射下皮肤模型

主要假设如下:假设血液的对流换热过程发生在有毛细血管的真皮层内;假设毛细血管区内组织和血液的温度近似相等,且等于组织温度;局部毛细血管的血液灌注率各向同性。

基于上面的假设,将多孔介质方程简化为 Pennes 方程,并将其转化为柱坐标,即

$$\rho c \frac{\partial T_t}{\partial \tau} = k \cdot \left(\frac{\partial^2 T_t}{\partial z^2} + \frac{1}{r} \frac{\partial T_t}{\partial r} + \frac{\partial^2 T_t}{\partial r^2} \right) + W_b c_b (T_b - T_t) + q_m + q_r(z, r, \tau)$$

(9-10)

式中:ρ 为组织的密度;c 为组织的比热容;k 为组织的导热系数;W_b 为单位体积内的血液灌注率;c_b 为血液的比热容;q_m 为单位体积内的新陈代谢产热率;q_r 为单位体积的热源项。为方便计算,本文取血液温度 T_b 为 36.5℃,W_b 为 0.5 kg/s·m³,q_m 为 420J/sm³。

相应的边界条件如下:

在 oz 下,有

$$z = 0, k \frac{\partial T_t}{\partial z} = h(T - T_f), z = H, T_t = T_b$$

(9-11)

在 or 下,有

$$r = 0, \frac{\partial T_t}{\partial r} = 0 \, , \, r = R, \frac{\partial T_t}{\partial r} = 0 \tag{9-12}$$

式中:H 为从皮肤表面到皮下组织内部的深度,取 $H = 0.01\text{m}$;$z = 0$ 为皮肤的体表处;h 为皮肤体表与空气间的综合对流换热系数(包括皮肤与空气的对流换热、辐射等相关因素),取 $12.5(\text{W/m}^2)\text{K}$;$T_f$ 为空气温度,取实验室室温 12.5℃;R 为辐射源中轴线到模型边界的距离,取 $R = 0.03\text{m}$;$r = 0$ 为辐射源中轴线处。

采用有限体积法将 Pennes 方程在柱坐标下离散为

$$a_P T_P = a_E T_E + a_W T_W + a_N T_N + a_S T_S + b \tag{9-13}$$

其中

$$a_E = \frac{\dfrac{r_E \Delta z}{\delta r_{EP}}}{k_E} \, , \, a_W = \frac{\dfrac{r_W \Delta z}{\delta r_{WP}}}{k_W} \, , \, a_S = \frac{\dfrac{r_P \Delta r}{\delta r_{SP}}}{k_S} \, , \, a_N = \frac{\dfrac{r_P \Delta r}{\delta r_{NP}}}{k_N} \, ,$$

$$a_{P0} = \frac{(\rho c)_P \Delta V}{\mathrm{d}\tau} \, , \, b = (W_b c_b T_b + q_m + q_r)\Delta V + a_{P0} \, ,$$

$$a_P = a_E + a_W + a_S + a_N + a_{P0} + W_b c_b \Delta V \, , \, \Delta V = r_P \Delta r \Delta z$$

式中:Δr、Δz 分别为 r 轴和 z 轴上的所划分的单元格长度;k 为各方向上的导热系数,下标 E、W、S、N 为相邻节点相对 P 点的位置关系,采用等效热阻进行计算。

对该模型进行网格划分,不同皮肤深度的温度变化规律是本文研究的重点,所以在 z 轴上将 H 划分为 125 个网格,$\Delta z = 0.00008\text{m}$;在 r 轴将 R 划分为 20 个网格,$\Delta r = 0.0015\text{m}$。在 MATLAB 中以矩阵形式求解所得内部节点离散方程组。

首先在所建立的模型中,在未加载毫米波照射的情况下,仅在真皮及皮下组织层加载因血液流动引起的 $W_b c_b(T_b - T)$ 项和新陈代谢项 q_m,对 Pennes 方程在柱坐标系下进行稳态计算,计算所得大鼠皮肤表面温度为 28.8℃,与实验条件相符,同时所计算出的温度场即为 $\tau = 0$ 时刻的温度场。然后加载毫米波辐照引起的热源项,取时间间隔 $\mathrm{d}\tau = 0.1\text{s}$,按照全隐格式进行瞬态计算。

1. 含水量对皮肤组织介电特性的影响

由于水对毫米波的吸收有着决定性的影响,很多学者对其进行了深入的研究[28-31]。Alekseev 等人用一个较为简单的公式表述了含水量对皮肤组织介电特性的影响[32]。

根据 Debye 方程,对于不同物质的复介电常数为

$$\varepsilon_{ci} = \varepsilon_{\infty i} + \frac{\Delta \varepsilon_i}{1 + \mathrm{j}\omega\tau} + \frac{\sigma_i}{1 + \mathrm{j}\omega\varepsilon_0} \tag{9-14}$$

式中:$\omega = 2\pi f$,为角频率,f 为毫米波的频率;$\varepsilon_{\infty i}$ 为物质的光学介电常数,单位是 F/

M；$\Delta\varepsilon_i = \varepsilon_{si} - \varepsilon_{\infty i}$，表示皮肤中自由水的弥散量，其中 ε_{si} 是 $\omega\tau \ll 1$ 时的介电常数，单位是 F/M；σ_i 为皮肤的离子电导率，单位是 S/m；τ 为松弛时间，单位是 s；$\varepsilon_0 = 8.85 \times 10^{-12}$ F/M。

皮肤固体部分的光学介电常数为 2.5，而纯水的光学介电常数为 2.7，所以可得每层的光学介电常数 $\varepsilon_\infty = 2.5 + 2.7W_{ti}$，$W_{ti}$ 为第 i 层的含水量的质量比。

对于一般皮肤而言，$W_{ti} = 60\%$，得 $\varepsilon_\infty = 4.12$ F/M，$\tau = 6.9 \times 10^{-12}$ s，$\Delta\varepsilon = 32.4$ F/M，$\sigma = 1.4$ S/m。

2. 毫米波对皮肤组织的辐射特性

动物的皮肤一般分为表皮和真皮，在研究毫米波对皮肤的透射时我们仅将其作为一层来考虑，即不考虑表皮和真皮的复介电常数对毫米波透射造成的影响。我们假设皮肤各层为均匀各向同性的无源导电媒质。平面毫米波从空气入射皮肤后，其电场和磁场以振幅 $e^{-\alpha z}$ 随深度 Z 的增大而减小，衰减系数 α 定义为 δ^{-1}，其中趋肤深度 δ 定义为电磁波场量的振幅衰减到表面值的 $1/e$ 处的深度，按下式[33] 计算，即

$$\delta = \left(\frac{67.53}{f}\right)\sqrt{\left(\sqrt{(\varepsilon')^2 + (\varepsilon'')^2} - \varepsilon'\right)^{-1}} \tag{9-15}$$

可得到实际趋肤深度为 0.0008m。其中 ε' 和 ε'' 分别为复介电常数 $\varepsilon_c = \varepsilon' - j\varepsilon''$ 的实部和虚部。

根据复介电常数可得皮肤表层复折射率为

$$n_i = n_i' - jn_i'' = (\varepsilon_{ci})^{1/2} = (\varepsilon_i' - j\varepsilon_i'')^{1/2} \tag{9-16}$$

对于空气而言，$n_0 = 1$，根据 Fresnel 方程可得毫米波从空气入射皮肤表层时的反射率 R[34] 为

$$R = \left|\frac{n_0 - n_1}{n_0 + n_1}\right|^2 \tag{9-17}$$

最后，可得毫米波随深度 z 衰减的热源项 $q_r(z, \tau)$ [35] 为

$$q_r(z, \tau) = \frac{2(1 - R)I_0}{\delta} \cdot e^{(-2z/\delta)} \cdot u(\tau) \tag{9-18}$$

式中：I_0 为入射功率密度；$u(\tau)$ 为单位阶跃函数，当时间 $\tau = 0$ 时，$u(\tau) = 0$，当 $\tau > 0$ 时，$u(\tau) = 1$。

3. 呈高斯分布的毫米波辐射分布规律

目前，对毫米波辐射下的皮肤组织温度场研究都还是采用入射的毫米波功率呈均匀分布[36]，但是在利用点聚焦天线加热时，毫米波不再是平面波，而是强度为类似高斯分布的微波场[35,37,38]。

在 r 方向上，功率呈高斯分布，即

$$g(r) = \frac{1}{\sqrt{2\pi}\sigma} \cdot e^{-r^2/\sigma^2} \tag{9-19}$$

所以可得毫米波随深度 z 和半径 r 衰减的热源项 $q_r(z,r,\tau)$ 为

$$q_r(z,r,\tau) = \frac{2(1-R)I_0}{\delta} \cdot e^{(-2z/\delta)} \cdot u(\tau) \cdot \frac{1}{\sqrt{2\pi}\sigma} \cdot e^{-r^2/\sigma^2} \tag{9-20}$$

根据高斯分布的毫米波衰减规律,焦斑半径 r_0 处的毫米波强度为中心处的 $1/e^{[35]}$,所以有

$$\frac{q_r(z,r_0,\tau)}{q_r(z,0,\tau)} = \frac{1}{e} \tag{9-21}$$

又焦斑半径内的总功率密度为 I,则在皮肤表面 $z=0$ 处有

$$\int_0^{r_0} I_0 \cdot \frac{1}{\sqrt{2\pi}\sigma} \cdot e^{-r^2/\sigma^2} \cdot 2\pi r \cdot dr = I \cdot \pi r_0^2 \tag{9-22}$$

联立式(9-21)、式(9-22),采用换元积分法,可解得

$$I_0 = I \cdot \frac{e}{e-1} \cdot \sqrt{2\pi}r_0 \tag{9-23}$$

$$\sigma = r_0$$

代入式(9-20),可得

$$q_r(z,r,\tau) = \frac{2(1-R)I}{\delta} \cdot e^{(-2z/\delta)} \cdot u(\tau) \cdot \frac{e}{e-1} \cdot e^{-r^2/r_0^2} \tag{9-24}$$

4. 33.5GHz 毫米波辐照下皮肤温度场及讨论

取 $W_{ti} = 60\%$,入射毫米波频率为 33.5GHz。分别采用毫米波入射功率呈平均分布和高斯分布进行计算(平均辐照功率密度均为 284mW/cm^2、474mW/cm^2 和 853mW/cm^2);物性参数取常物性。

通过计算,入射功率呈平均分布,平均辐照功率密度分别为 284mW/cm^2、474mW/cm^2 和 853mW/cm^2 的 33.5GHz 毫米波辐照下皮肤温度场分别如彩图 9-17~彩图 9-19 所示。

入射功率呈高斯分布,平均辐照功率密度分别为 284mW/cm^2、474mW/cm^2 和 853mW/cm^2 的 33.5GHz 毫米波辐照下皮肤温度场分别如彩图 9-20~彩图 9-22 所示。

从图中不难看出,随着功率的增大,皮肤温度场的温升越加明显,且趋于稳定所需的时间越长。同时,由于呈高斯分布的毫米波的能量更加集中于中心区域,所以辐照中心点的温升更加剧烈,对人体产生的灼热感更加强烈。

由于毫米波频率较高,趋肤深度较浅,在 33.5GHz 频率下,趋肤深度仅为 0.78mm,即使功率为 853mW/cm^2,其影响深度在 10mm 处也趋近于 0,验证了模型假设的正确性。

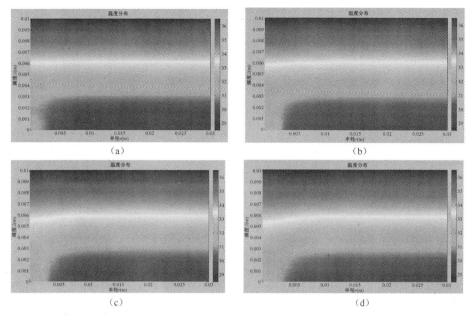

图 9-17　入射功率呈平均分布的 33.5GHz 毫米波辐照下皮肤温度场

（$IPD = 284mW/cm^2$，$W_{ti} = 60\%$）

（a）$\tau = 60s$；（b）$\tau = 120s$；（c）$\tau = 180s$；（d）$\tau = 2400s$。

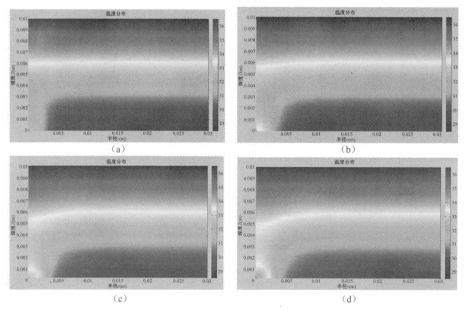

图 9-18　入射功率呈平均分布的 33.5GHz 毫米波辐照下皮肤温度场

（$IPD = 474mW \cdot cm^2$，$W_{ti} = 60\%$）

（a）$\tau = 60s$；（b）$\tau = 120s$；（c）$\tau = 180s$；（d）$\tau = 240s$。

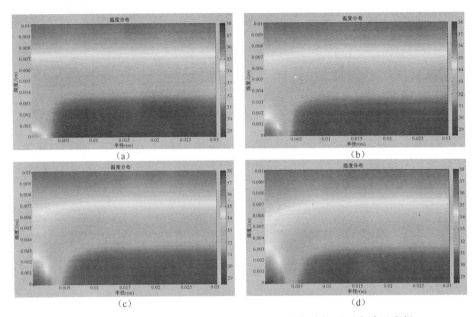

图 9-19　入射功率呈平均分布的 33.5GHz 毫米波辐照下皮肤温度场

$(\mathrm{IPD} = 853\mathrm{mW/cm^2}, W_{ti} = 60\%)$

（a）$\tau = 60\mathrm{s}$；（b）$\tau = 120\mathrm{s}$；（c）$\tau = 180\mathrm{s}$；（d）$\tau = 240\mathrm{s}$。

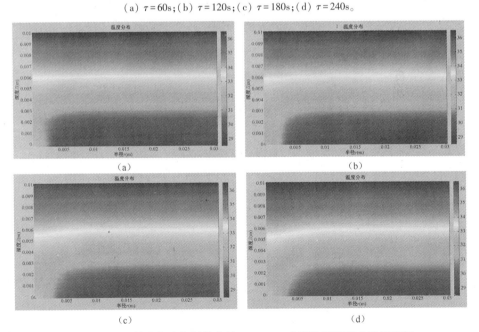

图 9-20　入射功率呈高斯分布的 33.5GHz 毫米波辐照下皮肤温度场

$(\mathrm{IPD} = 274\mathrm{mW \cdot cm^2}, W_{ti} = 60\%)$

（a）$\tau = 60\mathrm{s}$；（b）$\tau = 120\mathrm{s}$；（c）$\tau = 180\mathrm{s}$；（d）$\tau = 240\mathrm{s}$。

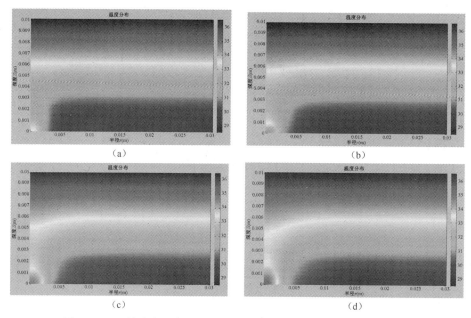

图 9-21 入射功率呈高斯分布的 33.5GHz 毫米波辐照下皮肤温度场

（IPD $= 474$mW $\cdot$ cm^2, $W_{ti} = 60\%$）

（a）$\tau = 60$s；（b）$\tau = 120$s；（c）$\tau = 180$s；（d）$\tau = 240$s。

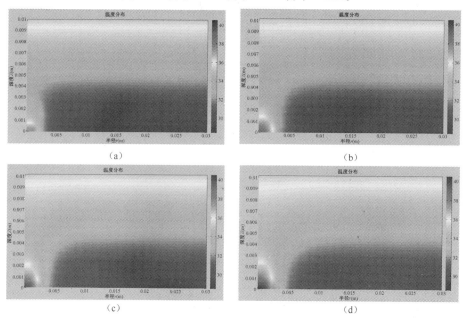

图 9-22 入射功率呈高斯分布的 33.5GHz 毫米波辐照下皮肤温度场

（IPD $= 853$mW/cm^2, $W_{ti} = 60\%$）

（a）$\tau = 60$s；（b）$\tau = 120$s；（c）$\tau = 180$s；（d）$\tau = 240$s。

5. 毫米波辐照下皮肤温度场的实验结果

取大鼠 2 只,质量分别为 320g(雄)、220g(雌);环境温度为 12.5℃;采用 33.5GHz 连续毫米波,选用不同功率,辐照大鼠腰腹部皮肤(剪毛区为半径 $R = 1cm$ 的圆形);选取测定焦距点前后各 5mm 范围内焦斑半径的平均值作为实际参考焦斑半径,约为 3mm;连续辐照 4mm,每隔 15s 用红外热像仪记录一次数据,实验完成后再将图像进行处理,得到四种功率下辐照中心点随时间的变化规律[39](表 9-2)。

表 9-2 四种功率下辐照中心点的温度分布

辐照时间/s	动物数/只	温度/℃ 284mW/cm²	温度/℃ 474mW/cm²	温度/℃ 853mW/cm²
0	2	28.85	28.85	28.8
15	2	30.7	31	33.55
30	2	30.75	31.55	34.35
45	2	30.7	31.6	35.15
60	2	30.95	31.55	35.4
75	2	30.95	31.7	36.25
90	2	31.05	32.025	36.3
105	2	31.05	32.15	36.7
120	2	31.1	32.3	36.7
135	2	31.2	32.4	36.75
150	2	31.25	32.4	37
165	2	31.45	32.5	37
180	2	31.4	32.5	37.25
195	2	31.4	32.65	37.25
210	2	31.55	32.75	37.3
225	2	31.55	32.65	37.45
240	2	31.75	32.75	37.6

6. 结果的比较与分析

将 33.5GHz 三种辐照功率下,入射功率呈平均分布及高斯分布的毫米波辐照中心点温度随时间的变化与实验结果相比较,如图 9-23 所示。

由图 9-23 不难看出,辐照功率越高,温升越快,且在前 15s 有一个快速升温过程,辐射功率较低时,温升 1~2℃,在 853mW/cm² 的平均辐照功率下,温升超过 4℃,会使人产生强烈的灼烧感,随着辐照时间的延长,温升速度将逐渐减缓,直至平衡,这一结果与其他文献一致[33]。

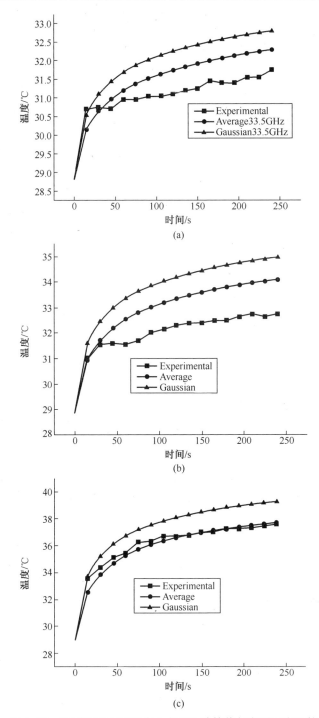

图 9-23　不同辐照下辐照中心点理论计算值与实测温度比较
（a）IPD＝284mW/cm²；（b）IPD＝474mW/cm²；（c）IPD＝853mW/cm²。

本章所建立的瞬态模型与实际测量结果较为接近,理论计算温度略高于实测温度 1℃。但在高功率辐照条件下,理论计算值与实际测量值误差减少,分析其原因是在高功率条件下,由于毫米波照射所产生的热源项非常大,远大于因为温升而产生的皮肤组织对周围组织环境的传热、血流速度及皮肤表面与空气的对流、汗液蒸发、新陈代谢率等因素的改变,所以误差较小;在低功率辐照条件下,理论计算值与实际测量值有一定的误差,可能的原因是此时生物的自我调节机制开始发挥作用,而方程中未充分考虑。

同时,可以看出,采用高斯分布所计算出来的辐照中心点温度 T_{SG} 要普遍高于采用平均分布所计算出来的中心点温度 T_{SA},而且随着功率的增加,T_{SG} 和 T_{SA} 的差值越大,当平均功率为 $853mW/cm^2$ 时,差值可达 2.3℃。所以功率分布函数的改变对温度场的影响是非常巨大的,不能忽略不计。

表面上看,采用平均分布函数所计算的结果与实测结果的误差要比采用高斯分布函数所计算的结果小,但是该模型暂未考虑因为温升而产生的皮肤组织对周围组织环境的传热、皮肤复介电常数、血流速度及皮肤表面与空气的对流、汗液蒸发、新陈代谢率等因素的改变,这些生物自我调节机制必然会帮助生物组织带走热量,降低体表温度。从平均辐照功率为 $853mW/cm^2$ 的温度分布图中可以看出,辐照强度采用平均分布的计算结果要小于实测结果,此时,如果再加上生物体的自我调节机制,误差将更大。而辐照强度采用高斯分布的计算结果在 15s 时与实测结果非常吻合,只是随着时间的增加,生物体的自我调节机制逐渐加强,导致误差有所加大。所以辐照分布采用高斯分布的理论模型要优于平均分布的理论模型,而其与实测值之间的误差来源应该是生物的其他自我调节机制,如温度升高引起的水分流失、物性参数的改变等原因,需要进一步的研究。

由于表面皮肤与空气会通过对流换热带走热量,很有可能造成内部温度场高于表面温度场的情况。如果此时仅仅只将所观测到的皮肤表面温度场作为损伤评估对象,很有可能造成观测表面温度场所得到的温度仍处于非杀伤性范围,而内部温度场却早已超过了该范围,已对皮肤造成了永久性杀伤。因此,需要进一步研究趋肤深度内皮肤内部温度的变化。

图 9-24 和图 9-25 分别为入射功率为平均分布和高斯分布时,计算所得趋肤深度内中轴线上的温度随皮肤深度变化的曲线。

图中曲线证明了受毫米波辐照时温度最高值在皮肤表面以下,且随着辐照强度的加强,最高温度点的位置越靠近皮肤表面。由于高斯分布的毫米波能量更加集中,所以最高温度点的位置相比于平均分布的毫米波辐照下更靠近皮肤表面。

更多的研究结果,如皮肤温度场的影响因素等,读者可参考文献[22]。

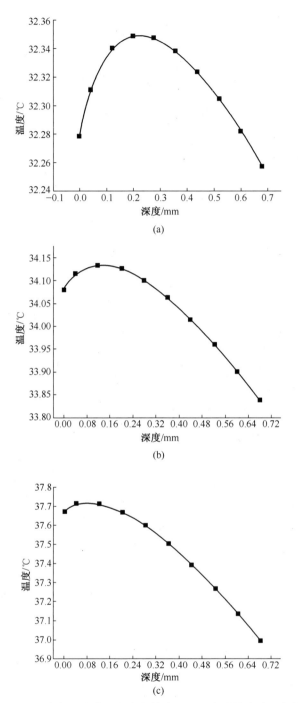

图 9-24 平均分布下趋肤深度内中轴线上的温度随着皮肤深度的变化

（a）IPD = 284mW/cm^2；（b）IPD = 474mW/cm^2；（c）IPD = 853mW/cm^2。

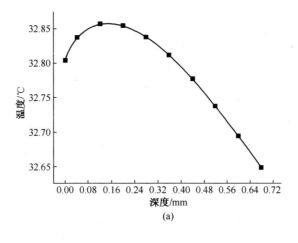

(a)

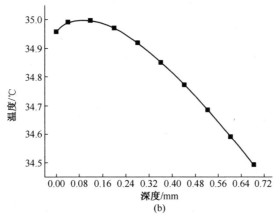

(b)

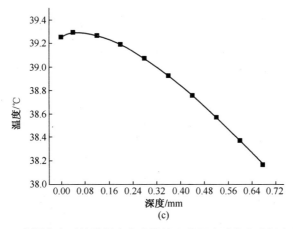

(c)

图 9-25　高斯分布下趋肤深度内中轴线上的温度随着皮肤深度的变化

（a）IPD = 284mW/cm² ;（b）IPD = 474mW/cm² ;（c）IPD = 853mW/cm²。

9.7　本　章　小　结

本章对激光武器、高功率微波武器、高能粒子束武器、声能武器以及太阳能武器等几类定向能武器进行了介绍,并主要以前三种武器为例,对其对打击目标的作用和效应,主要是热效应,进行了分析和讨论。最后针对一种定向能非杀伤性武器——主动拒止系统进行了介绍,并针对毫米波对生物体皮肤的热作用进行了建模分析和讨论。

定向能武器系统的设计、应用、效能评估等,均离不开传热问题的解决。通过传热问题的分析,了解目标对武器能量的吸收、对目标的热作用,才能明确武器系统对目标的作用原理,也才能明确武器系统需提供多大的能量才能满足其战斗需求,对定向能武器的设计以及防护均具有重要意义。

值得说明的是,除文中主要描述的武器系统对目标的热作用以外,在定向能武器的设计和应用中,传热问题远远不止于此,如太阳能武器中太阳能的传输,各类武器作用效果的红外评估等,具体读者可参考相关文献。

参 考 文 献

[1] 雷开卓,黄建国,张群飞,等.定向能武器发展现状及未来展望[J].鱼雷技术,2010,18(3):161-166.

[2] Stupl J,Neuneck G.High energy lasers:a sensible choice for future weapon systems,Security Challenges.2005,1(1):135-153.

[3] http://baike.baidu.com/link? url=Ql6-kgXeni5-1kDF92WxLKX-LaEIsbFRettmwxAV0YBawCq8YSRVVvXN7GgnLW_MQOoEmRj74d4stoH1mpsKY_.2016/9/22.

[4] 易亨瑜,齐予,黄吉金.舰载激光武器的研制进展[J].激光技术,2015,39(6):834-839.

[5] Navy Laser Success Key in Unmanned Aerial Vehicle Research,Development.http://www.navy.mil/submit/display.asp? story_id=46368,(2009-6-19),2016/9/21.

[6] http://www.navy.mil/list_all.asp? id=80850.2016/9/21.

[7] Navy Scientist Honored for Leadership in Making Laser Weapons a Reality in the Fleet.http://www.navy.mil/submit/display.asp? story_id=80850.(2014-5-7),2016/9/21.

[8] 冯寒亮,刘彦升,韩锋,等.美国海军舰载激光武器研究进展.激光与光电子进展,2014(51):020004.

[9] Laser Weapon System.https://en.wikipedia.org/wiki/Laser_Weapon_System.2016/9/21.

[10] NSWC Dahlgren Laser Weapon System Team Wins 2014 Top Navy Scientists and Engineers Award.http://www.navy.mil/submit/display.asp? story_id=87764.(2015-6-20).2016/9/21.

[11] http://www.navy.mil/list_all.asp? id=87764.2016/9/21.

[12] Effects of directed energy weapons,Report of National Defense University,Center for Technology

and National Security Policy 300 5th Avenue SW, Fort Lesley J. McNair, Washington, DC, 20319,1994.

[13] 石影,方斌,徐长根.高功率微波武器发展构想.指挥控制与仿真,2008,30(2):115-117.

[14] 田波,张永顺.电子对抗新概念——高功率微波武.飞航导弹,2002(3):13-16.

[15] 郭继周,沈雪石.定向能武器技术的发展动向.国防科技.2014,35(3):32-35.

[16] 郭毅军,蔡绍皙,赵志强,等.次声波与次声武器.生物学通报,2007,42(7):3-5.

[17] Altmanna J.Acoustic weapons—a prospective assessment.Science & Global Security,9:165-234.

[18] 陈春玉.反鱼雷技术[M].北京:国防工业出版社,2006.

[19] The active denial system a revolutionary,non-lethal weapon for today's battlefield.Report of National Defense University, Center for Technology and National Security Policy, 300 5th Avenue SW, Washington, DC, 20319, 2009.

[20] 王存诚,陈槐卿主编.生物医学中的热物理探索.北京:科学出版社,1994.

[21] Yang W J.Biothermal-Fluid Sciences:Principles and Applications.New York :Hemisphere Publishing Corp., 1989.

[22] 胡双喜.毫米波辐照下皮肤温度场研究[D].武汉:海军工程大学,2012.

[23] 庞小峰,张安英.微波的生物热效应产生的机理和特性研究.原子与分子物理学报,2001,18(4):421-425.

[24] 陈极济,林克椿.生物物理学,北京:人民教育出版社,1981.

[25] 郑国锠.细胞生物学.北京:高等教育出版杜,1998.

[26] Davydor A C.Biology and quantum mechanics.Haykoba:Dumka,1979.

[27] 李晓霞.激光照射下生物组织热效应的数值分析与实验研究.天津:天津大学,2004.

[28] Ilyina S A,Bakaushina G F,Gaiduk V I,et al.On possible role of water in transfer of action of millimeter wave irradiation on biological objects.Biofizica,1979,24:513-519.

[29] Gandhi O P,Hagman M J,Hill D W,et al.Millimeter Wave Absorption Spectra of Biological Samples.Bioelectromagnetics,1980,1:285-298.

[30] Sharv V S, Kazarinov K D, Andreev V E, et al. Lipoperoxidation acceleration under electromagnetic radiation of millimeter range.Biofizica,1983(28):146-147.

[31] Logani M K,Ziskin M C.Millimeter waves at $25mw/cm^2$ have no effect on hydroxyl radical-dependent lipid peroxidation.Electro Magnetobil,1998,17(1):67-73.

[32] 张杰,韩黎军,谢涛嵘,等.高功率毫米波辐照对小鼠皮肤组织拉曼光谱的影响.光谱学与光谱分析,2008,28(12):2872-2875.

[33] Nelson D A,Nelson M T,Walters T J,et al.Skin heating effects of millimeter-wave irradiation—Thermal modeling results.IEEE Trans Microw Theory Tech,2000(48):2111-2120.

[34] Alekseev S I,Radzievsky A A,Logani M K,et al.Millimeter Wave Dosimetry ofHuman skin,Bioelectromagnetics,2008,29:65-70.

[35] Alekseev S I,Radzievsky A A,Szabo I,et al.Local Heating of Human Skin by Millimeter Waves:Effect of Blood Flow,Bioelectromagnetics,2005(26):489-501.

[36] 张杰,韩黎军,谢涛嵘,等.8毫米波辐照鼠皮肤损伤观察及温升仿真.红外与毫米波学报,

2008,27(1):56-59.

[37] 谢国秋,程和平.35GHz毫米波对生物离体皮肤组织表面辐照温升的研究.中国海洋大学学报,2006,36(3):513-516.

[38] 温志津,岑冀娜,邓贤进,等.毫米波生物效应聚焦装置的设计.强激光与粒子束,2010,22(5):1089-1092.

[39] 王悟夷.毫米波辐照下动物体表温度研究.西安:西安电子科技大学,2005.

附录 1 Mie 散射计算程序

```
closeall;气泡半径
r=15.1;% bubble radius   介质折射率
n=1.442;% refractive index of medium
lamda=1.0;% light wave length   光波长
x1=2.0*pi*r*n/lamda;
ang=(0:0.01:180)*pi/180.0;% angle   角度

S1=SphereSc(0.69348,x1,[1;-1;0;0],ang);% vertical to scattering plane
垂直散射平面
S2=SphereSc(0.69348,x1,[1;1;0;0],ang);% paralell to scattering plane   水
平散射平面
S3=SphereSc(0.69348,x1,[1;0;0;0],ang);
S1=S1/x1^2;
S2=S2/x1^2;

figure(1);
polar(ang,log(S1(1,:)/min(S1(1,:))));

figure(2);
plot(ang*180/pi,log10(S1(1,:)),':');
hold on
plot(ang*180/pi,log10(S2(1,:)));
xlabel('Scattering Angle(degree)','FontSize',14)
ylabel('Log(Ij)','FontSize',14)
title('','FontSize',14)
grid on
figure(3);
plot(ang*180/pi,log10(S3(1,:)));
grid on
```

```
% SphereSc Stoke's vector of scattered light
% SphereSc(m,x,I,ang) returns the scattered Light for
% a sphere,size x,refractive index relative to medium m
% at angle ang
% Incident light has Stoke's Vector I

% Written by and copyright
% Dave Barnett
% Optical Engineering Group
% Dept.of Electrical and Electronic Engineering
% Loughborough University
% 20th November 1996

% Corrected 4th September1997
% i missing from calculation of S34

% 5th September1997
% calculation of E made more efficient

function S = SphereSc(m,x,I,ang)
nc = ceil(x+4.05*(x^(1/3))+2);
n=(1:nc)';
E(n,1) = (2*n+1)./(n.*(n+1));
[p,t] = ALegendr(ang,nc);
[a,b] = ScatCoef(m,x,nc);
a = a.*E;
b = b.*E;
S1 = a'*p + b'*t;
S2 = a'*t + b'*p;
S11 = ((S2.*conj(S2))+(S1.*conj(S1)))/2;
S12 = ((S2.*conj(S2))-(S1.*conj(S1)))/2;
S33 = ((S1.*conj(S2))+(S2.*conj(S1)))/2;
S34 = i*((S1.*conj(S2))-(S2.*conj(S1)))/2;
S = [I(1)*S11 + I(2)*S12; I(1)*S12 + I(2)*S11; I(3)*S33 + I(4)*S34; -I
(3)*S34 + I(4)*S33];

% ScatCoef  Scattering coefficients
% [a,b]=ScatCoef(m,x,nmax)
```

```
% returns the two column vectors a and b containing
% the scattering coefficients for particles of size x
% and refractive index relative to medium m,from n = 1
% to n = nmax


% Written by and copyright
% Dave Barnett
% Optical Engineering Group
% Dept.of Electrical and Electronic Engineering
% Loughborough University
% 20th November 1996


% Corrected 4th September1997
% m missing from calculation of dphim


% 5th September1997
% computation method optimised by use of vector methods

function [a,b] = ScatCoef(m,x,nmax)
N = (1:nmax)';
phi = RB1(x,nmax);
phim = RB1(m * x,nmax);
zeta = RB2(x,nmax);
xi = phi + i * zeta;
phin_1 = [sin(x);phi(1:nmax-1)];
phimn_1 = [sin(m * x);phim(1:nmax-1)];
zetan_1 = [-cos(x);zeta(1:nmax-1)];
dphi = phin_1-N. * phi /x;
dphim = phimn_1-N. * phim /(m * x);
dzeta = zetan_1-N. * zeta /x;
dxi = dphi + i * dzeta;
a = (m * phim. * dphi – phi. * dphim) ./(m * phim. * dxi – xi. * dphim);
b = (phim. * dphi – m * phi. * dphim) ./(phim. * dxi – m * xi. * dphim);


% ALegendr the angular dependent Associated Legendre Polynomials
% [p,t]=ALegendr(ang,nmax)
% produces matrices p and t with rows n = 1 to n = nmax
```

```
% for pi and tau functions rescpectively

% Written by and copyright
% Dave Barnett
% Optical Engineering Group
% Dept.of Electrical and Electronic Engineering
% Loughborough University
% 20th November 1996

function [p,t] = ALegendr(ang,nmax)
p(1,:) = ones(1,size(ang,2));
t(1,:) = cos(ang);
p(2,:) = 3 * cos(ang);
t(2,:) = 2 * cos(ang). * p(2,:)-3;
for n=3:nmax
    p(n,:) = ((2 * n-1) * cos(ang). * p(n-1,:) - n * p(n-2,:)) /(n-1);
    t(n,:) = n * cos(ang). * p(n,:) - (n+1) * p(n-1,:);
end

% RB1 the Ricatti-Bessel function of the first kind
% RB1(rho,nmax) for the value rho from n=1 to n=nmax

% Written by and copyright
% Dave Barnett
% Optical Engineering Group
% Dept.of Electrical and Electronic Engineering
% Loughborough University
% 20th November 1996

function phi = RB1(rho,nmax)
nst = ceil(nmax + sqrt(101+rho));
phi(nst,1) = 0;
phi(nst-1,1) = 1e-10;
for n=nst-2:-1:1
    phi(n,1) = (2 * n+3) * phi(n+1) /rho - phi(n+2);
end
phi0 = 3 * phi(1) /rho - phi(2);
phi0 = sin(rho) /phi0;
```

248

```
phi = phi(1:nmax,:) * phi0;


% RB2 the Ricatti-Bessel function of the second kind
% RB2(rho,nmax) for the value rho from n=1 to n=nmax


% Written by and copyright
% Dave Barnett
% Optical Engineering Group
% Dept.of Electrical and Electronic Engineering
% Loughborough University
% 20th November 1996


function zeta = RB2(rho,nmax)
zeta(1,1) = -cos(rho)/rho - sin(rho);
zeta(2,1) = 3 * zeta(1)/rho + cos(rho);
for n=3:nmax
    zeta(n,1) = (2*n-1) * zeta(n-1)/rho - zeta(n-2);
end
```

附录2 例3.1无内热源一维稳态导热问题

```
% one dimensional steady Temperature distribution
% Finite volume method
% TDMA
clf
clc
clear all;
close all;
T = [];P=[];Q=[];ae=[];aw=[];ap=[];analytical=[];
% nn = input('Number of control volumes = ');
nn=5;
n = nn+2;% number of  grid points   网格点数
L = 0.1;%
A=1;%
dx = L/nn;% size of increment   网格尺寸
qi=0;%% internal heat source   内热源
lambda =0.050;% thermal conductivity  导热系数
Tb =1500;%
Ta=100;%

x(1)=0;x(2)=dx/2;
for k = 3:n-1
    x(k)=x(k-1)+dx;
end
x(n)=L;
for k =1:n
    Su(k)= qi * A * dx;
    Sp(k)=0;
end;
% Solver TDMA
```

```
%  P(1)= 0 and Q(1)= T(1)
for k = 2:n-1
   ae(k)= lambda * A/dx;
   aw(k)= lambda * A/dx;
   if (k==2);T(k-1)= Ta;aw(k)= 0;Su(k)= qi * A * dx+2 * lambda * A * Ta/dx;Sp
(k)= -2 * lambda * A/dx;end;
   if (k==n-1);T(k+1)= Tb;ae(k)= 0;Su(k)= qi * A * dx+2 * lambda * A * Tb/dx;
Sp(k)= -2 * lambda * A/dx;end;
   ap(k)= ae(k)+aw(k)-Sp(k);
   d(k)= Su(k);
end;
P(1) = 0;
Q(1) = T(1);
sumres = 0;
for k = 2:n-1
   P(k) = ae(k)/(ap(k)-aw(k) * P(k-1));
   Q(k) = (aw(k) * Q(k-1)+d(k))/(ap(k)-aw(k) * P(k-1));
end;
for k = n-1:-1:1
   T(k) = P(k) * T(k+1)+Q(k)
end;

for k = 1:n
   analytical(k)=((Tb-Ta)/L+qi * (L-x(k))/(lambda * 2)) * x(k)+Ta;%
end;

plot(x,T,'o');
hold on;
plot(x,analytical,'-');
```

附录 3　例 3.2 有内热源一维稳态导热问题

```
% one dimensional steady Temperature distribution
% Finite volume method
% TDMA
clf
clc
clear all;
T = [ ];P = [ ];Q = [ ];ae = [ ];aw = [ ];ap = [ ];analytical = [ ];
% nn = input('Number of control volumes = ');
nn = 100;
n = nn+2;% number of  grid points  网格点数
L = 2;
A = 1;%
dx = L/nn;% size of increment  网格尺寸
qi = 10000;% % internal heat source  内热源
lambda = 50;% thermal conductivity  导热系数
Tb = 200;%  B 面温度
Ta = 100;%  A 面温度

x(1) = 0;x(2) = dx/2;
for k = 3:n-1
    x(k) = x(k-1)+dx;
end
x(n) = L;
for k = 1:n
  Su(k) = qi * A * dx;
  Sp(k) = 0;
end;
% Solver TDMA
% P(1) = 0 and Q(1) = T(1)
```

```
for k = 2:n-1
  ae(k) = lambda * A/dx;
  aw(k) = lambda * A/dx;
  if (k==2);T(k-1) = Ta;aw(k) = 0;Su(k) = qi * A * dx+2 * lambda * A * Ta/dx;Sp
(k) = -2 * lambda * A/dx;end;
  if (k==n-1);T(k+1) = Tb;ae(k) = 0;Su(k) = qi * A * dx+2 * lambda * A * Tb/dx;
Sp(k) = -2 * lambda * A/dx;end;
  ap(k) = ae(k)+aw(k)-Sp(k);
  d(k) = Su(k);
end;
P(1) = 0;
Q(1) = T(1);
sumres = 0;
for k = 2:n-1
  P(k) = ae(k)/(ap(k)-aw(k) * P(k-1));
  Q(k) = (aw(k) * Q(k-1)+d(k))/(ap(k)-aw(k) * P(k-1));
end;
for k = n-1:-1:1
  T(k) = P(k) * T(k+1)+Q(k);
end;

for k = 1:n
  analytical(k) = ((Tb-Ta)/L+qi * (L-x(k))/(lambda * 2)) * x(k)+Ta;%
end;
hold on;
plot(x,T,'*');
plot(x,analytical,'o');
hold off;
legend('Numerical','Analytical',0);
title('Temperature distribution');
```

253

附录4 例3.3一维非稳态导热问题(显示格式)

```
% Transient temperature distribution in an infinite plate with the thick-
nessL
% Initially the plate is at Tinit
% explicit scheme
% Finite volume method

clc
clear
t=[];ap=[];aw=[];ae=[];Su=[];Sp=[];d=[];Q=[];P=[];
n_cv = 5;% number of control volumes   网格数量
ni = n_cv+2; % number of node points   网格节点数量
L = 0.02; % half thickness   板厚度
dx = L/n_cv;% increment   单个网格尺寸
dt =2; % time step   时间步长
conductivity =10; % thermal conductivity   导热系数
density =10000; % density   密度
cp =1000;% Heat capacity   热容量
% alfa =1600;% heat transfer coefficient   传热系数
maxtime = 40;% total time   总时间
Tinit =200; % initial temperature (dimensionless)   初始温度
Twe =0;
qw =-0;
T(ni)=0;

x(1) = 0;
x(2) = dx/2;
for k = 3:ni-1
    x(k) = dx/2+(k-2)*dx;
end;
```

254

```
x(ni) = L;
% explicit formulation
for k = 1:ni % coefficients
    t(k) = Tinit;
    t_old(k) = Tinit;
    ae(k) = conductivity/dx;
    aw(k) = conductivity/dx;
    Sp(k)= 0;
    Su(k)= 0;
    ap0(k)= density * cp * dx/dt;
    if (k==2);
        aw(k)= 0;
        Su(k)= -qw * conductivity;
    end;
    if (k==ni-1);
        ae(k)= 0;
        Su(k)= 2 * conductivity * Twe/dx;
        Sp(k)= -2 * conductivity/dx;
    end;

    t(ni)= 0;
    ap(k)= ap0(k);
end;

time = 0;
maxres =1.e-7;
maxit =10;
while (time < (maxtime+dt/2))
    t_old = t;

    for k = 2:ni-1
        t(k) =[aw(k) * t_old(k-1)+ae(k) * t_old(k+1)+[ap0(k)-(aw(k)+ae(k)-
Sp(k))] * t_old(k)+Su(k)]/ap(k);
    end;
    t(1)=t(2);t(ni)= 0;
    time = time +dt;
end; % while time loop
```

255

```
maxn=1000;alp=conductivity/density/cp;sum1=zeros(1,100);
xx=linspace(0,L,100);
for j=1:length(xx)
for i=1:maxn
    lam(i)=(2*i-1)*pi/2/L;
    sum1(j)=sum1(j)+(800/pi)*((-1)^(i+1)/(2*i-1))*exp(-alp*(lam
(i))^2*maxtime)*cos(lam(i)*xx(j));
end
end

figure(1);
hold on
plot(x,t,'*');ylabel('Temperature');xlabel('x-pos');
title('Transient temperature distribution');
hold on

% analytical solution    解析解

maxn=1000;alp=conductivity/density/cp;sum1=zeros(1,100);
xx=linspace(0,L,100);
for j=1:length(xx)
for i=1:maxn
    lam(i)=(2*i-1)*pi/2/L;
    sum1(j)=sum1(j)+(800/pi)*((-1)^(i+1)/(2*i-1))*exp(-alp*(lam
(i))^2*maxtime)*cos(lam(i)*xx(j));
end
end

plot(xx,sum1,'-')
```

附录 5　例 3.4 一维非稳态导热问题(全隐格式)

```
% Transient temperature distribution in an infinite plate with the thick-
nessL
% Initially the plate is at Tinit
% Implicit scheme
% Finite volume method
% Solver TDMA
clc
clear
t =[];ap =[];aw =[];ae =[];Su =[];Sp =[];d =[];Q =[];P =[];
n_cv = 5;% number of control volumes　网格数量
ni = n_cv+2;% number of node points　网格节点数量
L = 0.02;% half thickness　板厚度
dx = L/n_cv;% increment　单个网格尺寸
dt =8;% time step　时间步长
conductivity =10;% thermal conductivity　导热系数
density =10000;% density　密度
cp =1000;% Heat capacity　热容量
% alfa =1600;% heat transfer coefficient　传热系数
maxtime =40;% total time　总时间
Tinit =200;% initial temperature (dimensionless)　初始温度
Twe =0;
qw =-0;
T(ni) =0;

x(1) = 0;
x(2) = dx/2;
for k = 3:ni-1
    x(k) = dx/2+(k-2) * dx;
end;
```

```
x(ni) = L;
% Implicit formulation
for k = 1:ni
   t(k) = Tinit;
   told(k) = Tinit;
   ae(k) = conductivity/dx;
   aw(k) = conductivity/dx;
   Sp(k)= 0;
   Su(k)= 0;
   ap0(k)= density * cp * dx/dt;
   if (k==2);aw(k)= 0;Su(k)= -qw * conductivity;end;
   if (k==ni-1);ae(k)= 0;Su(k)= 2 * conductivity * Twe/dx;Sp(k)= -2 * con-
ductivity/dx;end;

   t(ni)= 0;
   d(k) = ap0(k);
   ap(k)= aw(k)+ae(k)+ap0(k)-Sp(k);
end;

time = 0;
maxres =1.e-7;
maxit =10;
while (time < (maxtime+dt/2))
   told = t;
   P(1) = 0;
   Q(1) = t(1);
   for k = 2:ni-1
      dd(k) = d(k) * told(k)+Su(k);
      a(k) = ap(k);

      P(k) = ae(k)/(a(k)-aw(k) * P(k-1));
      Q(k) = (aw(k) * Q(k-1)+dd(k))/(a(k)-aw(k) * P(k-1));
end;
for k = ni-1:-1:2
      t(k) = P(k) * t(k+1)+Q(k);
end;
   time = time +dt;
end; % while time loop
```

258

```
% Boundaries    边界节点计算
t(1)=t(2);

maxn=1000;alp=conductivity/density/cp;sum1=zeros(1,100);
xx=linspace(0,L,100);
for j=1:length(xx)
for i=1:maxn
    lam(i)=(2*i-1)*pi/2/L;
    sum1(j)=sum1(j)+(800/pi)*((-1)^(i+1)/(2*i-1))*exp(-alp*(lam
(i))^2*maxtime)*cos(lam(i)*xx(j));
end
end

figure(1);
hold on
plot(x,t,'*');
```

附录6 常用材料发射率表[8]

材料	规格、分类	温度/℃	波段	发射率
金属和金属氧化物				
铝	箔片	27	10	0.04
	箔片	27	3	0.09
	真空镀膜	20	T	0.04
	抛光的	50~100	T	0.04~0.06
	抛光板	100	T	0.05
	抛光薄板	100	T	0.05
	HNO₃ 浸泡板	100	T	0.05
	未加工板	100	T	0.09
	未加工板	100	T	0.09
	薄板,4个不同程度刮花样本	70	SW	0.05~0.08
	薄板,4个不同程度刮花样本	70	LW	0.03~0.06
	粗糙表面	20~50	T	0.06~0.07
	毛面的	27	10	0.18
	毛面的	27	3	0.28
	强烈氧化的	50~500	T	0.2~0.3
	严重风化的	17	SW	0.83~0.94
	铸件,喷抛清理过的	70	SW	0.47
	铸件,喷抛清理过的	70	LW	0.46
	阳极氧化过的,浅灰色,暗哑	70	SW	0.61
	阳极氧化过的,浅灰色,暗哑	70	LW	0.97
	阳极氧化过的,黑色,暗哑	70	SW	0.67
	阳极氧化过的,黑色,暗哑	70	LW	0.95
	阳极氧化过的薄板	100	T	0.55
铝青铜		20	T	0.60
氢氧化铝	粉末状		T	0.28

（续）

材料	规格、分类	温度/℃	波段	发射率
氧化铝	活性的,粉末状		T	0.46
	纯氧化铝粉末状		T	0.16
黄铜	高度抛光的	100	T	0.03
	抛光的	200	T	0.03
	薄板,轧制的	20	T	0.06
	磨砂薄板	20	T	0.2
	80 粒度的金刚砂磨砂	20	T	0.20
	暗哑,无光泽的	20~350	T	0.22
	氧化的	70	SW	0.04~0.09
	氧化的	70	LW	0.03~0.07
	氧化的	100	T	0.61
	600℃下氧化	200~600	T	0.59~0.61
青铜	抛光的	50	T	0.1
	多孔的,粗糙的	50~150	T	0.55
	粉末状		T	0.76~0.80
青铜（cont'd）	磷青铜	70	SW	0.08
	磷青铜	70	LW	0.06
铬	抛光的	500~1000	T	0.28~0.38
	抛光的	50	T	0.10
紫铜	电解的,抛光的	−34	T	0.006
	电解的,精抛光的	80	T	0.018
	纯净的,表面精抛的	22	T	0.008
	机械抛光	22	T	0.015
	抛光的	50~100	T	0.02
	抛光的	100	T	0.03
	抛光的,商品铜	27	T	0.03
	废料	20	T	0.07
	刮花	27	T	0.07
	熔化了的	1100~1300	T	0.13~0.15
	氧化的	50	T	0.6~0.7
	严重氧化的	20	T	0.78
	氧化成黑色	27	T	0.78

（续）

材料	规格、分类	温度/℃	波段	发射率
紫铜	氧化成黑色		T	0.88
一氧化铜	红色,粉末状		T	0.70
二氧化铜	粉末状		T	0.84
黄金	抛光的	130	T	0.018
	精抛的	200~600	T	0.02~0.03
	高度抛光的	100	T	0.02
铸铁	抛光的	38	T	0.21
	抛光的	40	T	0.21
	抛光的	200	T	0.21
	液态	1300	T	0.28
	经机械加工的	800~1000	T	0.60~0.70
	氧化的	38	T	0.63
	氧化的	100	T	0.64
	600℃下氧化的	200~600	T	0.64~0.78
	氧化的	260	T	0.66
	氧化的	538	T	0.76
	铸件	50	T	0.81
	粗糙的	900~1100	T	0.87~0.95
	铸锭	1000	T	0.95
钢铁	电解的	22	T	0.05
	电解的	100	T	0.05
	电解的,精抛的	175~225	T	0.05~0.06
	电解的	260	T	0.07
	抛光的	400~1000	T	0.14~0.38
	发光的,风化的	150	T	0.16
	新近磨砂	20	T	0.24
	锻造的,精抛的	40~250	T	0.28
	被红锈覆盖的	20	T	0.61~0.85
	严重生锈的薄片	20	T	0.69
	生红锈的,薄片	22	T	0.69
	生锈的,严重的	17	SW	0.96
	氧化的	100	T	0.74

（续）

材料	规格、分类	温度/℃	波段	发射率
钢铁	氧化的	100	T	0.74
	氧化的	125~525	T	0.78~0.82
	氧化的	1227	T	0.89
	热轧的	20	T	0.77
	热轧的	130	T	0.60
	冷轧的	70	SW	0.20
	冷轧的	70	LW	0.09
	强烈氧化的	50	T	0.88
	强烈氧化的	500	T	0.98
	粗糙的,平面	50	T	0.95~0.98
	抛光薄板	750~1050	T	0.52~0.56
	磨毛薄板	950~1100	T	0.55~0.61
	生锈的,红色	20	T	0.69
	氧化的	200	T	0.79
	氧化的	200~600	T	0.80
	光亮的氧化层,薄板	20	T	0.82
	抛光的	100	T	0.07
	新轧制的	20	T	0.24
	轧制的薄板	50	T	0.56
镀锡铁	薄板	24	T	0.064
镀锌铁	薄板	92	T	0.07
	磨光薄板	30	T	0.23
	氧化薄板	20	T	0.28
	高度氧化的	70	SW	0.64
	高度氧化的	70	LW	0.85
铅	未氧化的,抛光的	100	T	0.05
	光亮的	250	T	0.08
	氧化的,灰色	20	T	0.28
	氧化的,灰色	22	T	0.28
	200℃下氧化的	200	T	0.63
铅丹(红丹)		100	T	0.93
镁		22	T	0.07

(续)

材料	规格、分类	温度/℃	波段	发射率
镁	抛光的	20	T	0.07
		260	T	0.13
		538	T	0.18
镁粉			T	0.86
钼		600~1000	T	0.08~0.13
	丝状	700~2500	T	0.1~0.3
		1500~2200	T	0.19~0.26
镍铬合金	轧制的	700	T	0.25
	喷砂	700	T	0.70
	线材,纯净的	500~1000	T	0.71~0.79
	线材,纯净的	50	T	0.65
	线材,氧化的	50~500	T	0.95~0.98
镍	电解的	22	T	0.04
	电解的	38	T	0.06
	电解的	260	T	0.07
	电解的	538	T	0.10
	光亮但不光滑的	122	T	0.041
	抛光的	122	T	0.045
	商业纯,抛光的	100	T	0.045
	商业纯,抛光的	200~400	T	0.07~0.09
	线材	200~1000	T	0.1~0.2
	铁表面电镀,抛光的	22	T	0.045
	电镀的,抛光的	20	T	0.05
	铁表面电镀,未抛光的	22	T	0.11
	铁表面电镀,未抛光的	20	T	0.11~0.40
	氧化的	200	T	0.37
	氧化的	227	T	0.37
	600℃下氧化的	200~600	T	0.37~0.48
	氧化的	1227	T	0.85
氧化镍		500~650	T	0.52~0.59
		1000~1250	T	0.75~0.86
		17	T	0.016

（续）

材料	规格、分类	温度/℃	波段	发射率
氧化镍		22	T	0.03
		100	T	0.05
		260	T	0.06
		538	T	0.10
		1094	T	0.18
	纯净的,抛光的	200~600	T	0.05~0.10
		1000~1500	T	0.14~0.18
	线材	50~200	T	0.06~0.07
	线材	500~1000	T	0.10~0.16
	线材	1400	T	0.18
	带	900~1100	T	0.12~0.17
银	抛光的	100	T	0.03
	纯净的,抛光的	200~600	T	0.02~0.03
不锈钢	18~8 类型,抛光的	20	T	0.16
	18~8 类型,800℃ 下氧化的	60	T	0.85
	抛光薄板	70	SW	0.18
	抛光薄板	70	LW	0.14
	未加工薄板,局部刮花	70	SW	0.30
	未加工薄板,局部刮花	70	LW	0.28
	合金,8%镍,18%铬	500	T	0.35
	轧制的	700	T	0.45
	喷砂的	700	T	0.70
锡	抛光的	20~50	T	0.04~0.06
	镀锡铁皮	100	T	0.07
钛	抛光的	200	T	0.15
	抛光的	500	T	0.20
	抛光的	1000	T	0.36
	540℃下氧化	200	T	0.40
	540℃下氧化	500	T	0.50
	540℃下氧化	1000	T	0.60
钨		200	T	0.05
		600~1000	T	0.1~0.16

（续）

材料	规格、分类	温度/℃	波段	发射率
钨		1500~2200	T	0.24~0.31
	线材	3300	T	0.39
锌	抛光的	200~300	T	0.04~0.05
	400℃下氧化	400	T	0.11
	薄板	50	T	0.20
	氧化表面	1000~1200	T	0.50~0.60
其他材料				
石棉	石棉粉		T	0.40~0.60
	石棉布		T	0.78
	耐火砖	35	SW	0.94
	石棉板	20	T	0.96
	石棉板	20	T	0.96
	纸	40~400	T	0.93~0.95
沥青路面		4	LLW	0.967
砖	硅线石,33%SiO_2,64%Al_2O_3	1500	T	0.29
	耐熔菱镁矿	1000~1300	T	0.38
	耐熔金刚砂	1000	T	0.46
	耐熔的,轻度辐射	500~1000	T	0.65~0.75
	耐熔的,强度辐射	500~1000	T	0.8~0.9
	耐火黏土	1200	T	0.59
	耐火黏土	1000	T	0.75
	耐火黏土	20	T	0.85
	氧化铝,矾土	17	SW	0.68
	耐火砖	17	SW	0.68
	硅石,二氧化硅,95% SiO_2	1230	T	0.66
	耐熔硅砂	1000	T	0.66
	粗面硅砂	1000	T	0.80
	粗面硅砂	1100	T	0.85
	普通的	17	SW	0.86~0.81
	防水的	17	SW	0.87
	红色,粗糙的	20	T	0.88~0.93
	红色,普通的	20	T	0.93

（续）

材料	规格、分类	温度/℃	波段	发射率
砖	砌石	35	SW	0.94
	抹灰砖体	20	T	0.94
碳	烛灰	20	T	0.95
	炭黑	20~400	T	0.95~0.97
	炭粉		T	0.96
	石墨粉		T	0.97
	石墨,经琢磨表面	20	T	0.98
硬纸板	未加工的	20	SW	0.90
黏土	烧制	70	T	0.91
布,布料	黑色	20	T	0.98
混凝土		20	T	0.92
	干的	36	SW	0.95
	粗糙的	17	SW	0.97
	人行道	5	LLW	0.974
硬橡胶			T	0.89
金刚砂	粗粒的	80	T	0.85
搪瓷		20	T	0.9
	涂漆	20	T	0.85~0.95
纤维板	硬质,未加工的	20	SW	0.85
	多孔的,未加工的	20	SW	0.85
	颗粒板	70	SW	0.77
	颗粒板	70	LW	0.89
	梅森耐特纤维板	70	SW	0.75
	梅森耐特纤维板	70	LW	0.88
花岗岩	抛光的	20	LLW	0.849
	粗糙的	21	LLW	0.879
	粗糙的,4个不同的样本	70	SW	0.95~0.97
	粗糙的,4个不同的样本	70	LW	0.77~0.87
石膏		20	T	0.8~0.9
冰;可见水				
漆	铝在粗糙的表面上	20	T	0.4
	塑胶	80	T	0.83

（续）

材料	规格、分类	温度/℃	波段	发射率
漆	黑色,表面暗哑	100	T	0.97
	黑色,暗光	40~100	T	0.96~0.98
	黑色,发光,喷在铁上	20	T	0.87
	耐热的	100	T	0.92
	8种颜色喷在铝上	70	SW	0.50~0.53
	8种颜色喷在铝上	70	SW	0.92~0.94
	白色	100	T	0.92
	白色	40~100	T	0.8~0.95
皮革	硝制的		T	0.75~0.80
石灰			T	0.3~0.4
砂浆		17	SW	0.87
	干的	36	SW	0.94
润滑油	镍基薄层	20	T	0.05
	:0.025mm薄层	20	T	0.27
	:0.050mm薄层	20	T	0.46
	:0.125mm薄层	20	T	0.72
	:厚层	20	T	0.82
油漆	铝,不同老化期	50~100	T	0.27~0.67
	镉黄		T	0.28~0.33
	铬绿		T	0.65~0.70
	钴蓝		T	0.7~0.8
	油画颜料	17	SW	0.87
	油画颜料为基的,16种颜色的平均	100	T	0.94
	油画颜料,各种颜色	100	T	0.92~0.96
	油画颜料,黑色平坦	20	SW	0.94
	油画颜料,黑色有光泽	20	SW	0.92
	油画颜料,灰色平坦	20	SW	0.97
	油画颜料,灰色有光泽	20	SW	0.96
	塑料,黑色	20	SW	0.95
	塑料,白色	20	SW	0.84
	8种不同的颜色和品质	70	SW	0.88~0.96
	8种不同的颜色和品质	70	LW	0.92~0.94

（续）

材料	规格、分类	温度/℃	波段	发射率
纸	黄色		T	0.72
	红色		T	0.76
	蓝色,暗的		T	0.84
	绿色		T	0.85
	黑色		T	0.90
	染上黑漆色		T	0.93
	白色	20	T	0.7~0.9
	白证券纸	20	T	0.93
	白色,3种不同的光泽	70	SW	0.76~0.78
	白色,3种不同的光泽	70	LW	0.88~0.90
	4种不同的颜色	70	SW	0.68~0.74
	4种不同的颜色	70	LW	0.92~0.94
	黑色,晦暗的	70	SW	0.86
	黑色,晦暗的	70	LW	0.89
	黑色,晦暗的		T	0.94
灰泥		17	SW	0.86
	外表粗糙	20	T	0.91
	石膏板,未加工的	20	SW	0.90
塑料	聚氯乙烯,塑胶铺面,暗哑,成形	70	SW	0.94
	聚氯乙烯,塑胶铺面,暗哑,成形	70	LW	0.93
	聚亚胺酯隔音板	70	SW	0.29
	聚亚胺酯隔音板	70	LW	0.55
	纤维玻璃压板	70	SW	0.94
	纤维玻璃压板	70	LW	0.91
陶瓷	白色,发光		T	0.70~0.75
	光滑的	20	T	0.92
(合成)橡胶	硬的	20	T	0.95
	软的,灰色,粗糙	20	T	0.95
			T	0.60
		20	T	0.90
砂岩	抛光的	19	LLW	0.909
	粗糙的	19	LLW	0.935

（续）

材料	规格、分类	温度/℃	波段	发射率
皮(肤)	人	32	T	0.98
废渣	炉渣	0~100	T	0.97~0.93
	炉渣	200~500	T	0.89~0.78
	炉渣	600~1200	T	0.76~0.70
	炉渣	1400~1800	T	0.69~0.67
泥土,土壤	干的	20	T	0.92
	饱含水的	20	T	0.95
粉饰灰泥	粗糙的,石灰	10~90	T	0.91
泡沫聚苯乙烯	隔热用	37	SW	0.60
胶带	电工胶带	20	SW	0.96
	纸胶带	20	T	0.91~0.93
瓷砖	釉面	17	SW	0.94
墙纸,壁纸	细长图案,亮灰色	20	SW	0.85
	细长图案,红色	20	SW	0.90
光泽面	平的	20	SW	0.93
	在橡木镶花地板上	70	SW	0.90
	在橡木镶花地板上	70	LW	0.90~0.93
水	雪		T	0.8
	雪	−10	T	0.85
	大于0.1mm厚的层	0~100	T	0.95~0.98
	蒸馏水	20	T	0.96
	冰,光滑	−10	T	0.96
	冰,光滑	0	T	0.97
	冰,覆盖着一层厚霜	0	T	0.98
	霜冻结晶	−10	T	0.98
木材	碾碎的		T	0.5~0.7
	刨光的	20	T	0.8~0.9
	刨光的橡木	20	T	0.90
	白色,潮湿的	20	T	0.7~0.8
	刨光的橡木	70	SW	0.77
	刨光的橡木	70	LW	0.88
	松木,4种不同样本	70	SW	0.67~0.75

（续）

材料	规格、分类	温度/℃	波段	发射率
木材	松木,4种不同样本	70	LW	0.81~0.89
	胶合板,平滑,干的	36	SW	0.82
	胶合板,未加工的	20	SW	0.83
		19	LLW	0.962
		17	SW	0.98

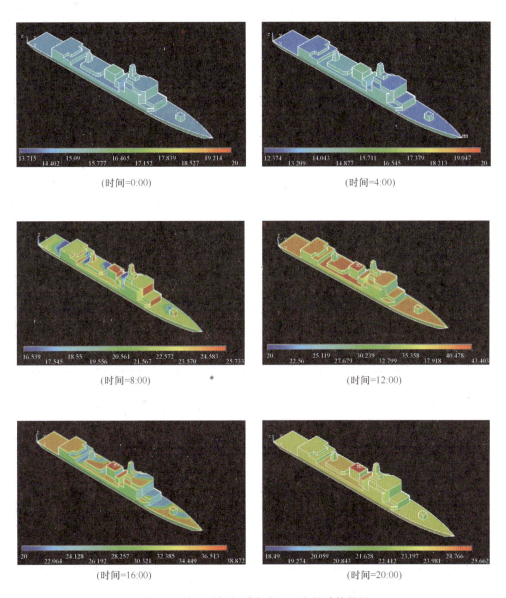

（时间=0:00）　　　　　　　　　　　　（时间=4:00）

（时间=8:00）　　　　　　　　　　　　（时间=12:00）

（时间=16:00）　　　　　　　　　　　　（时间=20:00）

图 4-8　晴天时舰艇瞬态表面温度的计算结果

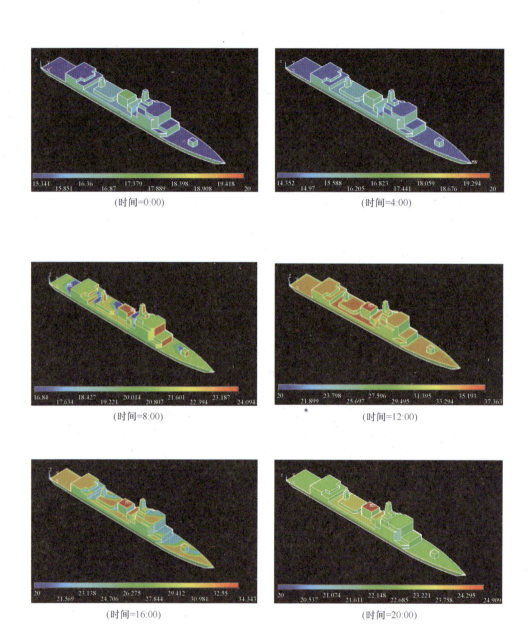

图 4-9　多云天时舰艇瞬态表面温度的计算结果

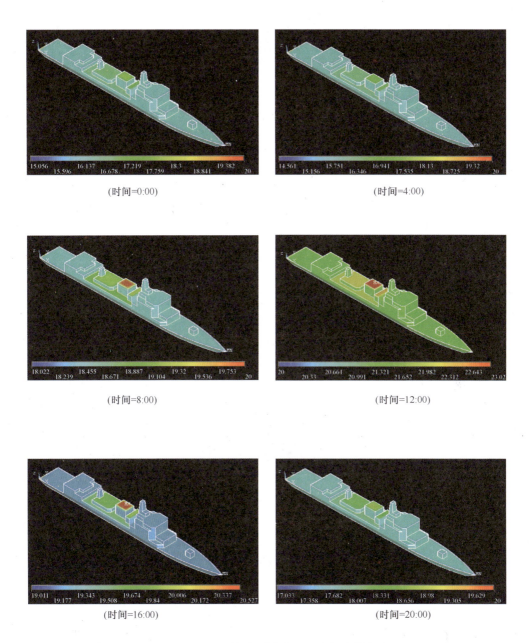

(时间=0:00)

(时间=4:00)

(时间=8:00)

(时间=12:00)

(时间=16:00)

(时间=20:00)

图 4-10　阴天时舰艇瞬态表面温度的计算结果

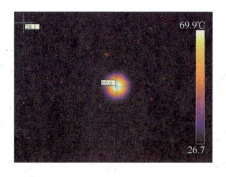

（a）

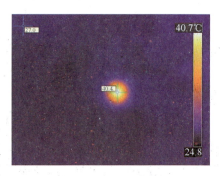

（b）

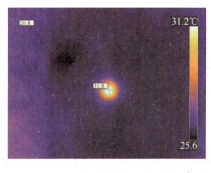

（c）

图 5-14　喷嘴阵列遮蔽效果的对比

（a）未加遮蔽；（b）0.41mm 口径喷嘴阵列；（c）0.71mm 口径喷嘴阵列。

4

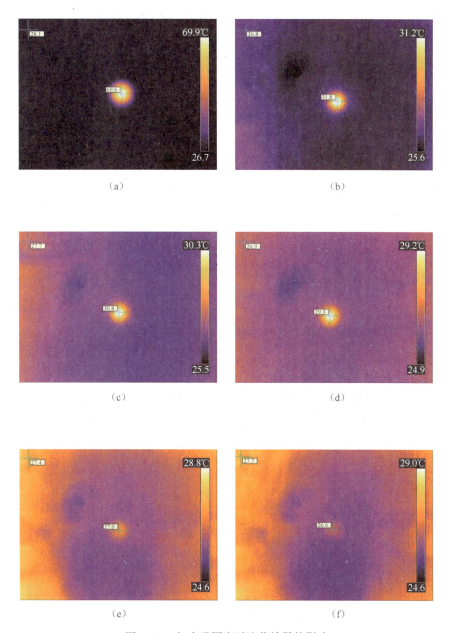

图 5-15　细水雾厚度对遮蔽效果的影响

（a）未加遮蔽；（b）25.5cm 厚度；（c）44.1cm 厚度；（d）62.8cm 厚度；（e）81.4cm 厚度；（f）100.1cm 厚度。

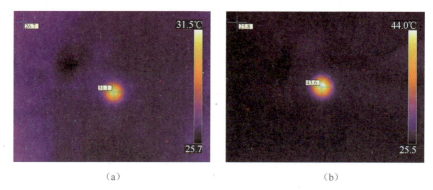

（a）   （b）

图 5-19　不同喷雾方向的遮蔽效果

（a）向上喷射；（b）向下喷射。

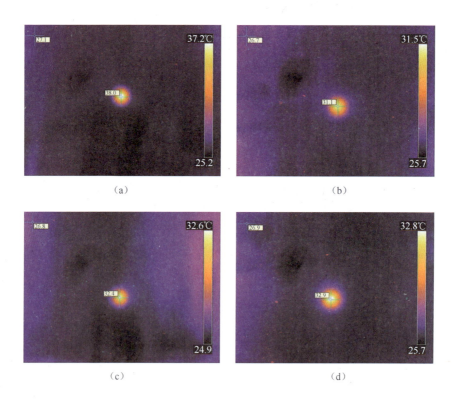

（a）   （b）

（c）   （d）

图 5-21　细水雾不同高度处的热遮蔽效果

（a）30cm；（b）60cm；（c）90cm；（d）120cm。

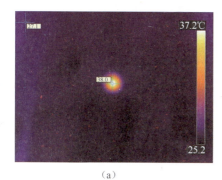 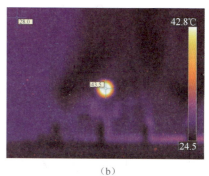

（a）　　　　　　　　　　　　　　　（b）

图 5-22　风扰动下细水雾的热遮蔽效果
（a）无风环境；（b）有风环境。

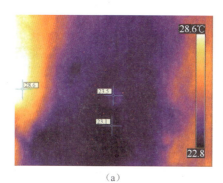 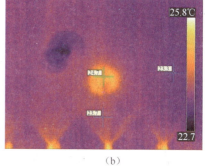

（a）　　　　　　　　　　　　　　　（b）

图 5-23　细水雾产生的冷、热目标效应
（a）冷目标；（b）热目标。

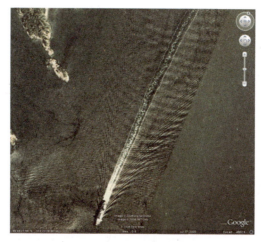

图 6-5　典型的舰船尾流区

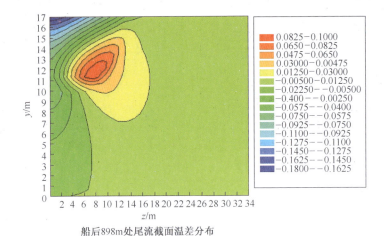

图 6-9　水面舰船尾流区内的垂直温度分布

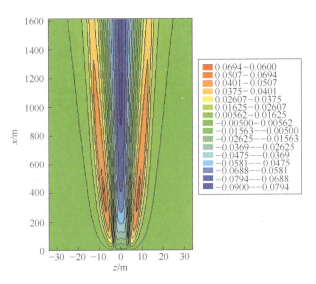

图 6-10　水面舰船尾流区内的水平温度分布

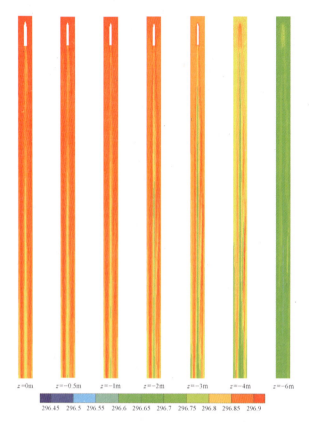

图 6-11　水下不同 x-y 水平面内的热尾流温度分布

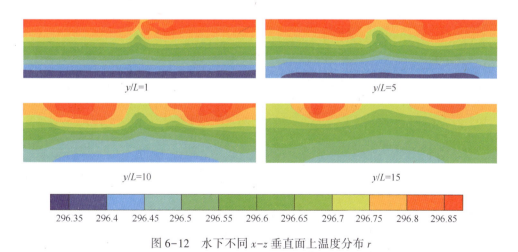

图 6-12　水下不同 x-z 垂直面上温度分布 r

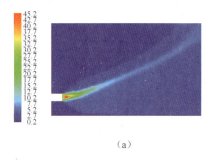

（a）

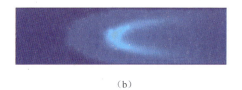

（b）

图 6-13 常规潜艇水下排气形成的温度场

（a）水下温度场；（b）海面温度场。

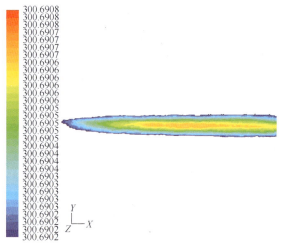

图 6-14 热尾流在水下不同 x-y 水平面上温度分布

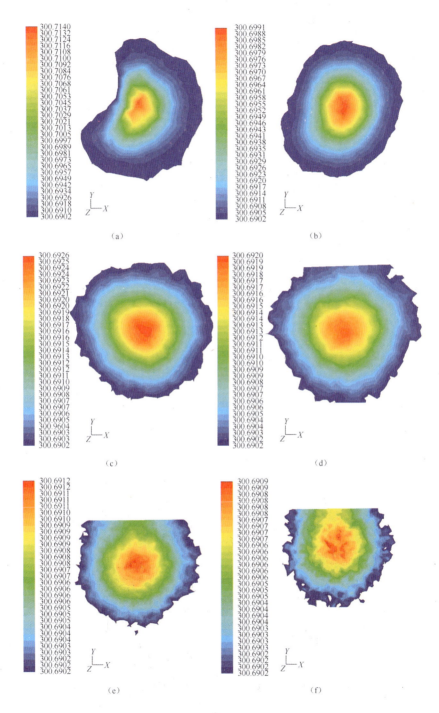

图 6-15　水下低速潜航时,潜艇尾部不同 y-z 垂直面上的温度分布
(a)潜艇尾部;(b)距离潜艇尾部 20m;(c)距离艇尾部 100m;(d)距离艇尾部 140m;
(e)距离艇尾部 240m;(f)距离艇尾部 320m。

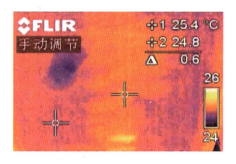
(a)

(b)

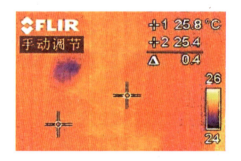
(c)

(d)

图6-54 不同深度下尾流浮升至水面且出现最大温差信号时的红外图像
(a) 艇深为0D;(b)艇深为0.5D;(c)艇深为1D;(d) 艇深为1.5D。

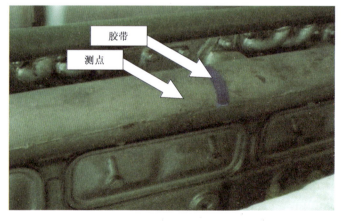

图7-6 表面辐射传热系数的测量

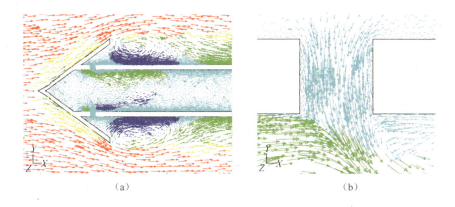

（a）　　　　　　　　　　　　　　　　（b）

图 7-18　气相速度场

（a）屏蔽罩附近的速度场；（b）微孔附近的速度场。

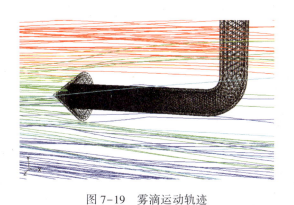

图 7-19　雾滴运动轨迹

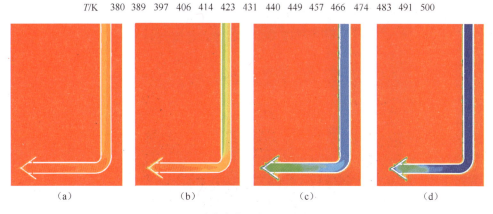

图 7-20　雾滴附着对气相温度场的影响

（a）无雾滴附着；（b）少量雾滴附着；（c）较多雾滴附着；（d）大量雾滴附着。

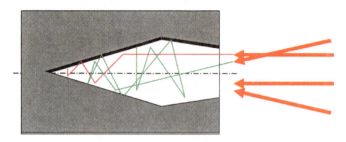

图 8-8　多次反射增强吸收

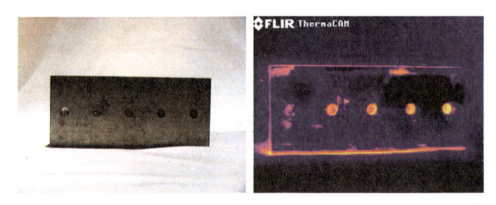

图 8-9　孔越深发射率越高

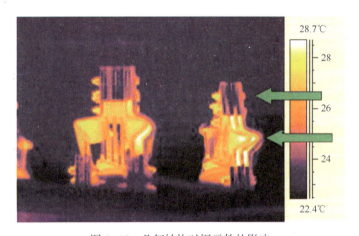

图 8-10　几何结构对铜元件的影响

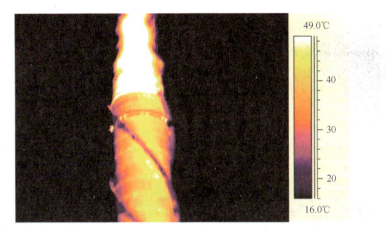

图 8-12　烟囱上角度对表面温度测量的影响

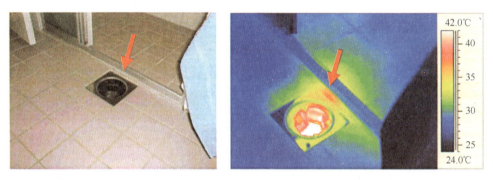

图 8-17　怀疑浴室地面存在漏水

图 8-18　存在热斑的变压器接线端子

15

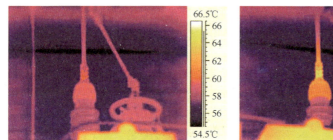
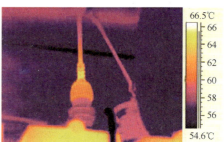

图 8-19　与正常元件比较

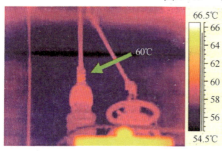
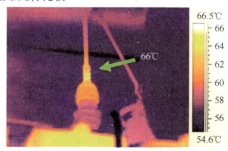

图 8-20　对两个元件进行温度测量

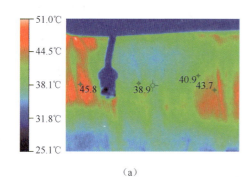

（a）

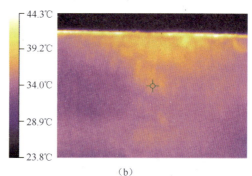

（b）

图 8-21　管路的保温层的热像

（a）保温层破损；（b）保温层受潮。

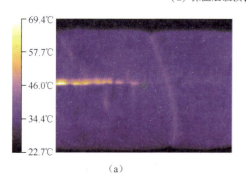

（a）

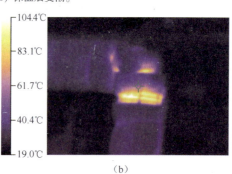

（b）

图 8-22　保温层有裂缝或未包覆时表面温度分布

（a）保温层裂缝；（b）保温层未包覆。

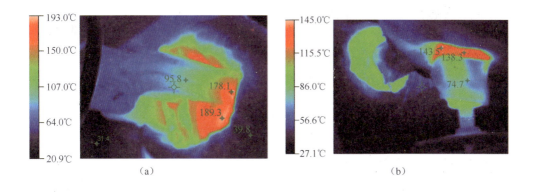

（a）   （b）

（c）   （d）

图 8-23　管路与阀门的热像

（a）进汽阀；（b）蒸汽分隔阀；（c）主发进气波纹管可见光图；（d）主发进气波纹管热像。

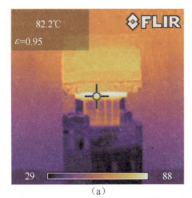

（a）   （b）

图 8-24　轴承过热

（a）主变冷却水泵轴承；（b）主变冷却水泵轴承。

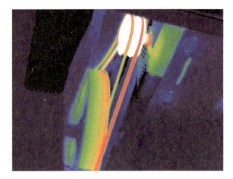

图 8-25　皮带及滑轮

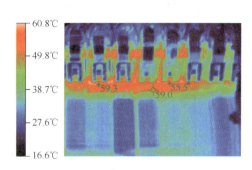

图 8-26　主变直流机滑环下

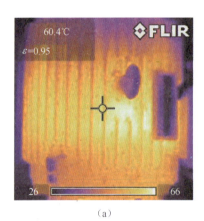

（a）

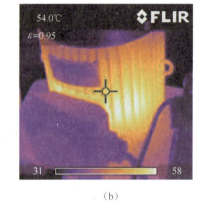

（b）

图 8-27　水泵电机外表面温度

（a）主变冷却水泵电机；（b）1#辅凝水泵电机。

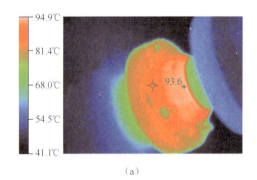

（a）

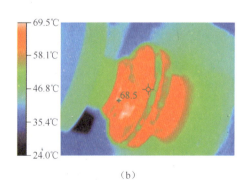

（b）

图 8-28　泵的机械密封

图 9-15　主动拒止系统[19]

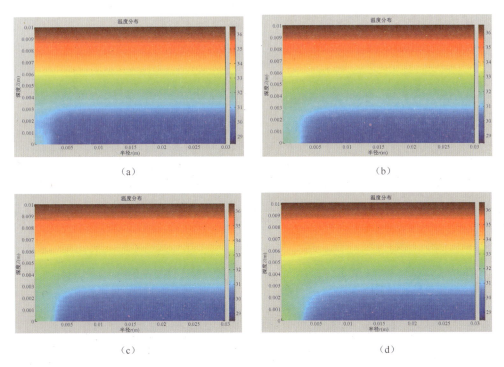

（a）

（b）

（c）

（d）

图 9-17　入射功率呈平均分布的 33.5GHz 毫米波辐照下皮肤温度场

（$IPD = 284mW/cm^2$，$W_{ti} = 60\%$）

（a）$\tau = 60s$；（b）$\tau = 120s$；（c）$\tau = 180s$；（d）$\tau = 2400s$。

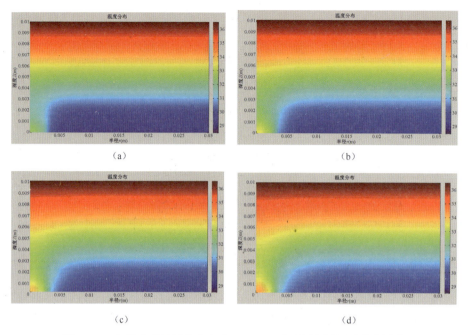

图 9-18　入射功率呈平均分布的 33.5GHz 毫米波辐照下皮肤温度场
（IPD = 474mW·cm^2，W_{ti} = 60%）
（a）τ = 60s；（b）τ = 120s；（c）τ = 180s；（d）τ = 240s。

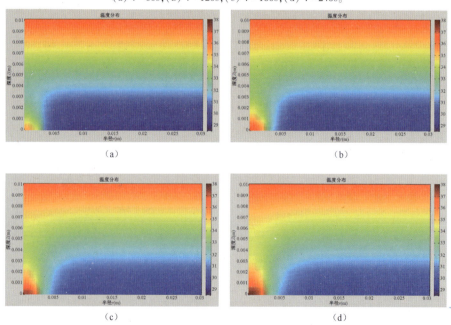

图 9-19　入射功率呈平均分布的 33.5GHz 毫米波辐照下皮肤温度场
（IPD = 853mW/cm^2，W_{ti} = 60%）
（a）τ = 60s；（b）τ = 120s；（c）τ = 180s；（d）τ = 240s。

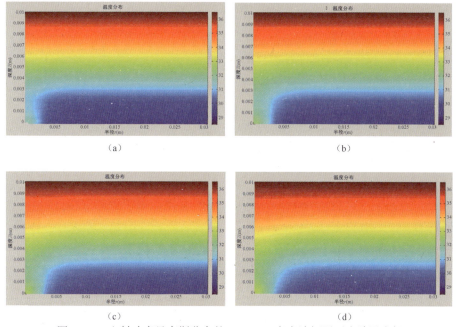

图 9-20　入射功率呈高斯分布的 33.5GHz 毫米波辐照下皮肤温度场
（IPD = 274mW・cm^2，W_{ti} = 60%）
（a）τ = 60s；（b）τ = 120s；（c）τ = 180s；（d）τ = 240s。

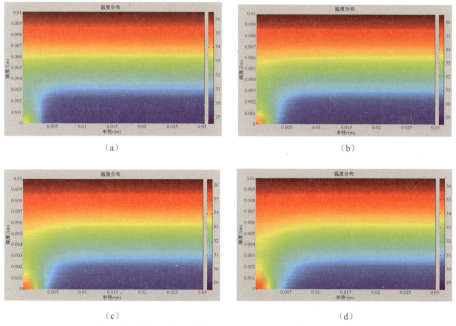

图 9-21　入射功率呈高斯分布的 33.5GHz 毫米波辐照下皮肤温度场
（IPD = 474mW・cm^2，W_{ti} = 60%）
（a）τ = 60s；（b）τ = 120s；（c）τ = 180s；（d）τ = 240s。

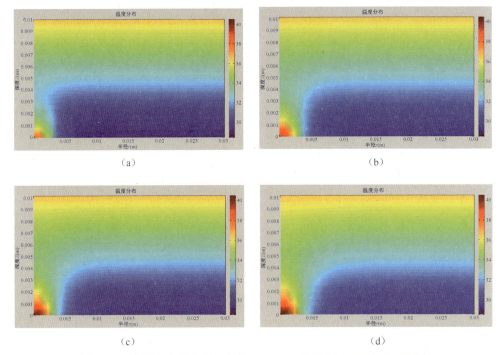

（a）

（b）

（c）

（d）

图 9-22 入射功率呈高斯分布的 33.5GHz 毫米波辐照下皮肤温度场

（IPD $=853\mathrm{mW/cm}^2$，$W_{ti}=60\%$）

（a）$\tau=60\mathrm{s}$；（b）$\tau=120\mathrm{s}$；（c）$\tau=180\mathrm{s}$；（d）$\tau=240\mathrm{s}$。